肉食の社会史

中澤克昭

山川出版社

はじめに

肉食のタブーを考える

私は、肉を食べる。しかし、このところ食肉をめぐる問題について考えることが多くなった。例えば、ＢＳＥ（牛海綿状脳症《うしかいめんじょうのうしょう》）や鳥インフルエンザなど、大量に飼育（生産）される動物に発生する病気は、動物の肉などいくらでも生産できると思い上がってきた私たち人間に反省を迫っている、という指摘がある。[1] 確かにそうかもしれない。また、世界的に肉の消費が拡大し、飼料とされる穀物の不足・高騰により、飢餓に苦しむ人々とグローバル化した食用畜産ビジネスとのいわば穀物争奪戦が激化していることが報じられている。[2] 肉を食べている私も、飢えに苦しんでいる人々が不利なその争奪戦に加わっていることになるのだろう。食べる肉の量が減っているのは、年齢を重ねたからでも健康診断の結果が気になるからでもなく、こうした問題が頭をよぎるようになったからである。もちろん、私が肉食をやめたところで、これらの問題の数々が解決に向かうわけではないだろうし、私の頭にこれらの難問を解決する妙案がうかぶわけでもない。

それでも、私は肉を食べることについて考えてみようと思う。ヒトは雑食性の生き物で、様々な動植物を食べるが、古今東西、肉ほど人間を考えさせてきた食物は無い。イスラム社会の豚、ヒンドゥー社会の牛をはじめ、馬、犬、鶏、魚など様々な肉の食用が、特定の民族や宗教によってタブーとされてきた。そうした肉食タブーの歴史を考えることは、ほとんどそのままそれらのタブーを形成した社会の成り立ちについて考えることにほかならない。様々な肉が民族や宗教によって食のタブーとされてきたのはなぜかを問うフレデリック・J・シムーンズの『肉食タブーの世界史』は、文献と世界各地の調査をもとに、肉食文化の多様性を描き出した好著である。(3) 同書の日本語訳を監修した山内昶《ひさし》にも、『「食」の歴史人類学』という著作があって、興味深い比較文化論となっている。(4)

肉食文化は、異なる文化を比較する際の恰好の題材とされてきた。例えば、ヨーロッパ文化と日本文化を肉食に着目して比較した鯖田豊之の『肉食の思想』は、日欧比較文化論の古典的名著と言えよう。動物を殺して食べてきた欧米人が、なぜ動物を愛護する論理も発達させたのか、といったエピソードから説きおこし、日本と比較しながら、思想の原型を歴史的・地理的条件に規定された食生活に求め、それに基づいて形成された伝統を描き出す。半世紀前の著作だが、肉食から階層意識や社会意識、近代化の背景にまで説き及ぶ同書は、いま読んでも魅力的である。(5)

私も本書で、現在の日本に一般的な肉食文化とは異なる肉食文化、肉食のタブーについて探ってみようと思う。それは中世日本の肉食文化である。

なぜ中世か

文化には移り変わる文化と累積する文化とがあり、日本の歴史は多くの点で後者の特徴を示し、そこでは古い要素が保存される傾向が強く、過去に使えるものがあれば、わざわざ新調したりはせず、古いものをそのまま使い続ける傾向があると言われる(6)。日本に、長期にわたって生き続けている文化要素があることは確かだろう。しかし、一見変化せずに続いているように思われる文化も、史料に即して確認してみれば、意外に変化していることが少なくない。変化は忘却されやすく、「伝統」の多くは創造（もしくは捏造《ねつぞう》）される。歴史の効用の一つは、異文化としての過去を知ることで、現在を相対化（客観視）できることにある。「古代に肉食が禁じられて以来、日本人は肉食を忌避《きひ》してきた」という、いまだに目にするステレオタイプの言説は、史実の忘却の典型例と言ってよい。

後でみるように、これまでの研究によって、獣肉食のタブーを穢《けが》れで説明するようになるのは九世紀後半からであること、平安後期に鹿食《かじき》を穢れとする観念が登場し、獣肉穢れ観が本格的に展開することなどがあきらかにされている。古代から中世へと移行する十世紀から十二世紀に、肉食をめぐって大きな変化が起きていた。そして、この時期に形成された獣肉食のタブーが、その後、近世・近代にいたるまで、日本の獣肉食忌避の基調となった。中世の肉食文化を探ろうとする理由は、長期にわたって持続するタブーの基調はいかに形成されたのか、実態との間に、どのような葛藤があったのかを確認したいからである。

日本史のなかの肉食

近代以前の日本の肉食については、すでに豊富な研究蓄積がある。はやくは江戸時代の学者、特に国学者たちが、肉食について研究していたことを見のがせない。そのなかには、古代には肉食がおこなわれていたことを実証的に指摘したものがあった。(7) しかし、日本の近世社会では獣肉食が強く忌避されるようになっていたから、「日本では古代から肉食を避けてきた」との俗説が支配的であった。そして穢れた肉食をしないことが日本人・日本文化の優秀性の根拠とするナショナリズムにも結び付いたのである。

そうした俗説を打破しようとした先駆的な研究が、喜田貞吉《きださだきち》（一八七一〜一九三九）の論文「上代肉食考」である（一九一九年発表）。この論文で喜田は、古代に肉食が一般的であったこと、肉食が次第に忌避されるようになることなどを指摘した。(8) その後、古代から近代にいたる家畜（畜産）の歴史を描いた加茂儀一《かもぎいち》の研究もあったが、(9) 日本史の研究において、喜田や加茂の研究を発展させるような動向はなかなかあらわれなかった。戦後歴史学は「民衆」と権力との闘争は描こうとしたが、彼らの衣・食・住を具体的にあきらかにしようとする研究は乏しかったと言わざるをえない。ようやく、一九六四年に渡辺実が『日本食生活史』、(10) 一九六九年に関根真澄が『奈良朝食生活の研究』を著した。(11) こうして、古代の人々が魚・鳥・猪・鹿・鯨はもとより、牛・馬まで食べていたことはあきらかになったものの、それが中世以降、どのように変化していくのかについては、ほとんど議論が無かったと言えよう。

部落史の研究が進展し[12]、さらに一九八〇年代に盛り上がった社会史研究によって、食文化の研究も新たな段階に入る[13]。なかでも原田信男が、近代以前の日本社会にも肉食が存在していたことを具体的に明らかにしたことは、特筆に値しよう。原田は名著『歴史のなかの米と肉』で、日本人の米に対する強い志向と肉食を忌避する意識はいかに形成されてきたのかを探り、それが天皇や差別、農耕など、日本史における重要なテーマにどのように関連しているのか論じた[14]。多数の参考文献と様々な史料を駆使して、古代から近代まで見とおし、食文化の歴史を日本史のなかに位置づけた力業は圧巻である。

原田の研究にも影響を与えたのが、考古学の発達であった。直良信夫《なおらのぶお》らの先駆的な仕事もあったが[15]、藤原宮・平城京・長岡京といった古代宮都の跡から出土した多数の木簡が興味深い知見をもたらした。それらを分析した佐原真、近年は馬場基らによって、様々な野生鳥獣の肉が地方から都に送られていたことがあきらかにされている[16]。

西本豊弘らは、弥生時代から奈良時代のヤマトに、飼育されたイノシシすなわちブタが存在した可能性を指摘した。ヤマトでも食用畜産が行われていたのである[17]。松井章も、様々な遺跡から出土する動物遺体、特に骨の分析を推進し、数多くの新知見を発表した。なかでも衝撃的だったのは、洪水で埋没した中世後期の市町草戸千軒《くさどせんげん》の遺跡から出土した犬の骨の分析結果だった。同遺跡から出土した犬の四肢骨に、焼いた跡や刃物で削られた跡が見えることに気が付いた松井は、そこで暮らしていた人々が、犬の肉をあぶり、骨から肉をそぎ落として食べていたことをつきとめた。さらに松井は、近世の武家屋敷跡から出土した骨にも同様の痕跡を発見し、一般に獣肉食のタブーが最も強まったと思われていた近世社会でさえも、犬肉食がおこなわれていたことを証明したのである。[18]

祭祀・供犠・狩猟

原田の『歴史のなかの米と肉』に対しては、「米と肉をあまりにも対立的にとらえすぎている」といった批判があった。[19] 原田は動物考古学の成果や沖縄などの動物供犠《くぎ》について調査・研究を続け、そうした批判に応答している。近著では、肉を米と対立させる国家の建前とは別に、稲作のために神に肉を供える儀礼がおこなわれてきたことをあきらかにしている。稲作文化圏の国々では、農耕を目的とする動物供犠をおこなってきたのであり、日本も農耕のために動物供犠をおこなってきた歴史をもっているのだという。[20]

原田の動物供犠の研究に大きな影響を与えていたのが、宗教学者中村生雄である。中村も一九八〇年代から、祭祀と供犠、動物・植物の供養など、具体的な事例から日本の宗教文化とりわけ殺生と肉食について考察を続けた。その際、「供犠／供養」、「殺す文化／食べる文化」といったキーワードで宗教類型論を再考し、斬新な視座から日本人の自然観・動物観の特質に論及している。[21]

原田も中村も、民俗学に強い関心を持ち続け、みずからも各地の神事・祭礼などを調査し、民俗学者との交流・共同研究も積極的におこなった。近代以前の日本で食された肉の多くが野生鳥獣の肉である以上、狩猟文化は肉食文化と一体不可分のものである。そして、柳田國男のデビュー作にして、日本民俗学の原点とされる『後狩《のちのかり》詞《ことばの》記《き》』が、狩猟語彙《ごい》集であったことに始まり、狩猟文化の研究は民俗学において蓄積されてきた。千葉徳爾《とくじ》(22)、小野重朗《じゅうろう》(23)、野本寛一(24)、永松敦(25)、田口洋美(26)らによる調査・研究の成果は、原田や中村の仕事にも大きな影響を与えている。

中世仏教と肉食

これらの研究をうけて、日本史学、特に中世の宗教史を専門とする研究者によって、肉食と宗教文化の関係について研究が深化している。肉食が続けられていた一方で、肉食をタブーとする思潮が強まった。こうした肉食禁忌は、何時どのようにして発生したのか。そしてその禁忌は仏教に由来するのか、それとも神祇《じんぎ》信仰によるものなのか。この点を追究したのが、平雅行である(27)。

平は、肉の種類によって禁忌の強度に偏差があることに着目した。すなわち肉食といっても、タブーとして最も厳しいのが牛馬の肉であり、猪鹿の肉がそれに次ぎ、魚鳥はほとんど忌避されていない。なぜこのような偏差が生じたのか。このことを勘案しながら、牛馬・鹿・魚鳥に対する禁忌の成立事情の相違を確認し、諸宗教の影響を考察したのである。その結論として、つぎの四点を指摘している。

①獣肉禁忌は仏教ではなく、神祇的肉食禁忌に発生の母胎がある。それは元来斎戒《さいかい》（ものいみ）を本質としていたが、九世紀の中頃からの穢れ観念の肥大化に伴って獣肉穢れ観で説明されるようになった。

②仏教の影響を受けて牛馬を人間の生まれ変わりとする観念が登場し、牛馬食は一種の人肉食として激しく拒否され、奈良時代までの牛馬食の伝統が途絶えた。

③獣肉穢れ観は平安中期には貴族社会ですら十分浸透していなかったが、平安後期になると新たに鹿食の穢れ観が登場し、ここから獣肉穢れ観が本格的に展開する。そしてそれは親王将軍宗《むね》尊《たか》を介して、東国社会に強行的に導入された。

④神仏習合のなかで精進神《しょうじんしん》が成立して、一部の神社で魚鳥食の禁忌が始まった。(28)

平の研究をふまえて、「殺生」というキーワードから中世の文化や宗教の特質を考えたのが苅米一《かりこめひと》志《し》の近著『殺生と往生のあいだ』である。サブタイトルに「中世仏教と民衆生活」とあるとおり、地獄の観念が広まり、「殺生」が罪業とされた中世に、狩猟や漁業にたずさわる人々が弾圧された実態を描いている。さらに、殺戮を生業とする武士と真言律宗との関係にも言及し、仏教の不殺生戒《ふせっしょうかい》が、日本において政策に転化したことをめぐって、つぎのような問題を指摘している。

①国家権力による主導。寺院内部における自発的な生活規則であった不殺生戒が、日本中世には国家権力によって、あたかも世俗の法であるかのように寺院外部の社会に適用され、違反者を厳重に取り締まるようになった。

②罪業《ざいごう》の処理のしかた。殺生・加工の場と消費の場が分離したため、加工の段階で罪業観が清算された。狩猟・漁撈および加工をおこなう人々に罪業や穢れを負わせ、貴族や僧侶はその成果を消費する。現代まで続く、社会的分業による差別である。

③武家権力と罪業の分離・脱却。鎌倉武士の内面には、狩猟・闘殺について一定の罪業観が存在した。しかし、鎌倉後期に戒律を受容し、武士は殺生を禁断する存在へと変わっていく。罪業観から脱却するまでの苦悩が、江戸時代における為政者としての武士の内面を準備した一方、狩猟・漁撈者における罪業観は残存した。(29)

「殺生」と中世仏教の関係について、研究の到達点をわかりやすく説いた好著で、特に、狩猟や漁撈に従事した人々の葛藤に注目している点が重要である。

本書の視角(1)――肉食をめぐる葛藤

こうした研究の進展をあざ笑うかのように、「古代に肉食が禁じられて以来、日本人は肉食を忌避してきた」という旧態依然とした言説は根強い。また、食用畜産に批判的な立場あるいは菜食主義者からは、「日本人の多くは肉を食べず、米・野菜・魚からなる「和食」を食べていた」という言説がくり出されることも少なくない。

今後も、野生動物か家畜か、獣か鳥かといった肉の種別に注意しながら、肉食の実態を具体的に解明していくことが重要だろうが、その際、「中世にも肉食はおこなわれていた」、「動物供犠もおこなわれていた」と論じるだけでは不十分だろう。より重要なことは、肉食を忌避・罪悪視する言説と殺生や肉食の実践との関係の解明である。

先述のとおり、殺生や肉食を「穢《え》」や「罪業」、「悪行」とする言説は、十~十二世紀に発達し、中世を通じて流布していく。ところが、現実には「殺生」や肉食を実践し、「悪人」と称された人々が少なからず存在していた。肉食が忌避されるようになった一方で、肉食が続けられていたということは、そこに葛藤が生じていたはずである。横井清や平らも指摘するように、そうした葛藤を前提としなければ、「悪人」を救済する思想を説いた法然や親鸞を理解することなどできない[30]。中世には「殺生」を正当化する論理も生み出されたし、肉食そのものを「功徳《くどく》」として肯定する思想までも説かれた。そうした言説については、どのように議論されてきただろうか。例えば、薬食《くすりぐ》い、そして「殺生」を「功徳」とする言説について、原田はつぎのように説いている。

> 薬食いとか鹿食免という名目を設けて、実際には肉が食されてきた。肉は栄養価が高いので、病気や身体の消耗の激しい時には黙認されてきた。また鹿食免とは（中略）狩猟神の系譜を引く諏訪大社上社が発行するお札で、これがあれば肉を食してもかまわないとされている。こうした抜け道の存在は、社会の建前とは別に、かつては広く肉食が行われていたことを物語る[31]。

肉食忌避は社会の「建前」であり、肉食を「黙認」する薬食いや鹿食免といった「名目」は「抜け道」だと言う。一般の読者向けにわかりやすい表現が採られたのであろうが、しかし、殺生禁断の取り締まりは時に「建前」と言うにはあまりに過酷であった。また、獣肉穢れ観は身分・階層の再生産機能をもっていたのであり、「建前」と言うよりも社会の構造の一部であったと考えられる。

そうしたなかで実践されていた薬食いや鹿食免を、「抜け道」という表現で片付けてしまうと、そこにあったはずの葛藤が見えなくなる。

獣肉穢れ観の増大により、本当に獣肉を食べたいと思わず、全く口にしない人が出現した。獣肉を穢れたものだと信じ、それを一切口にしようとしなかった人々が、医師から薬として服用せよと処方、説得された時、どうしただろうか。激しい葛藤に苛まれながら、嫌々口にした人もいたはずである。それを、「建前」に対する「抜け道」と説明するのは妥当だろうか。

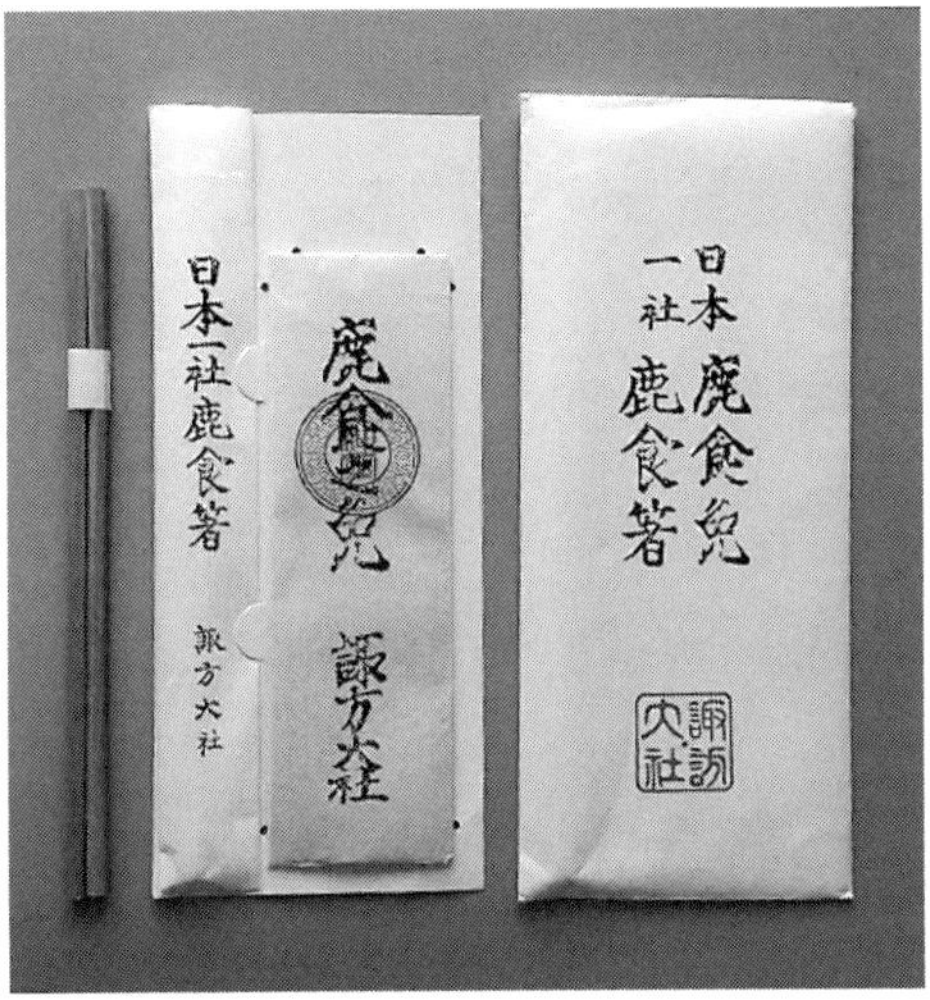

現在、諏訪大社から出されている鹿食免・鹿食箸

薬食いは、「穢」「罪業」という観念が強まった中世にもおこなわれたと考えられ、さらに近世には冬の季語になるほど人口に膾炙した。つまり、「薬食い」の意味（機能）や使われ方も、中世・近世で変化があったと考えざるをえない。「殺生」や肉食を「功徳」とする言説にも、そうした変化があったはずで、その歴史を検証することも重要だろう。

本書の視角（２）――身分偏差と地域偏差

つぎに注意したいことは、肉食忌避や獣肉穢れ観が身分に対応しており、身分秩序の確認機能と差別の再生産機能をもっていたということである。日本史の研究者でも、日本において狩猟や肉食はマイナーなものでしかなく、一部の特殊な人々の文化だったというイメージをもっている者が少なくないだろう。しかし、差別の根源は、特定の職能、社会的分業ではなく、身分と主従関係に内在していたという保立道久の指摘が重要である。

貴族は侍に殺生を押し付け、侍はおのれが回避したい仕事を従者に押し付けた。百姓も同様で、下人・所従に押し付けたはずである。中世の身分は、このように穢れを下位身分の者に押し付けるという基本的な構造をもっていたのであり、差別や蔑視はいたるところに存在したと考えるべきだろう。十〜十二世紀に形成された肉食のタブーによって、全ての人々が肉食をやめたわけではなかったし、肉食文化が均一化・平準化されたわけでもなかった。むしろ、肉食文化が身分・階層と深く結び付いたことこそが重要な問題なのである[32]。

先述したように、平雅行は肉の種類によって禁忌の強度に偏差があることに着目した。古代の天皇は、その政治的な必要性から鳥獣を食べなければならない存在であった。ところが、時代が降るにつれて肉食忌避を強める。タブーが最も厳しくなった牛馬は一切口にした形跡が無く、猪鹿の肉がそれに次ぐ。しかし、魚鳥は日常的にほとんど忌避されていない。院や摂関・大臣家もこれに準じるが、彼らに仕えた諸大夫《しょだいぶ》クラスになると、鳥獣肉を食べていることが確認できる。侍になると、猪鹿を食べる者はめずらしくない。

これまでの研究の多くは、肉食の忌避について、あたかも社会全体の傾向であるかのように論じてきたのではないだろうか。律令制が崩壊（あるいは弛緩《しかん》）した後に、こうした肉食文化とリンクした身分制があらわれたとすれば、いったいそこにはどのような必然性があったのかが問われなければならないだろう。穢れの観念が肥大化したのはなぜか、そしてこうした身分制が形成され再生産されたのはなぜか、実は十分に解明されているとは言えないのである。

また、身分とともに地域による偏差も無視できない。かつて、網野善彦や佐藤進一は京都の王朝を中世国家の第一の型と認め、それとは異質な鎌倉幕府を中世国家の第二の型とした。いわゆる東国国家論である。(33)これをふまえて、西国とは異なる東国の殺生観に言及した論考もあったが、(34)近年はそうした議論が乏しい。

しかし、西国と東国の地域差は小さくない。石井進は、東日本に縄文文化の影響がよく残っていたこと、関東に本格的な武家政権である鎌倉幕府が成立したこと、その鎌倉幕府が崇敬した諏訪《すわ》社の分祀が東国に多いこと、諏訪社には「縄文以来」などと称揚される信仰のかたちが伝えられていること、これらは相互に関連しているのではないかと述べた。(35)興味深い見解だが、その検証は今後の課題としてのこされている。

穢れの観念の肥大化という現象は、日本全体で均一に進行したわけではなく、地域的な偏差が大きかった。平雅行は、平安後期の鹿食穢れ観の登場によって本格的に展開しはじめた獣肉穢れ観が、鎌倉中期、親王将軍宗尊が鎌倉に赴いたことで、彼を介して東国社会に強行的に導入されたという。(36)宗尊が入ったことで、鎌倉がいわば京都化し、東国においても身分と結び付いた肉食忌避が一般化したのだろうか。実権を握った得宗家（執権北条氏嫡流）は、そこにどのような影響を与えていたのだろうか。未解明の問題は多い。京都と関東、その差異について、武家政権の歩みに即して検証する必要があるだろう。

本書の視角（3）――神と肉をめぐる相克

「日本では仏教の不殺生戒の影響で肉食は忌避されていた」という言説は根強く、いまだに日本における肉食のタブーを「仏教の教え」と説くことはめずらしくない。たしかに、苅米が指摘したように、寺院内部における自発的な生活規則であった不殺生戒が、日本中世にはあたかも世俗の法であるかのように外部の社会に適用された。しかし、平雅行によれば、獣肉食忌避発生の母胎は仏教ではなく、神祇的肉食禁忌にあったという。それは元来斎戒（ものいみ）を本質としていたが、九世紀中葉からの穢れ観念の肥大化に伴って獣肉穢れ観で説明されるようになったのである(37)。

古来、生活・生産の安定、豊穣や除厄を願って、人々は自然＝神に祈りを捧げてきた。それをかたちにするため、様々な祭祀をおこなっているが、その際、かならず神への供物が必要とされる。モノを供える代わりに、恩恵にあずかろうというわけで、供物はまず《美味しいモノ》でなければならなかった。原田が、動物供犠に着目するのは、まさに動物の肉が《美味しいモノ》だからにほかならない。

米との関係で肉について論じてきた原田は、稲作のために神に肉を供える儀礼がおこなわれてきたことをあきらかにしている。日本では米の生産のために肉が供えられた。肉食の禁止も米作りのための方策で、人が動物の肉を食べると稲作が失敗するという観念に基づくものであったという。重要な願い事つまり稲の豊作のためには、肉を食べないとする思想の実現であった。米は、尊い聖なる食べ物としての位置を確立し、祭祀のなかで重要な役割を果たすようになり、一方、肉は穢れと見なされるようになっていくという。(38)

たしかに、米や稲作農耕は、政治的にも経済的にも重大な意味を持つようになった。しかし、近年の環境史研究や生業史研究においては、中世には多くの人々が山野河海を生活の場としていたことがあらためて指摘されている。(39)また、苅米は、山野河海で狩猟や漁撈に従事している人々の方が信心深いという傾向があると指摘している。(40)

中世に発達した、殺生・肉食を「功徳」や「善行」とする言説は、狩猟や肉食を実践しなければならないという現実と、狩猟や肉食を「悪行」とする思潮との葛藤からつむぎだされたものだと考えられるが、その葛藤は稲作のための供犠をめぐるものだったのだろうか。これまでの研究において、殺生や肉食を功徳とする殺生・肉食肯定言説（殺生功徳論）を必要としたのは、山野河海に生きた人々だったと説かれてきた。そうした見方の是非も問わなければなるまい。

中世には、神に対する信仰も、寺院において僧侶が説いたので、神信仰も中世仏教の問題として論じるべきなのだが、肉食忌避の言説も、その許容・正当化の言説も、多くの場合、神との関係で説明されることが多かった。神仏習合のなかで精進神が成立し、一部の神社で魚鳥食の禁忌が始まるなど、肉食については神信仰との関係において考えなければならないことが多い。近年、神社史研究および中世神話の研究が進展した。それらも参照しながら、諏訪信仰をはじめとする神信仰と肉食の相克を具体的に探ってみたい。

肉とは何か

以上が、本書の視角である。

ここで、確認しておきたいのは、本書で何を「肉」と称して、考察の対象としているか、である。現在、食肉と言えば、牛・豚・鶏といった飼養された鳥獣の肉をイメージするのが一般的であろう。また、「肉」料理と「魚」料理という呼び分けがあるとおり、魚貝類を「肉」と称することは一般的ではない。古代・中世において、食肉を意味する言葉は「シシ（宍）」で、鹿肉は「鹿宍《カノシシ》」、猪肉は「猪宍《イノシシ》」と記された。その食用が当然だったからこそ、「鹿」を「シシ」と読むようになり、「猪」一文字で「イノシシ」と読むようになってしまったのである。

「宍《シシ》」は多くの場合、獣肉のことであって、魚貝類はもとより、鳥の肉も「シシ」と称することは一般的ではなかったらしい。しかしこれから詳しく見るように、中世においては、獣のみならず鳥や魚貝類の食用も忌避の対象となっていたことがあきらかである。中世の人々は、それらをおおそ「生類《しょうるい》」と総称していた(41)。本書では、中世において忌避や罪悪視の対象とされた「生類」の食用を、広く考察の対象としたい。本書で論じる「肉食」とは、そうした魚貝類も含む、「生類」の食用のことだと言うことになる。

本論の構成

第一章　禁欲から禁忌へ　いわゆる「天武天皇の肉食禁止令」をめぐる議論から、古代の肉食とその禁止の実態について探り、肉食を慎むことはあっても、それは「穢」や「悪行」として忌避されていたわけではなかったことを確認する。天皇の肉食について可能な限りあきらかにし、その上で肉食が忌避されるようになるまでの諸段階を確認したい。古代から中世への移行期に、肉食と結び付いた中世的な身分や差別があらわれる。それが強固になっていくのはなぜなのか、その理由についても考えてみたい。

第二章　肉食の実態　中世の俗人を中心に、各階層の肉食の実態を探る。まずは天皇の食事を復元し、そのなかでどのような肉が食されていたのかを確認する。ついで、摂関家における肉食の実態を、主に大饗《だいきょう》という饗宴のメニューから探る。史料の残り方には偏差があり、侍以下の肉食についてはわからないことが多いものの、説話や絵巻物なども史料として、貴族と侍の差異をあきらかにしたい。その上で、中世における精進、さらに諸階層の「薬食い」の実態についても確かめる。

第三章　家畜は不浄か　平安王朝において、まず食用が忌避されたのは、六畜《ろくちく》の肉であった。六畜とは、馬・牛・羊・豚・犬・鶏のことだが、それぞれの消長について確認しておく。中世の日本では、殺して食用とすることを目的とした飼育すなわち食用畜産は発達しない。しかし、馬・牛・

犬・鶏は飼養されており、それらの食用について探る。特に、中世における牛と鶏、それぞれの利用の実態とイメージとの関係を確認したい。

第四章　殺生・肉食の正当化　いわゆる神仏習合が進展し、「日本の神々は、仏菩薩がこの世に仮の姿としてあらわれたもの」という考え方が一般化する。祭神に本地仏《ほんじぶつ》が設定されるようになると、神＝仏に魚鳥を供えることが問題になった。神が仏であるならば、魚鳥の供犠は殺生である以上、神はそれをよろこぶはずがなく、それを食すこともないはずだ、ということになる。この問題に直面した中世の人々は、どのように応えようとしたのだろうか。殺生・肉食の罪業を免責する、あるいは正当化する言説の成立過程をたどり、誰がどのような葛藤からそのような言説を紡ぎ出したのか考える。

第五章　諏訪信仰と殺生・肉食　殺生・肉食を正当化する論理としてよく知られているのが「諏訪の勘文《かんもん》」、すなわち「業尽《ごうじん》有《う》情《じょう》、雖《すい》放《ほう》不《ふ》生《しょう》、故《こ》宿《しゅく》人《じん》身《しん》、同《どう》証《しょう》仏《ぶっ》果《か》」である。「業の尽きてしまった有情（＝動物）は、放っても生きられない。だから人身に宿してやって（つまり殺して食べてやれば）、人と一緒に成仏できる」という論理を凝縮したもので、殺生・肉食を許容・肯定する唱《とな》え言《ごと》としてよく知られており、民俗学・宗教学・歴史学など様々な分野で論及されてきた。十四世紀には成立していたとみられるが、その成立過程については検討の余地がある。そもそも、なぜ諏訪なのか。諏訪社以外にも動物供犠をおこなっていた神社はあったにもかかわらず、なぜ諏訪が殺生・肉食肯定論を発達させたのか。これまでの研究を点検しつつ、中世における諏訪信仰と殺生・肉食を正当化する言説について再考する。

第六章　武士の覇権と殺生・肉食　十二世紀、王朝の貴族社会では鹿肉食を穢れとする観念が肥大化したが、東国の武士たちは、鹿や猪を獲物とする狩猟もいとわなかったし、仕留めた獲物の肉を食したはずである。鹿を射とめることに宗教的・政治的な意味すら付与していた東国の武士は、鹿の死やその肉食を穢れとみなす京都の文化を受け容れることができたのだろうか。武家の狩猟儀礼を分析することで、鎌倉の変化だけでなく、その後の室町殿の殺生・肉食にも論及する。さらに、織田・豊臣・徳川といった天下人と殺生・肉食の関係も探ってみたい。

註

(1) クロード・レヴィ＝ストロース（川田順造訳）「狂牛病の教訓―人類が抱える肉食という病理―」（『中央公論』一一六‐四、二〇〇一年、のち川田順造『レヴィ＝ストロース論集成』青土社、二〇一七年）。

(2) 例えば、二〇一五年三月一四日に放送されたNHKスペシャル「世界〝牛肉〟争奪戦」は、あらためて食肉ビジネスをめぐる問題の深刻さや複雑さを考えさせる内容だった。野林厚志編『肉食行為の研究』（平凡社、二〇一八年）は、人類学を中心とする共同研究の成果だが、現在の肉食をめぐるグローバルな課題についても議論されている。

(3) フレデリック・J・シムーンズ（山内昶監訳）『肉食タブーの世界史』（法政大学出版局、二〇〇一年）。

(4) 山内昶『「食」の歴史人類学―比較文化論の地平―』（人文書院、一九九四年）。

(5) 鯖田豊之『肉食の思想』（中公新書、一九六六年）。

（6）桜井英治「中世史への招待」（岩波講座『日本歴史 第6巻 中世1』岩波書店、二〇一三年）。
（7）例えば、国学者喜多村信節《のぶよ》（一七八二～一八五六）は、文政十三年（一八三〇）の随筆『嬉遊笑覧』のなかで、古代から近世にいたるまでの肉食の概説を記している（十・上・飲食）。
（8）喜田貞吉「上代肉食考」（喜田貞吉著作集10『部落問題と社会史』平凡社、一九八二年）。
（9）加茂儀一『家畜文化史』（改造社、一九三七年）、同『日本畜産史 食肉・乳酪篇』（法政大学出版局、一九七六年）。
（10）渡辺実『日本食生活史』（吉川弘文館、一九六四年）。
（11）関根真澄『奈良朝食生活の研究』（吉川弘文館、一九六九年）。
（12）河田光夫『中世被差別民の装い』（明石書店、一九九五年）、のびしょうじ『食肉の部落史』（明石書店、一九九八年）など。
（13）いわゆる「社会史」については、石井進「社会史の課題」（岩波講座『日本通史 別巻1 歴史意識の現在』岩波書店、一九九五年）、山本幸司「社会史の成果と課題」（岩波講座『日本歴史 第22巻 歴史学の現在』岩波書店、二〇一六年）などを参照。
（14）原田信男『歴史のなかの米と肉』（平凡社、一九九三年。同ライブラリー、二〇〇五年）、同『江戸の食生活』（岩波書店、二〇〇三年。岩波現代文庫、二〇〇九年）。
（15）直良信夫『狩猟』（法政大学出版局、一九六八年）など。
（16）佐原真『食の考古学』（東京大学出版会、一九九六年）、同『魏志倭人伝の考古学』（岩波現代文庫、二〇〇三年）、馬場基「古代日本の動物利用」（松井章編『野生から家畜へ』ドメス出版、二〇一五年）。
（17）西本豊弘編著『人と動物の日本史〈1〉動物の考古学』（吉川弘文館、二〇〇八年）、西本豊弘・新美倫子編『事典 人と動物の考古学』（吉川弘文館、二〇一〇年）。

(18) 松井章「動物とかかわった人たち」(中世都市研究会編『中世都市研究8 都市と職能民』新人物往来社、二〇〇一年)、同「考古学から見た動物と日本人の歴史」(脇田晴子/M・コルカット/平雅行編『周縁文化と身分制』思文閣出版、二〇〇五年)、同『環境考古学への招待―発掘からわかる食・トイレ・戦争―』(岩波新書、二〇〇五年)、同(丸山真史と共著)「動物資源の利用と変遷」(小野正敏・萩原三雄編『鎌倉時代の考古学』高志書院、二〇〇六年)、同「野生から家畜へ」(前掲註(16)『野生から家畜へ』)など。
(19) 前掲註(12)のび『食肉の部落史』。
(20) 原田信男『なぜ生命は捧げられるか―日本の動物供犠―』(御茶の水書房、二〇一二年)、同『神と肉―日本の動物供犠―』(平凡社新書、二〇一四年)、同「日本における動物供犠と肉食の穢れ」(前掲註(2)野林編『肉食行為の研究』)。
(21) 中村生雄『祭祀と供犠―日本人の自然観・動物観―』(法蔵館、二〇〇一年)、同『日本人の宗教と動物観―殺生と肉食―』(吉川弘文館、二〇一〇年)。
(22) 千葉徳爾『狩猟伝承研究』(風間書房、一九六九年)。
(23) 小野重朗『南九州の柴祭・打植祭の研究』(小野重朗、一九六四年)、同『農耕儀礼の研究―南九州における発生と展開―』(弘文堂、一九七〇年)など。
(24) 野本寛一『焼畑民俗文化論』(雄山閣出版、一九八四年)、同『生態民俗学序説』(白水社、一九八七年)。
(25) 永松敦『狩猟民俗と修験道』(白水社、一九九三年)、同『狩猟民俗研究―近世猟師の実像と伝承―』(法蔵館、二〇〇五年)。
(26) 田口洋美『越後三面山人記―マタギの自然観に習う―』(農山漁村文化協会、一九九二年。新編ヤマケイ文庫、山と溪谷社、二〇一六年)、同『マタギ―森と狩人の記録―』(慶友社、一九九四年)、同『マタギを追う旅―ブナ林の狩りと生活―』(慶友社、一九九九年)。

(27) 平雅行「殺生禁断の歴史的展開」(大山喬平教授退官記念会編『日本社会の史的構造 古代・中世』思文閣出版、一九九七年)、同「日本の肉食慣行と肉食禁忌」(脇田晴子/アンヌ ブッシイ編『アイデンティティ・周縁・媒介』吉川弘文館、二〇〇〇年)、同「殺生禁断と殺生罪業観」(前掲註(18)脇田ほか編『周縁文化と身分制』)。

(28) 同右「日本の肉食慣行と肉食禁忌」および「殺生禁断と殺生罪業観」。

(29) 苅米一志『殺生と往生のあいだ—中世仏教と民衆生活—』(吉川弘文館、二〇一五年)。同「日本中世における殺生観と狩猟・漁撈の世界」(『史潮』新四〇号、一九九六年)、同『荘園社会における宗教構造』(校倉書房、二〇〇四年)も参照。

(30) 横井清『的と胞衣』(平凡社、一九八八年。同ライブラリー、一九八九年)、平雅行『歴史のなかに見る親鸞』(法蔵館、二〇一一年)。

(31) 前掲註(20)原田『神と肉』。

(32) 保立道久「都市と職能民」(全体討論発言、前掲註(18)中世都市研究会編『中世都市研究8』)。

(33) 網野善彦『東と西の語る日本の歴史』(そしえて、一九八二年。講談社学術文庫、一九九八年)、佐藤進一『日本の中世国家』(岩波書店、一九八三年。岩波現代文庫、二〇〇七年)。

(34) 伊藤喜良『日本中世の王権と権威』(思文閣出版、一九九三年)。

(35) 石井進「中世の諏訪信仰と諏訪氏」(『文化財信濃』二四-二、一九九七年)、同「諏訪信仰の歴史と文化」(長野県立歴史館一九九八年度秋季企画展『諏訪信仰の祭りと文化』図録)。

(36) 前掲註(27)平「日本の肉食慣行と肉食禁忌」および「殺生禁断と殺生罪業観」。

(37) 同右。

(38) 前掲註(20)原田『神と肉』。

(39) 井原今朝男編著『環境の日本史3 中世の環境と開発・生業』(吉川弘文館、二〇一三年)、同「中世における生業とコモンズ」(秋道智彌編『日本のコモンズ思想』岩波書店、二〇一四年)。
(40) 前掲註(29)苅米『殺生と往生のあいだ』。
(41) 同右および苅米「山野河海における生類と信仰」(五味文彦・小野正敏・萩原三雄編『動物と中世―獲る・使う・食らう―』(考古学と中世史研究6、高志書院、二〇〇九年)。

肉食の社会史——目次

第二章　肉食の実態……85

第四章　殺生・肉食の正当化

凡例

*註は、本文の行間に（1）（2）…と註番号を示し、各章末に一括した。

*原文が漢文で書かれている史料を引用・掲出する場合は、読み下し（訓読）文とした。異体字などは原則として今日の通用活字体に改めたが、一部はそのままとした。

*原文が仮名または仮名まじりの史料を引用・掲出する場合は、原文のままとしたが、変体仮名などは今日の通用活字体に改めた。また、仮名表記の一部を漢字に変換したところがある。

*史料の原文の二行割書き（割注）および右寄せの小書きは、一行組として〈 〉で括った。

*史料の現代語訳は、論述の都合上、逐語訳の場合と意訳（大意）の場合がある。

*諏訪は、中世には「諏方」と表記されることが多かった。しかし、本書では原則として「諏訪」で統一する。ただし、『諏方大明神絵詞』などの史料名や史料中の表記、諏訪一族の氏族名については、「諏方」のままとしたところがある。

*人名については、現代の研究者も含めて、全て敬称を略させていただいた。

*本書で引用・掲出している史料のなかには、現在では差別用語・差別表現と言うべき用語・表現を含むものもある。もとより、偏見や不当な先入観によってある者を他よりも低く扱ったり蔑視したりする差別を許容するつもりも助長するつもりも無い。史料に即して差別の構造がどのように構築されたのかをあきらかにすることで、その構造の相対化（脱構築）に寄与したいと望んでいる。

第一章　禁欲から禁忌へ

「日本では古代から肉食が忌避されてきた」、「仏教の不殺生戒《ふせっしょうかい》の影響で肉食は禁じられていた」といった説は根強い。しかし、すでに多くの研究によって、この列島では連綿と肉食がおこなわれていたことがあきらかにされている。古代から中世、さらに近世へと、時代が降るにつれて、肉食を忌避する思潮が強まる傾向にあったことも指摘されており、そうした肉食忌避の起源は何なのか、いつ頃どのように発生し、強まったのか、といった問題についても研究が蓄積されている。

ただ、これまでの研究の多くは、肉食忌避について、あたかも社会全体の傾向・思潮であるかのように論じることが多く、忌避される肉が身分によって異なることや、同じ肉でも身分によって忌避の程度に差があったことについては、議論が乏しかった。しかし、あとで確認するように、肉食忌避の強弱や肉の種類による「穢《え》」や「罪業《ざいごう》」の偏差は身分に対応していたという指摘が重要である。それはすなわち、肉の食べ方が身分秩序の確認機能と差別の再生産機能をもっていたということにほかならない。

そして、そうした肉食忌避と身分・差別との関係は、中世成立期すなわち十一〜十二世紀に形成されていた。古代の律令制が崩壊（あるいは弛緩）した後に、こうした肉食と結び付いた身分や差別があらわれたとすれば、それはなぜなのか。そこにはどのような事情があったのか。そして、そうした身分が近世にいたるまで再生産され続けたのはなぜなのか。実は、十分に解明されているとは言えないのである。

本章では、これまで蓄積されてきた研究の成果をできる限りふまえながら、日本における肉食禁忌の成立過程を確認していく。そして、肉食が身分や差別とどのように結び付いたのか、その実態を確かめておきたい。

1 肉食は禁じられたか

いわゆる「天武の肉食禁止令」

『日本書紀』天武《てんむ》天皇四年（六七五）卯月庚寅《うづきこういん》（四月十七日）条は、一般に「天武の肉食禁止令」として知られており、研究史上、何度もとりあげられてきた。すでに論じ尽くされている感もある史料だが、研究の到達点を確認する上では避けて通れない。まず、原文の訓読をあげておこう。

諸国に詔《みことのり》して曰《のたま》はく、今より以後、諸《もろもろ》の漁猟者を制《いさ》めて、檻穽《かんせい》を造り、機槍《ふみはなち》の等き類を施《お》くこと莫《なかれ》。亦四月の朔《ついたち》より以後、九月三十日より以前に、比弥沙伎理梁を置くこと莫。且《かつ》牛・馬・犬・猿・鶏の宍《しし》を食ふこと莫。以外は禁の例に在らず。若し犯すこと有らば罪せむとのたまふ。

逐語訳をしてみれば、次のようになろう。

諸国に次のように命じられた。今後、漁民・猟師は、落とし穴をつくったり仕掛け弓などを設置したりしてはならない。また、四月一日から九月三十日までは、河川にヒミサキリ簗を設置してはならない。くわえて牛・馬・犬・猿・鶏の肉を食べてはならない。これ以外は禁止しない。もしこの禁止令に違反する者がいれば罪科に処する。

原田信男は、このいわゆる「天武の肉食禁止令」について次のように述べている。

「比弥沙伎理《ヒミサキリ》」については、「隙遮り」すなわち「魚が逃げ出る隙もないほど、簗《やな》の簀目《すめ》がつまった状態」をさすという説をとっておきたい(1)。

禁止期間は四月から九月までであり、対象はウマ・ウシ・イヌ・ニワトリ・サルの五種に限られる。ところが、「シシ」として一番食べられてきたはずのイノシシとシカが抜け落ちていることから、これを肉食禁止令とみなすことはできない。しかも禁止期間は、水田稲作の時期にあたる。これは厳密には殺生禁断令とすべきで、古代律令国家は、稲作の順調な展開のために、部分的に肉食を禁じたのである。つまり米を天皇が祭祀を司る〝聖なる〟食物とみなし、その生長に障害となる肉を「穢れた」食物と規定したにすぎない(2)。

最も重要なことは、シシ（宍）として食べられていたはずの猪・鹿が含まれておらず、これを「肉食禁止令とみなすことはできない」という指摘であろう。このあと確認する他の論者も、この禁令をもって肉食が全面的に禁止されたとは言えないという点では一致している。これは、肉食が禁止されたことよりも、むしろ当時、肉食が一般的だったことを示す史料であった。この条文はいまだに一般には「天武の肉食禁止令」などと称されているが、それは当時もこの後も実態として肉食があったことを隠蔽しかねない、不適切な表現だと言えよう。

天武禁令の読み方

原田の説は、米・稲作との関係において肉・肉食について考えるところに特色があり、ここでも五畜《ごちく》の肉の食用禁止を、四月から九月という「稲作期間」と関連させて解釈している。しかし、その解釈は妥当だろうか。

実は、原田の解釈に対して、異論がいくつも提示されている。まず平雅行は、この法令が出された前後の天候に関する記事を確認し、旱魃《かんばつ》・飢餓《きが》が深刻であったことから、これは旱魃・飢餓に対応して発令されたものと考えており、必ずしも水田稲作の期間に限定した禁令とはみていない(3)。

白水智《しろうずさとし》は、四月から九月という期間と五畜の食習禁止とは直接にはつながらないとして、原田説を批判した。つまり、四月から九月は、あくまで魚簗《やな》等の漁業設備の設置を禁ずることのみにかかるのであって、陥穽《かんせい》などの獣猟設備の敷設も五畜の肉食も、規制の期間は限定されていないと考えた方がいいのではないか、と言うのである。(4)たしかに、「比弥沙伎理梁を置くこと」と「牛・馬・犬・猿・鶏の宍を食ふこと」を分けて、「四月一日から九月三十日より以前」は「比弥沙伎理梁を置くこと」のみにかかる、という白水の読みは首肯できる。

苅米一志《かりこめひとし》は、天武天皇四年の四月一日には二千四百あまりの僧尼をまねいて仏事がおこなわれ、十月三日には諸国に使者がつかわされ国内の一切経をあつめるよう命じられていたことに着目して、次のように述べている。

四月から九月までは、国家的な仏事がおこなわれる準備期間であったと考えられる。そうすると、簗の設置と獣肉食の禁止はひとまとまりのものであって、国家的な仏事にのぞんで、人民に精進潔斎を命じたものと考えることができる。

さらに苅米は、「前半のワナ猟の禁止は、大型動物に対する天皇の慈悲をしめしたもの」と考え、この禁令全体が国家的な仏事を実施するための前提として、殺生や肉食を慎《つつし》んだものとみている。(5)

著名な「天武の肉食禁止令」だが、その解釈をめぐっては、このように議論が重ねられてきた。(6)そして、次の二点が問題になるだろう。まず、原田が指摘するような、米を天皇が祭祀を司る「聖なる」食物とみなし、その生長に障害となる肉を「穢れた」食物と規定した、という見方は可能だろうか。はたして、天武四年（六七五）の段階で、獣肉穢れ観は成立していたのだろうか。また、苅米が指摘するように仏事の前提ということになれば、たとえ五畜に限定されているとはいえ、肉食が禁止されているのは、仏教の影響だと考えてよいのだろうか、それとも何かほかのことに由来しているのだろうか。これらについて確認しておく必要がある。

禁欲と呪術

これまでの研究で、古代の肉食禁止令は、ある種の呪術であったことが指摘されている。すなわち、疫病や旱魃といった異常事態を神の怒りと考えていた古代人は、それに対し、酒や肉を断つという行動をとった。自然の猛威＝神の怒りに対して、恐れ慎む姿勢を示して、鎮《しず》まってもらおうとしたのである(7)。原田は、水田稲作の順調な展開を祈願、平は旱魃・飢餓に対して、苅米もそのための仏事に際して、といった違いはあるが、いずれも肉を食べたいという欲望を抑えることで、神に対して恐れ慎む姿勢を示そうとした、と理解する点は共通していると言えよう。

こうした、肉食を慎む習俗の存在を示す史料として知られているのが、『魏志倭人伝』の次の記述である。

其死有棺無槨、封土作冢、始死停喪十餘日、當時不食肉、喪主哭泣、他人就歌舞飲酒、已葬挙、家諸水中澡浴、以如練沐、其行来渡海詣中國恒使一人、不梳頭、不去蟣蝨、衣服垢汚、不食肉、不近婦人、如喪人、名之為持衰、若行者吉善、共顧其生口財物、若有疾病遭暴害、便欲殺之、謂

其持衰不謹、

小南一郎による訳を引用させてもらおう。読みやすくするために一部加筆している。

人が死ぬと、棺《ひつぎ》に収められるが槨室《かくしつ》はなく、土をつんで冢《つか》を作る。死ぬとすぐ十日余りの停喪《ていも》（殯《もがり》？）をし、その間は肉を食べず、喪主は哭泣《こっきゅう》し、ほかの者はそのそばで歌舞し酒を飲む。埋葬が終わると、家中の者が水中に入って澡浴をする（身体を洗う）が、それは（中国の）練沐《れんもく》と似ている。（倭の者が）海を渡って中国と往来する時には、いつも一人の者をえらんで、頭をくしけずらせず、蟣蝨《しらみ》もとらせず、衣服は垢《あか》で汚れたままで、肉を食べさせず、婦人も近づけず、喪中の人のようにさせる。これを持衰《じさい》と呼ぶ。もしその旅が無事であれば、皆でその者に生口（家畜？）や財物を与える。もし病気になったり災害にあったりすれば、人々はその者を殺そうとする。その者の持衰がじゅうぶんに慎み深くなかったから（そうした事が起こったのだ）というのである。(8)

三世紀のヤマトには、喪主が肉食を慎む習俗があったらしい。また、持衰という習俗があったという。航海の安全などを祈願するため、選ばれた人が肉食・性交を慎み、身体も衣服も汚れたまま喪中の人のようにさせたというのである。持衰は持斎すなわちのちの斎戒《ものいみ》と考えられ、近親者の死を悼む時や重大事の祈願などに際して、慎み深さを示すために肉を食べなかったのであろう。こうした禁欲こそが、肉食禁忌の起源であった。

律令と肉食

天武天皇が編纂させた令（＝行政法）は、持統《じとう》天皇によって施行され、文武天皇の大宝《たいほう》元年（七〇一）、律（＝刑法）と令が揃った。ヤマトの令は、唐の令を受容するにあたって改変した点が少なくない。なかでも神祇令《じんぎりょう》の散斎《あらいみ》に関する条文（『神祇令』第六－一一）には、興味深い改変がある。

凡そ散斎の内には、諸司の事理《おさ》めむこと旧《もと》の如く。喪を弔《とぶら》ひ病を問ひ、宍《しし》食《は》むこと得じ。亦刑殺判《ことわ》らず、罪人を決罰せず、音楽作《おこ》さず、穢悪の事に預らず。致斎には、唯し祀の事の為に行ふこと得む。自余は悉くに断《や》めよ。其れ致斎の前後をば、兼ねて散斎と為よ。

神を祀るには、心の内を慎む致斎《まいみ》と致斎の略式で行動（外面）を慎む散斎の遵守が必要と規定された。この『神祇令』の散斎規定によれば、「弔喪問病」「食宍」「判刑殺」「決罰罪人」「作音楽」「預穢悪之事」の六つが禁忌とされている。このうち「食宍」以外は唐令の引き写しであり、肉食の禁忌のみはヤマト独自の規定であった。このことは、ヤマトに中国とは異質な肉食忌避の習俗があったことを示しており、律令制度を中国から導入する際、神祇祭祀における肉食の禁忌を意図的に盛り込んだとみられる。(9)古代における肉食禁止の本質が、斎戒《ものいみ》すなわち謹慎にあったことをよく示していると言えよう。

飛鳥・奈良時代に発令された肉食禁止も、同様であったことが知られている。持統五年（六九一）の長雨では、公卿・百寮人に酒・肉を断って「摂心悔過《せっしんけか》」するよう求めた。天平勝宝《てんぴょうしょうほう》元年（七四九）、八幡神が上洛する際には、迎えの従者に酒・肉を与えないよう命じたし、宝亀《ほうき》元年（七七〇）の疫病では天下に五辛《ごしん》・肉・酒を断つよう布告し、弘仁《こうにん》九年（八一八）の炎旱では天皇・百官が「素食」した。また養老《ようろう》六年（七二二）・天平四年（七三二）・天平九年（七三七）の旱魃《かんばつ》疫病では、禁酒と断屠すなわち肉食の禁断を命じている。疫病・旱魃といった異常事態に際して酒と肉を共に禁じた例が多く、天変地異＝神の怒りに対して、酒・肉を断って「素食」して「悔過」＝懺悔《ざんげ》した。平雅行が指摘するとおり、肉は穢れているから食べないのではなく、酒と同様、美味で贅沢な食べ物だから食断ちをして、神に対して恐れ慎む姿勢を示そうとしたのだと考えられよう。(10)

仏教の影響か

獣肉食忌避の原因については、しばしば仏教の不殺生戒に由来すると説かれる。確かに、仏教の戒律のなかで最も重視されたのが不殺生戒であり、それはすなわち肉食の否定にほかならないと考えられてきた。しかし、それは本当に日本における肉食忌避の出発点なのだろうか。この問題についても、これまでの研究を参照しながら確認しておこう。

仏教が元来肉食を禁じていたかどうかについては議論があるものの(11)、ここではそれに立ち入らない。しかし、中国に伝播した仏教が、すでに三種浄肉論《さんしゅのじょうにく》をもっていたことは確からしい。三種浄肉論とは、自分に提供する目的で動物を殺すのを見た、あるいは聞いた、またその可能性があると考えられる肉は食べてはならない（それ以外の肉は食べてもよい）という説である。この三種浄肉論が流布し、さらに大乗仏教の成立で肉食は全面的に禁止されるようになった。中国仏教では、当初三種浄肉論が一般的であったようだが、大乗仏典の浸透もあって、隋・唐の頃には、僧侶の肉食が全面的に禁止されるようになったことが知られている。

この影響をうけたヤマトでは、六世紀に仏教が伝来した当初から、僧侶には肉食の禁止を求めた。『僧尼令《そうにりょう》』第七には、僧尼が、酒を飲み、肉を食い、五辛を服したならば、三十日間の苦使を科す。もし疾病のための薬として用いるならば、三綱《さんごう》（僧尼統制機関）はその日限を設けること、と定められている。「肉」とだけ記されているが、獣肉に限らず、鳥や魚も含まれていたと考えられる。「五辛」は、にんにく・にら・ねぎ・らっきょう・のびるなどの香辛野菜である。酒・肉・五辛はいずれも修行、特に瞑想を妨げるものとして禁じられたのであろう。その後も朝廷は、僧侶の肉食全般を禁止し続ける。しかし、仏教が求める肉食の禁止が、世俗社会に直接影響を与えたわけではなかったことに注意が必要であろう。

先ほどみたように、『神祇令』の散斎規定にみえる肉食禁忌の本質は、斎戒＝謹慎にあった。一方、仏の祭祀者たる僧侶には恒常的で全面的な肉食禁忌を課した。平雅行は、古代にはその二種類の肉食禁忌があったと指摘し、九世紀中頃までの殺生禁断令に、仏教の影響を過大視してはならないと説いている。肉食禁忌の対象が四足の獣肉だけでなく鳥や魚にも拡大されたこと、僧侶の禁忌を厳重にしたこと、六斎日《ろくさいにち》（毎月八・十四・十五・二十三・二十九・三十日に斎戒する）のような定例的な潔斎を要求するようになったことなどに仏教の影響はみられなくもないが、確かに九世紀中頃までの獣肉食の禁忌を、仏教の不殺生戒だけで説明することはできないし、獣肉穢れ観によって説明することも難しいのである。(12)

殺生禁断と放生《ほうじょう》は国家的な仏事を実施する前提だったとみる苅米も、仏教が伝来する以前、祭祀にのぞんでは、何らかの「忌み籠り」がおこなわれ、それがのちの精進潔斎につながっていくのではないかと考えている。つまり、「忌み籠り」の期間中、生類を殺さず、それを食べることをひかえる習慣が、国家的な仏事の本格的導入にあたって、仏教の文脈に読みかえられた可能性が高いとみているのである。(13)

殺生罪業観は、九世紀中頃から貴族社会に定着していく。殺生禁断令に殺生罪業観がおりこまれ、それが前面に出てくるようになるのも、その頃からであり、平雅行はそこに、一時的に殺生を慎んだ時代から、日常的に不殺生が求められる時代への転換があったとみる。苅米も、方法や時期を限った古代の殺生禁断は、中世以降の絶対的な殺生禁断とは一線を画すものとみており、こうした見方を現在の研究の到達点と理解して良いだろう。

2　食す国の肉食

「天皇」とニヘ（贄）

天皇による統治・支配を「食国《ヲスクニ》」という。収穫された食物を献上させ、それを天皇が食べることで、その地が天皇に服属していること、天皇がその地を支配していることを示す。それがヲスクニであった。『古事記』神代に伊邪那岐命《いざなぎのみこと》が月読命《つきよみのみこと》に対し、「汝命は夜の食国《ヲスくに》を知らせ」と命ずるくだりがあり、「食を訓みて袁須《ヲス》と云ふ」と註されている。『万葉集』にも、「吾が大君のきこし食す天の下に」、「食す国を見し給はむと」、「吾が大君の御食国《みをすくに》は」、「大君の命《みこと》かしこみ乎須久爾《ヲスクニ》の事執り持ちて」など、用例が多い。

語源説としては、折口信夫の「大嘗祭の本義」が知られている。折口は、ヲスクニは召し上がりなさる物を作る国の意で、ここからヲスを治める意とした(14)。畿内の官田で収穫された稲などが、天皇の食物・酒となり、それらを神とともに食する収穫祭が新嘗祭であった。天皇が全国の田地を支配しているのならば、全国から収穫物が献上されるはずなのだが、実際には不可能であったから、そのかわり一代に一度だけ大嘗祭をおこなう。畿外の二つの郡を悠紀《ユキ》国・主基《スキ》国に定め、そこで収穫された稲を天皇が食べ、代替わりにあたって、天皇が全国を統治し、服属させていることを確認するのである。

中村生雄は、折口説を分析し、「食べる」ことは、米だけでなく、贄《にえ》も含むことをあきらかにしている。たしかに悠紀国・主基国からは稲だけでなく、贄も献上された。田地に限らず、山や海からの収穫も大王（天皇）へたてまつられたのであり、この贄のうち、狩猟での獲物は獦贄《かりにえ》（狩贄）ともいう。贄と律令に規定された「調《つき》」との関係は不明な点も多いが、贄の進上がより恒常的になり、制度化された段階で、「調」と呼称されるようになったと考えられる。[15]

古代の遺跡から出土した木簡は、贄・調に関する研究を飛躍的に進展させた。荷札木簡に贄を探ると、海産物が多い。しかし、食用にされたと思われる鳥獣も少なくない。なかには、肉の加工状況等を推測させる表記も見られる。「薦纏《こもまとい》」は、動物をそのままの状態（捌《さば》かずに）で薦《こも》にくるんだものであろう。「猪宍煮宍」は猪肉を煮たものだろうか。発酵加工品として「鹿須志」（鹿肉のナレズシ）、「鹿醢」（鹿肉の塩辛）などが、乾燥加工品には、「猪脯・猪干宍」（猪肉の干物）、「鹿脯・鹿干宍」（鹿肉の干物）、「鹿腊」（鹿肉の干物）などが確認できる。鹿肉の部位を列挙した木簡もあるし、「猪五臓七升」は、内臓を食用としたものと考えられる。古代の宮都には、実に豊かな肉食文化があった[16]（図1-1）。

図1–1「鹿宍　在五臓」と墨書された木簡（平城宮遺跡出土）奈良文化財研究所蔵

律と狩猟

先ほどみた神祇令のように、日本の令は唐の令を受容するにあたって改変している部分がめずらしくない。それに対して、律は改変した部分が少ないと言われている。しかし、石上英一は律の改変部分から古代の首長の興味深い一面を描き出した。唐律の「行政官がその行政対象地域から猪（豚）や羊などを食物として供されることは犯罪。また強いて取ることも犯罪とする」という規定が、日本律（職制律監臨官強取猪鹿条）では、「行政官（郡司四等官以上）が、猪や鹿などを強いて取ることや要求して取ることは犯罪だが、地域の者が食物として供する場合は犯罪にはならない。贄も供された食物に準じて取り扱う」という規定になっていた。(17)

ここには、日中間の注目すべきふたつの差異がある。ひとつは、唐律が食物を受け取ること自体を犯罪とするのに、日本律は受け取ってよいことになっている。もうひとつは、「羊」が「鹿」に変えられていることで、日本律はもっぱら狩猟の獲物を想定していた。つまり、郡司が郡内の人々から狩猟の獲物を受け取ることを許可していたのである。

大地を象徴する生き物としての猪・鹿などを狩ることは、共同体が占有する大地に対する首長（王）の領有権を共同体全体が確認する儀礼としても重要であったのだろう。狩猟の獲物を食することには、大地が産み出す初物を、さらなる豊饒を祈って神に捧げ、共食する共同体の生産儀礼という意味もあったことが指摘されている。(18)

天皇の狩贄

贄の貢進《こうしん》が制度化され、「調」という税制があらわれても、天皇の狩猟がおこなわれていた。献上された獦贄を食するだけでなく、天皇みずからが狩猟をおこない、その獲物を食することにも重要な意味があった。天武天皇はその十年（六八一）の十月に、「広瀬野」（奈良県北葛城郡から生駒郡にかけて広がる平地）に「蒐《けみ》」しようとして行宮《あんぐう》・装束をととのえさせている。「蒐」とは「えらびとる」といった意味で、狩猟にほかならない。さらに、同十二年（六八三）十月には「倉梯」（奈良県桜井市倉橋付近）で「狩」をしている（以上、『日本書紀』）。

八世紀、聖武天皇は五月五日の「猟騎」を観閲しただけではなく、神亀《じんき》二年（七二五）には、吉野にでかけ、朝狩で猪、夕狩で鳥を捕らえたという（『万葉集』巻六）。鷹狩もおこなっており、神亀三年（七二六）八月には、鷹を飼養する品部《しなべ》（技術者集団）である「鷹戸《たかかいべ》」を「十戸」定めた。さらに聖武は、天平十二年（七四〇）十一月四日に、伊勢国の「和遅野《わにの》」に「遊獦《ゆうかつ》」、翌天平十三年（七四一）五月六日には、「河」すなわち木津川の南で「校獦《こうかつ》」を観ている（以上、『続日本紀』）。また、九世紀の初めに成立した『日本霊異記《にほんりょういき》』に、次のような説話がみえる。

神亀四年九月の中頃、聖武天皇は群臣とともに大和国の添上郡の山村で狩をしたが、鹿が逃げて、里の百姓の家の中に走り込んだ。家の人は天皇が狩で追っていた鹿であるとは知らないで、これを殺して食べてしまった。後に、天皇はこのことを聞いて、使いを遣わして、鹿を食べた

家の人々を捕らえさせた。（『日本霊異記』上巻・第三二縁、現代語訳）

天皇の狩猟の獲物が食物であったことをよく物語っている。聖武天皇は仏教の力によって国家を安定させようと考え、国分寺・国分尼寺を建て、大仏を造立し、天皇が仏に従属するというかたちで権威を示そうとしたことで知られる。その聖武が狩猟と肉食をおこなっていたことからも、この頃、仏教の不殺生戒に基づく日常的な肉食忌避などなかったことがわかる。

郊祀と釈奠の犠牲

桓武天皇が狩猟を好み、頻繁におこなっていたことはよく知られている。延暦二年（七八三）十月、河内国の交野《かたの》における遊猟を初見として、記録にのこっているだけで一三〇回以上というすさまじい回数の狩猟をおこなった（『続日本紀』、『日本後紀』、『類聚国史』他）（図1－2）。桓武が狩猟を好んだ理由はいくつか考えられるが[19]、最も重要だったと思われるのは中国文化の影響であろう。八世紀、約二〇年に一度のペースで派遣された遣唐使によって、様々な文物とともに唐の皇帝のあり方が伝えられていた。天智の孫にあたる光仁天皇が即位し、ついでその子桓武天皇へと皇位が継承されたことは、皇統が天武系から天智系へとかわったことを意味している。唐の皇帝について学んでいた桓武天皇は、新たな皇統の権威を中国の皇帝同様、狩猟という方法で強化しようとしたのだろう[20]。

狩猟の獲物とその食用については、桓武がおこなった郊祀祭天《こうしさいてん》とあわせて考えたい。中国の皇帝

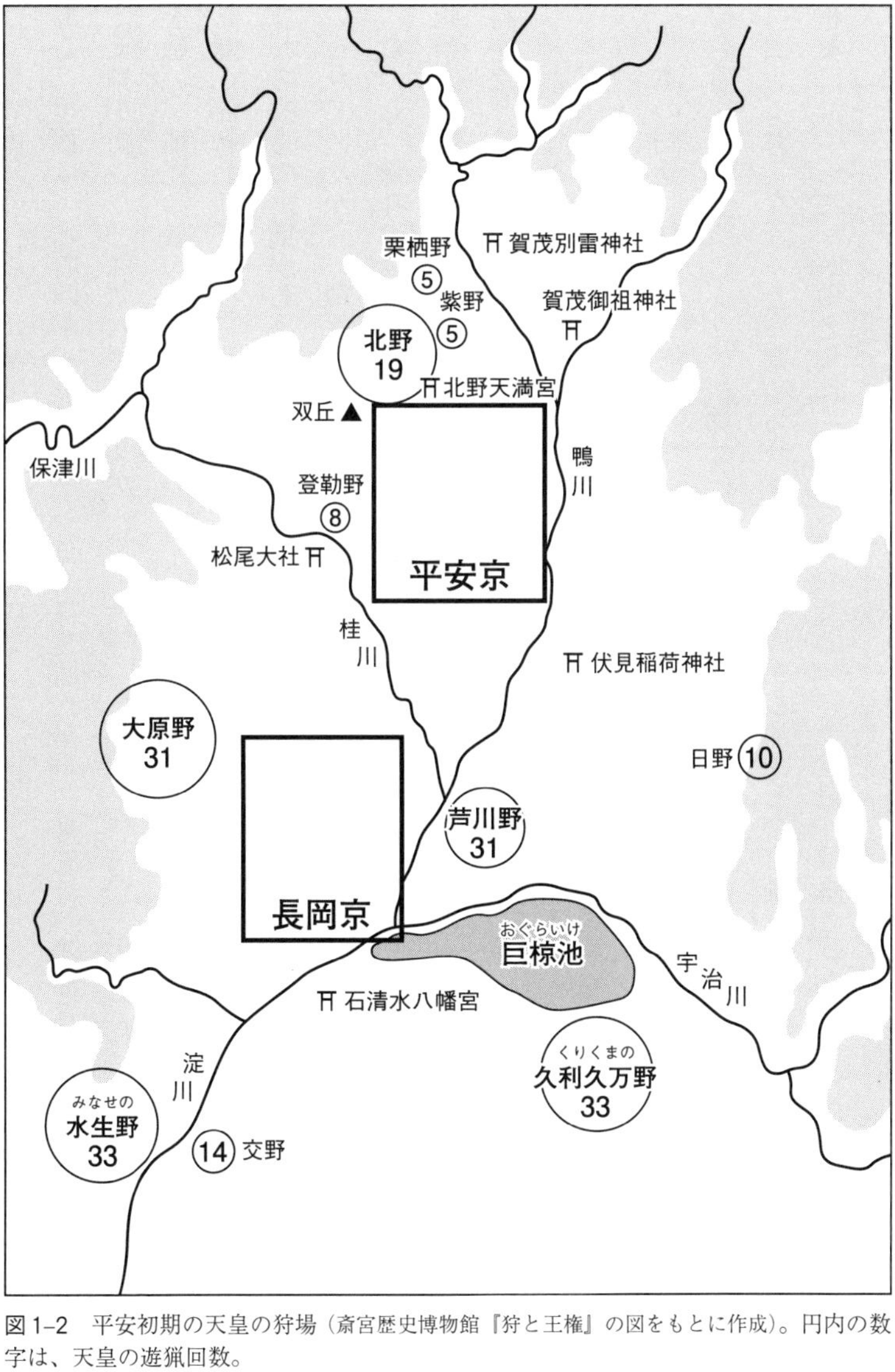

図 1–2　平安初期の天皇の狩場（斎宮歴史博物館『狩と王権』の図をもとに作成）。円内の数字は、天皇の遊猟回数。

は、都の南郊外に設けた壇で天帝〈天神〉を祀り、皇帝権威の強化をはかった。それが、郊祀祭天である。桓武は、延暦四年〈七八五〉十一月十日と同六年十一月五日、新都長岡京の南に位置する交野で天神を祀った。延暦六年の祭文が『続日本紀』に収められているが、それによれば、「昊天上帝」を敬い「燔祀《ばんし》の儀」をとりおこない、「玉帛・犠斉・粢盛」を供えたという。「燔祀」とは、犠牲獣を焼く祭祀を意味する。「玉帛〈玉と絹〉」や「粢盛〈器に盛った穀物〉」だけでなく、「犠斉〈犠牲〉」すなわち動物の供犠があった。まさに中国風の皇帝祭祀であって、中国ではこうした犠牲には獣が用いられていたから、桓武が用意させた犠牲にも、四足の獣が含まれていた可能性は高い。(21)

ただし、犠牲の獣は牛や豚のような家畜ではなく、鹿や猪のような狩猟の獲物だっただろう。郊祀祭天は桓武以後、文徳天皇の時の例〈斉衡《さいこう》三年〈八五六〉十一月〉しかなく、定着しなかったため史料が乏しく、よくわからないが、職制律監臨官強取猪鹿条の「豚」や「羊」が、日本律では「猪」や「鹿」などに改変されていたように、動物供犠の犠牲も家畜ではなく、狩猟の獲物が用いられていた可能性がある。

日本の朝廷に採りいれられた中国的な祭祀のなかでも、後世まで続けられ、比較的史料に恵まれている釈奠《せきてん》を参照しよう。釈奠は孔子を祀る儀式で、大宝令では二月・八月の最初の丁《ひのと》の日に大学においておこなうことが定められ、八世紀、唐から帰国した吉備真備《まきびまきび》らによってさらに整えられた。釈奠には「三牲《さんせい》」が供えられることになっており、十世紀に編纂された律令の施行細則『延喜式』によると、「三牲」は「大鹿・小鹿・豖〈猪〉」であった。中国で釈奠の三牲といえば、牛・羊・豚が一般的であったが、日本では鹿・猪といった狩猟の獲物に変えられている。郊祀祭天をおこなった場所が、桓武の頻繁な狩猟の場となった交野であることとあわせて考えれば、そこで供えられた犠牲にも、狩猟によって獲られた鹿や猪が含まれていたとみてよいだろう。[22]

天皇、猪鹿を食す

桓武の遊猟に、猪や鹿を獲物とする狩猟が含まれており、その肉を食したであろうことは、桓武の後継者たちの狩猟からも推測可能である。大同《だいどう》四年（八〇九）四月に即位した嵯峨天皇は、記録にみえるだけで七〇回以上も狩猟に出かけた。『日本霊異記』の最終話は、専制的な性格を強めた九世紀前半の天皇を評した説話として知られており、嵯峨を「聖君」とする見方に異議が唱えられ、それに反論するかたちで「聖君」観を語っている。[23]

> ある人は、嵯峨天皇は「聖君ではない」と非難し、「なぜかといえば、この天皇の時に日照りや疫病の流行があった。また、天災・地災・飢饉が頻発したにもかかわらず、鷹や犬を飼って、鳥や猪や鹿を捕っている。これは慈悲の心とは言えない」という。しかしこのことばは当たっていない。「食す国」すなわち天皇が統治する国の内の物は、みな天皇の物であり、わずかな物でさえ、私の物は無い。天皇の思うままになるのである。だから非難することなどできようか。
>
> （『日本霊異記』下巻・第三九縁、現代語訳）

さきにみたとおり、「食す」は「統治する」といった意味だが、王が狩の獲物を「食す」ことは、まさに王がその地を統治していることを意味していた。そして、九世紀を迎えても天皇が「食す」獲物は、鳥ばかりではなく猪や鹿をも含んでいたことがわかる。

嵯峨から帝位を譲られた淳和天皇、つづく仁明天皇も狩猟をおこなっているが、彼ら九世紀前半の天皇たちも鹿肉を食していた。それは、仁明の時代、承和《じょうわ》十年（八四三）にこの世を去った伴友足《とものともたり》が生前、狩猟で獲た鹿をまず「御贄《みにえ》」すなわち天皇の食材として献上したと伝えられていることからもわかる（『続日本後紀』同年正月五日条）。

九世紀後半から、天皇みずから鹿や猪を狩ることはなくなるが、鹿や猪を「食す」ことは続けられた。それは、天皇の正月三ヶ日の歯固《はがため》の膳にあきらかである。歯固の膳は、屠蘇《とそ》と同時に天皇に供されたもので、「歯」は「齢」に通じるものと考えられていたらしく、天皇の長命を願う膳だった。『延喜式』によれば、その膳には「蘿蔔《らふく》（大根）」「味噌漬瓜」「粕漬瓜」「鹿宍」「猪宍」「押鮎」「煮塩鮎」が盛られており、天皇は正月から「鹿」や「猪」を食べていたことがわかる。

このように九世紀前半までは、天皇でさえもが鹿や猪を獲物とする狩猟をおこない、また獣肉も食べていたことを確認しておきたい。

3　肉食忌避への諸段階

律令国家の転換

九世紀後半、幼少の天皇が連続するようになるのは、幼帝でも政権が運営できるほど官僚機構が安定したことを示している。才能のある文人官僚が抜擢されることもあったが、女子を後宮に入れて天皇の外戚の地位を占める政略を重ねてきた藤原氏北家を中心とする貴族社会が形成されていく。嘉祥《かしょう》三年（八五〇）四月、仁明の子文徳天皇が即位する。この時期、藤原氏北家の良房《よしふさ》が力をのばしつつあった。良房は天安元年（八五七）に太政大臣となり、翌年、文徳と良房の娘明子との間に生まれた子が九歳で即位した。清和天皇である。こうして幼帝の時代がはじまり、良房は天皇の外祖父として事実上の摂政となり、天皇の権限を代行した。

この頃、天皇の周辺で殺生や肉食を仏教的な罪業観念で否定する言説が強まることをみのがせない。清和天皇には、その誕生の時から、日夜その側に侍した僧侶がいた。真雅《しんが》である。真雅は空海の実弟で、清和や良房の帰依をうけた。元慶《がんぎょう》三年（八七九）正月三日、真雅が死去した時の記事をみると、生前、清和に「山野の禁」と「遊猟の好」を止めるように、また、摂津国の蟹や陸奥国の鹿などを贄として貢進させて食膳に用いることがないようにと進言し、清和はこれに従ったという

（『日本三代実録』同日条）。

また、良房の弟で、彼の右腕として政権運営の中枢にあった藤原良相《よしみ》は、貞観《じょうがん》四年（八六二）に鷹狩禁止令を発しており、そこには仏教にもとづく殺生罪業観が表明されている。彼は、三十代で妻を亡くしてから、経典を習って真言に「精熟」し、「腥鮮《せいせん》（なまぐさもの）」すなわち肉食を断ち、念仏を事として、再婚もせず、最期は西方（浄土）に向って阿弥陀仏根本印を結んだまま亡くなったという、仏教の篤信者であった（『日本三代実録』貞観九年十月十日条）。『日本三代実録』は、そうした彼の功績として貞観年間（八五九〜七七）の鷹狩禁止令をあげている。

このように、俗人でありながら一切の肉食を断った者もあらわれた。当時にあっては、篤信者の特殊事例と言うべきであろうが、天皇の周辺に仏教的な殺生罪業観が浸透しつつあったことを示していると言えよう。やがて国家的な殺生禁断令に殺生罪業観が織り込まれ、それが前面に出てくるようになる。平雅行はその転換を、「天変災異の除去を願って一時的に殺生を慎んだ時代から、日常的に不殺生を求める時代へ」と説明している。[24]

「穢」の肥大化

殺生罪業観が多くの人々を縛ると同時に、「穢《え》」の観念が肥大化したことも見逃すわけにはいかない。九世紀後半、王朝の諸記録のなかに「穢」が頻繁に現れはじめ、神事に多大な影響を及ぼすようになる。承和三年（八三六）九月、「穢」によって伊勢への例幣（朝廷から毎年ささげる幣帛）が中止されたのは、「穢」によって神事が中止されている早い例といえよう。九世紀後半、「穢」を忌避する意識が増大し、「穢」対策の規定がつくりだされていく。その基本は、『神祇令』の「斎」規定を展開させたもので、貞観十三年（八七二）の『貞観式』（式＝施行細則）においてほぼ確定した。「穢」が直接影響するものは「斎」を伴う神祇信仰であり、すでに確認したように、その根底には「祟《たたり》をなす神」への畏怖の念があったと考えられる。国家レベルにおいても個人レベルにおいても、穢とはまず「斎（ないしはそれに準ずるもの）を必要とする信仰を妨げるもの」であったといえそうだ。(25)

先にみたとおり、『神祇令』に規定された肉食禁忌の本質は、斎戒《ものいみ》＝謹慎にあった。しかし、九世紀後半からは、こうした「穢」観念の肥大化により、肉食禁忌を「獣肉そのものが穢れているから食べてはならない」という獣肉穢観で説明するようになっていく。康保《こうほう》四年（九六七）に施行された『延喜式』の触穢《しょくえ》に関する規定（神祇三、臨時祭）は以下のようなものであった。〈〉内は割注。

凡そ穢悪《えお》の事に触れて忌むべきは、人の死は三十日を限り〈葬《ほおむ》る日より始めて計《かぞ》えよ〉、産は七日、六畜の死は五日、産は三日〈鶏は忌む限りに非ず〉、その宍《しし》を喫《はめ》るは三日、〈この官は尋常にこれを忌め。但し祭の時に当たらば、余《ほか》の司も皆忌め〉。

ここにはっきりと「宍」＝肉を食べた時、その「穢」により三日間忌む（謹慎する）ことが規定されている。しかし、注意しなければならないのは、これが神祇官の「式」、つまり祭祀に関する規定であって、全ての人の日常的な規範ではないこと、また、「宍」は「六畜」すなわち牛・馬・羊・豕・犬・鶏の肉であって、狩猟で捕獲された動物の肉は含まれていないということである。

また、『延喜式』の他の部分、例えば主計・民部・典薬《てんやく》などの役所の規則をみれば、厖大な数の鹿皮（鹿革）・鹿角（鹿茸）・鹿鮨・鹿脯が貢納されることになっており、宮廷においてそれらを用いていたことがわかる。また、天皇の歯固の膳に「猪宍」「鹿宍」が盛られていたし、釈奠には「大鹿・小鹿・猪」が供えられていた可能性も高い。この頃は貴族のなかにも狩猟、それも鷹狩だけではなく騎射による獣猟までおこなう者も存在した。

ところが、九世紀後半から十世紀にかけて、肉食禁忌を獣肉穢れ観で説明することが増える。なぜ「穢」の観念が肥大化したのか、その原因については、九世紀後半の都市政策の破綻、人口の過流入、疫病の頻発といった平安京を舞台とする都市問題が指摘されている。(26) しかし、因果関係は必ずしも実証されているわけではなく、「穢」観念が肥大化した要因については、まだわからないことが多い。

様々な論点があるものの、東アジアの変動のなかで考えることは必須だろう。九〇七年、中国で唐が滅亡した。その後、黄河流域には後梁、北方には契丹、南方には呉越などの国々がおこり、朝鮮半島では、九一八年に高麗がおこる。九三五年には新羅をほろぼし、翌年に朝鮮半島を統一。中国は、五つの王朝の交代を経た後に、九六〇年、後周がほろんで、宋（北宋）がおこり、九七九年に中国を統一した。十世紀は、まさに東アジア激動の世紀であって、日本の貴族たちは、「本朝」すなわち自国の独自性を考えるようになる。皇統の連続性や神信仰との関係が意識されるようになり、そうしたなかで、神祇祭祀に求められた「穢」忌避の観念が肥大化したのかもしれない。[27]

殺生罪業観と地獄

もうひとつ、十世紀から十一世紀に進展した事態として見逃せないのは、殺生をする者は地獄へ堕ちるという殺生堕地獄観が絶対的なものとして説かれるようになり、それが貴族たちにうけとめられるようになったことであろう。これについては、苅米一志による解説[28]を参照しながら確認しておこう。

十世紀、摂関家は天台浄土教を重んじるようになった。浄土教（天台浄土教）の成立は、中世仏教の成立を示すものとされ、殺生罪業観は浄土教における地獄・極楽の観念の成立と強く結び付いている。天台浄土教を学び、体系化した源信《げんしん》は『往生要集』を著し、「末代（末法）の衆生」はひたすら阿弥陀如来にすがるしかないと力説し、冒頭「厭離穢土《おんりえど》」で地獄の様子をきわめて具体的に描いた。その地獄は八種類あるとされているが、興味深いのは、全ての地獄について、そこに堕ちる条件が「殺生」とされていることである。不殺生戒は本来「人を殺すこと」を戒めるものであったが、源信においてはそれが「生類の命を奪うこと」とされ、狩猟や漁撈に従事する者が罪悪感を抱かざるを得ない表現になっていた。

重要なことは、狩猟・漁撈をおこなう人々を、「念仏などの簡単な善行しかできない下等な存在」

図1–3 『地獄草紙』(第六段、13世紀、MIHO MUSEUM蔵)に描かれた解身地獄

と位置付けたことである。苅米は、彼らを宗教的に差別視することで、より上位の階層の人々は自己の往生を確信しえたであろうと指摘し、浄土教において、殺生者は人々を仏教的善行にむかわせるための、一種の踏み台として位置付けられたのだと述べている[29]。

『往生要集』の地獄の描写が、その後の美術や文学など各方面に与えた影響は絶大で、多くの人々が堕地獄の恐怖に震え上がった(図1–3)。例えば、宮廷では年末になると仏名会《ぶつみょうえ》という懺悔滅罪の法会がおこなわれ、そのとき周囲には地獄絵を描いた屏風を立て回し、唱礼《しょうらい》した。

王朝の貴族の殺生罪業観の深化・肥大化の要因として見のがせないメディアが、往生伝や仏教説話であろう。十世紀の末、日本でも極楽往生をとげたとされる人々の伝記を集めた『往生伝』がつくられるようになり、十一世紀の中頃には仏教説話集『法華験記《ほっけげんき》』が成立する。そうした物語が語られ、読まれたことが、貴族たちの殺生罪業観を強めることに大きく寄与しただろう。

鹿の声で何を想うか

十二世紀初頭に成立した『今昔物語集』は、往生伝・仏教説話の宝庫として知られるが、そこには殺生や肉食に関する叙述も多数含まれており、平安時代後期の肉食について考える際にも貴重な史料だと言えよう。

なかでも興味深い説話が、『今昔物語集』巻第三〇の第一二話「丹波国《たんばのくに》に住む者の妻、和歌を読む語」という説話である。意訳をあげておこう。

丹波国のある郡に住む者がいた。田舎者ではあるけれども、風雅な心の持ち主だった。その男には妻が二人おり、家を並べて住んでいた。もとの妻は地元丹波の人であったが、男はその妻をおもしろくないと思い、新しい妻を都から迎えた。その妻をかわいく思っていたので、もとの妻は情けない思いで過ごしていた。秋、後ろの山でしみじみと趣深げな声で鹿が鳴いた。男は新しい妻の家にいたので、妻に「あの声をどのようにお聞きになるか」と言ったところ、新しい妻は「あれは煎り物でもおいしいし、焼物でもおいしいやつ」と言った。思いがはずれた男は、「都の者なので、このように鹿を鳴くことをおもしろがって和歌の一つでも詠むと思ったのに、おもしろみがない」と思って、すぐもとの妻の家に行って、「今鳴いた鹿の声を聞いたか」と言ったところ、もとの妻はこのように詠んだ。

牡鹿が鳴いて妻を求めているように、あなたに恋慕われた。今は鹿の声（＝貴方の声）を私に関わりのないものとして聞いているけれど

男は、これを愛おしく思い、新しい妻への愛情が消え失せてしまったので、都へ送り返し、もとの妻と住んだ。

今の妻が、「煎物にてもうまし、焼物にてもうまきやつぞかし」と言ったことについて、「京の者なれば、かやうの事をば興ずらむとこそ思ひけるに、少し心づきなし」とあるのみで、鹿を食肉と考えていること自体は、批判も否定もされていない。この話の結びも、「田舎人なれども、男も、女の心を思い知りて、かくなむありける。また、女も心ばへをかしかりければ、かくなむ和歌をも詠みけるとなむ語り伝へたるとや」と、田舎者であるが、女の歌でその心をよく理解できた男と、もとの妻の心遣いとその歌を評価しているだけで、鹿肉を好む女を非難する言説は見当たらない。

平安時代中期まで、鹿肉食を「穢」とする史料はみあたらないが、この説話からも、一般に鹿肉食がめずらしくなかったことはあきらかであろう。ところが、十二世紀を迎えると、鹿肉食をめぐって新たな展開がある。

鹿食の忌避

十二世紀初頭に大江匡房《おおえのまさふさ》の談話を筆録した『江談抄《ごうだんしょう》』には、「鹿の宍を喫ふ人は当日内裏に参るべからざる事」という話が収められている。

宍を喫へる当日は内裏に参るべからざる由、年中行事障子に見ゆ。しかるに元三の間、御薬・御歯固を供し、鹿一盛り・猪一盛りを供するなり。近代は雉をもって盛るなり。しかれば元三日の間、臣下宍を喫ふといへども、忌むべからざるか。はた主上一人は食し給ふといへども、忌み有るべからざるかと云々。ただし、愚案へ思ふに、昔の人は鹿を食ふこと、殊に忌み憚らざるか。上古の明王は常に膳に鹿の宍を用ゐる。また稠人広座の大饗に件の物を用ゐると云々。もし起請以後この制有るか。件の起請は何時と慥かには覚えず。また年中行事の始めて立てられし時は、何の世なるかを知らず。検べ見るべきなり。

鹿肉を食った人は当日参内することができないのだという。この頃から、鹿肉を食べたら参内できないという慣例が定着していく。

また、正月三日の歯固も、昔は天皇に鹿肉や猪肉を供えていたが、最近はそれらを雉肉・鴨肉で代用しているという。この変化は、同じ頃に編纂された故実書《こじつしょ》『類聚雑要抄《るいじゅうざつようしょう》』の「歯固」に掲載されている膳図のなかに、「鹿宍《かのしし》〈代りに鴨を用ふ〉」、「猪宍《いのしし》〈代りに雉を用ふ〉」と注記されているこ

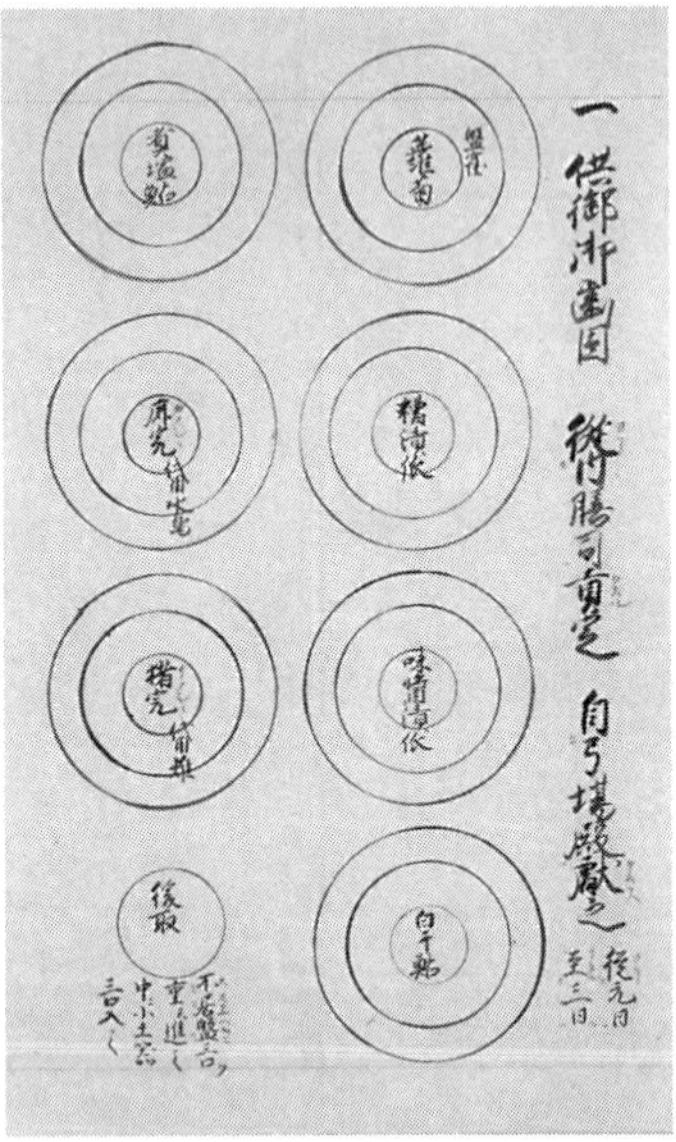

図1–4　『類聚雑要抄』（写本、京都大学附属図書館蔵。原本12世紀）に描かれた歯固

とからもあきらかで、かつては鹿肉や猪肉も食べていた天皇が、この頃にはそれを憚るようになった（図1―4）。

　こうした変化は、釈奠《せきてん》の供犠の変化とも軌を一にしている。摂関家の藤原頼長の日記『台記《たいき》』久安《きゅうあん》二年（一一四六）四月一日条には、「往古は釈奠に肉を供えていた〈「式」に見える〉。中古以来これを止めている」と記されており、十二世紀前半、釈奠の三牲から肉が排除されていたことがわかる。十三世紀にまとめられた歴史書『百錬抄《ひゃくれんしょう》』の大治二年（一一二七）八月十日条に「釈奠、殺生禁断に依て葷腥《くんせい》の類を供さず」とあるとおり、釈奠に「葷腥」すなわち生肉を供えなくなった。これには、白河法皇が発令していた厳格な殺生禁断令の影響もあったのだろうが、頼長は肉を供えなくなった理由について、「人の夢に云う、文宣王云く、太神宮常に来臨す。肉を供えること莫れ。因ってこれを止める」と記している。ある人の夢に孔子があらわれて「伊勢の天照大神が来臨するから肉を供えるな」と告げたからだ、というのである。孔子がアマテラスの心配をするという、奇妙な夢なのだが、肉食忌避の論理に伊勢信仰が深く関わっていたことを示唆するものとして注目されよう。

　さらに、鹿肉の禁忌は拡大した。『台記』久安二年四月一日条で頼長は、「祭礼なので、今日は鹿

（鹿肉カ）を家の中に入れない。また、本日これを食した者も家の中に入れない。昨日に食した者は妨げ無く逢う」と記している。前日ならば「妨げ」無しということは、この段階で、頼長は『江談抄』と同様、鹿肉食を一日の禁忌だと考えていたということになるが、その後頼長は、『神祇式』に「肉食は三日の禁忌」という規定があることを聞き、家族に守らせている（同十日条）。六畜のみに適用されていた禁忌が、狩猟の獲物まで含めた肉食全般に拡大されている。(30)

殺生禁断と中世王権

十二世紀、貴族社会で殺生罪業観や肉食忌避が強まったことを象徴するのが、白河上皇の殺生禁断である。永長《えいちょう》元年（一〇九六）、白河院は娘（郁芳門院《いくほうもんいん》）の死をきっかけにして出家し、法皇となり、その後、大規模な寺院の造営や法会をおこない、保安《ほうあん》四年（一一二三）七月、石清水《いわしみず》八幡宮に捧げた告文には、「王法は如来の付属によりて国王興隆す」と記した（『石清水田中家文書』）。王権も仏に授けられたと考える、いわゆる「王権仏授説」である。そして、仏教の戒律の第一を実践すべく、きわめて厳格な殺生禁断を発令した。

『百錬抄』には、大治元年（一一二六）六月のこととして、次のような記事がみえる。

紀伊国進ずる所の魚網を院の門前に於いて焼き棄てらる。この外、諸国の進ずる所の羅網五千余帖、これを棄てらる。また、神領御供の外、永く所々の網を停め、宇治・桂の鵜、皆放ち棄

図1–5　『石山寺縁起』（13世紀、石山寺蔵）に描かれた殺生禁断

てられ、鷹・犬の類、皆以て此の如し。この両三年、殊に殺生を禁ぜらる所なり。

（『百錬抄』大治元年六月二十一日条）

「網」「鵜」「鷹・犬」といった「殺生」の手段を「放ち棄て」させたという厳格さで、同年十月二十一日には洛中の籠の鳥を召し集めて、これを放ち棄てさせたというし、さらに、伊勢神宮の祭主に伊勢国内の神戸《かんべ》・庄園の鷹・犬を回収させて京都に運ばせ、十二月八日、これを「叡覧《えいらん》」すなわち直《じか》に見た後、放ったという（『百錬抄』同日条）。また、大治五年（一一三〇）十月七日と翌六年正月二十五日には、弾正台・左右京職・検非違使に、私に鷹・鶬《はいたか》を飼うことと狩猟を取り締まるように命じた（『朝野群載』同日付の太政官符）（図1–5）。

白河院が発令した殺生禁断令は、「山野河海に活動する人々を統轄し、規制」しようとしたものと評され、

「中世王権は白河院の殺生禁断令にその姿を現した」ともいわれる。[31] 確かに、白河院の殺生禁断令は空前の厳格さであった。これには、皇帝が狩猟を実践しなくなり、そのことを皇帝の徳として喧伝した宋の影響もあったと考えられるが、[32] いずれにしても十二世紀、王朝の肉食忌避は新たな段階を迎えていた。

獣肉穢れ観の本格的な展開

十二世紀も後半になると、鹿肉を食べたら参内できないという考え方がすっかり定着していたらしい。藤原（九条）兼実《かねざね》の日記『玉葉《ぎょくよう》』の承安《しょうあん》元年（一一七一）九月七日条には、「大内記、近日鹿食に依て出仕せず」とみえ、鹿肉食を理由に数日間出仕しない貴族もいたことがわかる。

また、同じ頃に法務官僚が編纂した法制解説書『法曹至要抄《ほうそうしようしょう》』は、「神祇式」の「穢悪《えお》事に触れまさに忌むべきは、六畜死五日」という条文について、「六畜は、馬・牛・羊・豕・犬・鶏なり」とした上で、次のような解説を付している。

鹿は六畜に入らざると雖も、猪に准じて忌来る。仍って鹿の斃は五日を忌む。これを案ずるに、六畜・鹿の斃は五日を忌む。但し、鶏は忌の限りに非ず。（『法曹至要抄』下・雑穢条・四八）

鶏以外の六畜と鹿の死の「穢」に触れたら、「五日」の「忌」と規定されている。これ以前に猪が六畜の「豕（＝豚）」に準じて「忌」とされており、鹿は六畜ではなかったが、「猪に准じて忌」とされたようだ。さらに、十三世紀初頭に順徳天皇がまとめた故実書『禁秘抄《きんぴしょう》』には、「鹿食《かじき》」は「七日」の穢だったが、最近は「三十日」とするようになった、と記されており、以前にくらべて忌みの期間が長くなる傾向にあったことがわかる。

平安時代の末頃から、いくつかの神社が社参を憚るべき行為と期間を定めた禁忌規定をつくりはじめる。これを服忌令《ぶっきりょう》という。『諸社禁忌』は、十三世紀に畿内近国二一社の禁忌規定を集成した服忌令で、列挙されている項目は、産穢・死穢・触穢・服暇・五体不具・失火・傷胎・妊者・月水・蒜・薤・葱・六畜産・六畜死など、『延喜式』と大きく変わるものではなかったが、獣肉食の禁忌は「鹿食」だけで、他の獣肉には触れていない。そして、これ以後の他社の服忌令においても、肉食禁忌は鹿肉食に関する規定が多くなっていく。平雅行が指摘するとおり、中世の肉食禁忌は鹿肉食が中心になったと言えよう(33)。

王朝の貴族社会は、鹿肉食を「穢」とする観念を肥大化させた。なぜ、六畜にとどまらず、狩猟の獲物まで禁忌とするようになったのか、その理由はまだ十分には解明されていない。『法曹至要抄』の記述からは、猪が六畜の豚に準じて忌避されるようになり、それにともない、鹿も忌避されるようになったと理解できようが、なぜその鹿肉食が肉食忌避の中心になるのだろうか。そこには、鹿のイメージの変化、神聖視の問題も関係しているように思われるが、今後の課題である(34)。

4　自己卓越化と肉食

身分の変化

古代、ヤマトは「氏」と「姓」からなる職能的な身分の体系をつくり、八世紀に制定された律令では、身分を「良」と「賤」とに大別し、賤民は五賤に、良民は官人と百姓に、官人はさらに貴族と非貴族に区分した。この身分は固定的な性格が強く、朝廷政治に関わる者は畿内出身の貴族に限られ、貴族の子孫は貴族であり続けられるようになっていた。賤民の大半が朝廷および畿内の有力な貴族と寺院に隷属したとみられるが、東北地方の「蝦夷」と呼ばれた人々も賤民と同様に扱われた。異民族を征服して、同化させるという帝国主義的な方針をとっていたのである。

九世紀後半以降、こうした身分制が変化し始める。元慶《げんぎょう》二年（八七八）、出羽国秋田郡を中心に起った元慶の乱を最後として、朝廷は「蝦夷」との戦争をおこなわなくなり、東北地方は「奴婢」や「俘囚《ふしゅう》」の供給源ではなくなった。個別人身支配と徴税のために作成され続けることになっていた戸籍・計帳もつくられなくなり、十世紀には田地の面積を基本とした官物・臨時雑役が課されるようになる。

さらに、関東で平将門が、瀬戸内海で藤原純友が乱を起こした承平《じょうへい》・天慶《てんぎょう》年間（九三一〜四七）以降、地方の豪族と主従関係を結んだ貴族の子孫が軍事・警察部門を担当する軍事貴族となった。中世的な武士の発生である。彼らは、摂関家や院に仕えてその「侍」となるだけでなく、受領（国司）や検非違使・衛府《えふ》の官人にも任命されたが、古代の武官とは異なって地方に基盤を持つ私的な「郎等」を従えて、その職務を果たすようになっていく。

十世紀以降、特定の官司・官職に特定の「家」の出身者が世襲的に就任するようになった。藤原道長・頼通の子孫が摂関家となったのをはじめとして、官務の小槻《おづき》家のように、技能・学術を中心に、「家業」・「家職」が成立する。河内源氏や伊勢平氏のなかからは、武官の職を代々世襲し、武芸を家業とする「兵《つわもの》の家」があらわれた。(35)「家」と称され、家長が掌握する財産を所有してはいるが、社会的・公的機能を果たすべき経営の単位でもあって、家の政所《まんどころ》や家人・所従らがその運営を担った。家人・所従などが、その家に従属しなければならない法的な根拠があるわけではない。古代以来の官制や位階は残存していたが、それよりも種姓（血統の尊卑）が重視されつつ、私的・人格的な隷属関係を基本にして、身分秩序が編制されていく。こうして、律令制下の身分制度は崩壊し、中世的な身分が形成されたと考えられる。(36)

中世の身分

中世は身分の分化と変動の激しい時代であり、それを制度としてどのように理解するかについては様々な議論がある。そうしたこれまでの研究をふまえて、ここではひとまず中世前期の基本的な身分を、公卿・殿上人に代表される貴族、彼らに奉仕する諸大夫・侍、「平民」とも称された名主・百姓、下人・所従、以上のように整理しておきたい。それぞれの身分について、簡単に確認しておこう。[37]

貴族（公卿・殿上人）

公卿は、公（太政大臣、左大臣、右大臣）と卿（大・中納言、参議および三位以上の貴族）の総称である。「殿上人」は、清涼殿の殿上の間に昇ることを許された人のことで、公卿を除く四位・五位の中で特に許された者、および六位の蔵人《くろうど》をいう。平安中期頃から、公卿に次ぐ身分を表わす称となった。また、上皇（院）・東宮（皇太子）・女院の御所に昇ることを許された者も「殿上人」と称される。

諸大夫・侍

諸大夫は、平安時代、宮中において、参議以上の公卿を除く四位・五位である者の総称であったが、平安後期以降、公卿・殿上人を除く地下《じげ》の四位・五位の廷臣も諸大夫と称するようになった。

侍は、貴人の側近くに仕え、奉公する者のことで、「諸大夫・侍」というように、五位以上のものと並べて記されることが多い。平安時代から鎌倉時代にかけては、公家・武家を問わず、六位以下の位を持つ近侍者を「侍」と称した。「侍」は必ずしも武士を指す言葉ではなかったわけだが、やがて貴人に仕える武士を「侍」と称することが多くなる。

百姓

百姓は「ヒャクセイ」と読み、農民に限らずひろく一般人民を指す言葉であった。十六世紀には農民を意味する用例もあらわれるが、古代、律令制下では官人貴族・地方豪族・公民など、良民のすべてを意味した。平安時代初期に出現した「百姓」の富豪層は、農業経営の中核で、周辺の人々を隷属させて、富を蓄積した。平安時代末期には、「名主百姓」として特定の名田の主として認められる者もあらわれる。百姓の上層には大名田堵（＝在地領主）がおり、彼らを主人とする下人・所従などの隷属民が存在した。百姓は、この下人・所従らとは区別される自由民であったと言えよう。中世には、「甲乙人」、「凡下」あるいは「雑人」とも称されたが、いずれにしても農民ばかりでなく、漁民や手工業者、商人なども含んでいたことに注意が必要である。

下人・所従

百姓身分が主人を持たず、人格的な拘束から自由であったのに対して、特定の主に隷属し召し仕われた不自由民が下人・所従であった。主従関係のもとにある従属身分の者は一般に「従者」と呼ばれたが、国司や有力な武士に直属し、騎乗する家臣＝「郎従」と区別された隷属民を「所従」と称するようになったとみられる。下人・所従ともに、寺家・公家・武家・名主などに隷属し、農耕・雑役・軍役などに駆使された。奴隷的存在で、所領田畠や家屋、家畜と同様に譲与、売買、質入れなどの対象とされた。

以上が、中世の身分の概要である。この他、僧侶などの宗教者や病者・乞食などの被差別民をどのように位置付けるか、といった問題もあるが、[38] 先ほども述べたとおり、中世の身分は前後の時代に比して相対的で、個々の史料に即して考えなければならない。

肉食と身分・蔑視

歌人として知られる藤原定家《さだいえ》は、日記『明月記《めいげつき》』安貞《あんてい》元年（一二二七）十二月十日条に次のように記している。

或る者云く、近代卿相の家々多く長夜の飲を成す。おのおの党を結び所々に群集し、好みて鶴鵠を食し、尋常に山梁等にて連日群飲の座、なお乏少の故か、昔し先考の命ずるところは、兎は青侍の食物なり。事宜しき人はこれを食せず。壮年の後視聴きするに、然るべき宴飲の座に皆相交る。今又此事を聞くに、時儀の改まるを知りたり。無益の事と雖どもこれを注す。又近代月卿雲客の良肴と云々。少年の時、越部庄より持来る苞苴《ほうしょ》は、兎・山鳥と云々。是れ皆尋常の食物に非ず。青侍に賜ふべきの由、先人命ぜられる所なり。又経長〈左衛門佐〉等狸を食すと云々。

「卿相の家々」すなわち公卿の多くが夜の酒宴で好んで鶴や鵠《くぐい》(白鳥)、山梁＝雉などを食べていることをなげいている。つまり定家は、鹿や猪どころか、鳥を食べることも貴族にはふさわしくないと考えていた。そして、「兎は青侍の食物なり。事宜しき人はこれを食ぜず」と記し、所領の越部庄から送られてきた兎や山鳥はみな「尋常の食物」ではなかったから、青侍に下賜せよと命じられたものだと回想している。また、家司の左衛門佐経長は狸を食べるらしい、とも記しているが、文脈からは軽蔑していると見てよいだろう。

青侍は、公家の家政機関に勤仕する侍の称である。公卿の家に侍として仕える者のなかには、まれに五位以上に昇る者もいたが、基本的には六位層にとどまり、四位・五位へ昇進する諸大夫層より低く位置付けられていた。定家は、兎や山鳥などは身分の低い彼ら青侍の食物であって、自分たち貴族は食べない物だと考えていたのである。食肉に、身分に対応した序列があったことをはっきりと示している。

味覚という感覚に直結し、身体に直接とりこまれる食物が、身分秩序と対応しているのである。肉を食べないことを高貴なふるまいだと考える人が、動物を殺す人や肉を口にする人々をどのようにみたか。そこに身体感覚に根ざした嫌悪感が伴ったであろうことは想像に難くない。こうした身体感覚は、差別の再生産の構造を考える時に重要な問題だといえよう。

『百錬抄』嘉禎《かてい》二年(一二三六)六月二十四日条の次の記事は、この頃の王朝貴族の鹿肉食に対する感覚をよく示す史料として知られている。

図1–6　『餓鬼草紙』（模本、東京国立博物館蔵。原本12世紀）に描かれた公家の酒宴

> 鹿宍をもって六角西洞院に集い置き、武士これを宍市と号し、群集し飽食す。洛中の不浄ただこの事にあり。三条西洞院は摂政家たるの間、制止せらるべしと云々。

武士たちが、六角西洞院（現在の京都市中京区）に鹿肉を集め、「宍市」と称して大勢で飽食していることを、「洛中の不浄」としている。そして、その場所が三条西洞院の摂政九条道家の邸宅に近かったため、止めさせたという。武士たちの鹿肉食が「不浄」と認識されており、その「不浄」で洛中が穢れると考えられていた。また、摂関家が近いことを危惧しており、摂関家の清浄さが重要視されていたこともうかがえる[39]。

王朝都市の差別

天皇をとりまく「貴い」身分は「清浄」で、「賤しい」

身分は「不浄」であるという観念は、「不浄」・「穢」から遠ざかることのできる人間を「貴」、遠ざかることのできない人間、接触している人間を「賤」と見なし、身分秩序を再生産する。それは、空間認識にも影響していた。「洛中」での鹿肉食を「不浄」として問題視していることからもうかがえるように、浄／不浄は、宮殿→都→地方→国外という同心円状の構造をもつものとして認識されていた。[40] 貴族たちは、宮殿を最も清浄、みずからが暮らす都を、それについで清浄であるべき空間だと認識していたのである。

しかし、王朝都市平安京から、狩猟や斃牛馬の処理、解体・肉食を実践する者がいなくなったわけではない。それゆえ、苛酷な差別の構造がつくられたとも考えられよう。食材や皮革をみずからは調達する必要がない貴族や高僧にとって、鳥獣が流す涙や血は遠い存在となった。そして彼らは、動物との生命のやり取りに真正面から向き合い、その血や脂に塗《まみ》れる人々を蔑視したのだと言えよう。現代まで続く社会的分業による差別という見方も可能だろうが、中世にはこれが身分秩序と一体で、必ずしも職業や居住地を限定して考えられる問題ではないことに注意しなければならない。

摂関家のような上級貴族であっても鷹によって鳥を捕獲する文化は保持していたが、実際の捕獲・解体は、下毛野《しもつけの》氏などの「随身」・「鷹飼」と称される人々や、摂関家に奉仕する「侍」たちがおこなうようになる。「侍」とは貴人の「穢」を担う存在だったのであり、貴族は、「穢」や「罪業」とみなす行為を彼らに背負わせ、みずからはそうした行為から遠ざかった。その具体的な有り様は、次章で詳しく見ることにしたい。

それにしてもなぜ、古代から中世への移行期である十〜十二世紀に、こうした肉食の忌避と一体の身分が形成されたのだろうか。「穢」の観念の肥大化と軌を一にしていることはあきらかなのだが、先にふれたとおり、そもそもこの時期になぜ「穢」の観念が肥大化したのかという問題は、必ずしもあきらかになっているわけではない。難問だが、肉食と身分が結び付いたことについては、フランスの社会学者ピエール・ブルデューが提示したディスタンクシオン（distinction）という概念を援用して理解することが可能なのではないだろうか。

卓越化（ディスタンクシオン）

ブルデューは、一九七九年に『ディスタンクシオン（La distinction）』という書物で、この概念を提示した。「差別化」、「差異化」あるいは「区別立て」と訳されることもあるが、以上の意味を含みこむものとして「卓越化」という訳語が用いられている。例えば、「上品さ」によって、他者に対して自己をきわだたせ、個人または集団が自己を規定すること、そして社会的な存在としての自己を承認させようとすること。それが、ディスタンクシオンである。

社会における階層について考究するブルデューは、人々がもつ文化的な財や能力による階層の差異化・序列化、特に生活様式や趣味が階級を再生産する戦略といかに関わっているかを分析した。絵画や音楽などの芸術から料理や家具調度にいたるまで、支配階級の趣味が正統な趣味とされ、被支配階級の趣味は劣等なものとされる。支配階級は正統とされる趣味があたかも生まれつき自然に身についていたかのようにふるまい、自己を被支配階級と区別してきわだたせ、階級構造を維持していく。それを、「ディスタンクシオン（卓越化）」と概念化したのである。(41)

このディスタンクシオン（卓越化）は、階級の分化と階級構造の維持の基本原理として、文化研究や階級格差の研究はもちろん、教育社会学、メディア研究など、多くの学問領域に影響を与えている。ところが、日本の中世を対象とする研究では、ほとんど参照されていない。しかし、ディスタンクシオン（卓越化）は、階級や職業階層などの地位の変動や新たな職業カテゴリーの形成とその地位の向上に際して顕著に見られることが知られている。ここまで見てきたように、肉食忌避は、古代の身分制度が崩壊し、中世的な身分が形成されるのと軌を一にして強まった。これは、古代から中世への移行期、激しく動揺した貴族たちによるディスタンクシオン（卓越化）だったと考えられるのではないだろうか。

註

（1）苅米一志『殺生と往生のあいだ―中世仏教と民衆生活―』（吉川弘文館、二〇一五年）。「檻穽」・「機槍」と並置されていると考えれば、「比弥沙伎理」と「簗」とは、別種の漁業設備の可能性もある。
（2）原田信男『なぜ生命は捧げられるか―日本の動物供犠―』（御茶の水書房、二〇一二年）。
（3）平雅行「殺生禁断の歴史的展開」（大山喬平教授退官記念会編『日本社会の史的構造 古代・中世』思文閣出版、一九九七年）。

（4）白水智「野生と中世社会」（五味文彦・小野正敏・萩原三雄編『動物と中世―獲る・使う・食らう―』考古学と中世史研究6、高志書院、二〇〇九年）。
（5）前掲註（1）苅米『殺生と往生のあいだ』。
（6）小柳泰治『わが国の狩猟法制―殺生禁断と乱場―』（青林書院、二〇一五年）は、法制史の立場から、原田の解釈を否定している。
（7）前掲註（3）平「殺生禁断の歴史的展開」、中村生雄『祭祀と供犠―日本人の自然観・動物観―』（法蔵館、二〇〇一年）。
（8）佐原真『魏志倭人伝の考古学』（岩波書店、二〇〇三年）。初出は、今鷹真・小南一郎訳『正史三国志〈4〉魏書4』（ちくま学芸文庫、一九九三年）。
（9）前掲註（3）平「殺生禁断の歴史的展開」、同「日本の肉食慣行と肉食禁忌」（脇田晴子／アンヌ ブッシイ編『アイデンティティ・周縁・媒介』吉川弘文館、二〇〇〇年）、同「殺生禁断と殺生罪業観」（脇田晴子／M・コルカット／平雅行編『周縁文化と身分制』思文閣出版、二〇〇五年）。
（10）同右。
（11）下田正弘「東アジア仏教の戒律の特色―肉食禁止の由来をめぐって―」（『東洋学術研究』二九‐四、一九九〇年）ほか。
（12）前掲註（9）平「日本の肉食慣行と肉食禁忌」および「殺生禁断と殺生罪業観」。
（13）前掲註（1）苅米『殺生と往生のあいだ』。
（14）折口信夫「大嘗祭の本義」（岡田精司編『大嘗祭と新嘗』学生社、一九七九年）。
（15）前掲註（7）中村『祭祀と供犠』および同『折口信夫の戦後天皇論』（法蔵館、一九九五年）。
（16）馬場基「古代日本の動物利用」（松井章編『野生から家畜へ』ドメス出版、二〇一五年）。

(17) 石上英一「日本古代における所有の問題」(『律令国家と社会構造』名著刊行会、一九九六年)。
(18) 同右。
(19) 林陸朗『長岡京の謎』(新人物往来社、一九七二年)、同「桓武天皇と遊猟」(『栃木史学』創刊号、一九八七年)。
(20) 同右。
(21) 河内春人「日本古代における昊天祭祀の再検討」(『古代文化』五二-一、二〇〇〇年)、金子修一『古代中国と皇帝祭祀』(汲古書院、二〇〇一年)、同『中国古代皇帝祭祀の研究』(岩波書店、二〇〇六年)。
(22) 戸川点「釈奠における三牲」(虎尾俊哉編『律令国家の政務と儀礼』吉川弘文館、一九九五年)、中野昌代「釈奠三牲奉供をめぐって」(『史窓』五三、一九九六年)。
(23) 秋吉正博「『日本霊異記』にみる天皇像—嵯峨天皇を中心に—」(『説話文学研究』三四、一九九九年)、坂口健「『日本霊異記』における嵯峨天皇の位置」(『史境』七一、二〇一六年)。
(24) 前掲註(3)平「殺生禁断の歴史的展開」および註(9)「日本の肉食慣行と肉食禁忌」「殺生禁断と殺生罪業観」。
(25) 片岡耕平『日本中世の穢と秩序意識』(吉川弘文館、二〇一四年)。
(26) 前掲註(9)平「日本の肉食慣行と肉食禁忌」および「殺生禁断と殺生罪業観」。
(27) 保立道久『黄金国家—東アジアと平安日本—』(青木書店、二〇〇四年)、同『中世の国土高権と天皇・武家』(校倉書房、二〇一五年)。
(28) 前掲註(1)苅米『殺生と往生のあいだ』。
(29) 同右。
(30) 前掲註(9)平「日本の肉食慣行と肉食禁忌」および「殺生禁断と殺生罪業観」。

（31）五味文彦「王権と幕府―殺生禁断令を媒介に―」（色川大吉・網野善彦・安丸良夫・赤坂憲雄編『天皇制―歴史・王権・大嘗祭―』河出書房新社、一九九〇年）。保立道久「中世における山野河海の領有と支配」（『日本の社会史　第二巻　境界領域と交通』岩波書店、一九八七年）も参照。
（32）久保田和男「宋代の「畋猟」をめぐって」（記念論集刊行会編『古代東アジアの社会と文化』汲古書院、二〇〇七年）。
（33）前掲註（9）平「日本の肉食慣行と肉食禁忌」および「殺生禁断と殺生罪業観」。
（34）同右で平も鹿の史的研究が必要であることを指摘している。古代については、平林章仁『鹿と鳥の文化史』（白水社、一九九二年）のように鹿のイメージを探った先駆的な論考もある。中世についても、そうした研究が必要であろう。
（35）元木泰雄『武士の成立』（吉川弘文館、一九九四年）、高橋昌明『武士の成立　武士像の創出』（東京大学出版会、一九九九年）、同『東アジア武人政権の比較史的研究』（校倉書房、二〇一六年）。
（36）大山喬平『日本中世農村史の研究』（岩波書店、一九七八年）、同『ゆるやかなカースト社会・中世日本』（校倉書房、二〇〇三年）、黒田俊雄「中世の身分制と卑賤観念」（『黒田俊雄著作集　第6巻　中世共同体論・身分制論』法藏館、一九九五年）、高橋昌明「日本中世社会と身分制」（『中世史の理論と方法―日本封建社会・身分制・社会史―』校倉書房、一九九七年）、三枝暁子「中世の身分と社会集団」（岩波講座『日本歴史　第7巻　中世2』岩波書店、二〇一四年）など。
（37）同右。
（38）同右および黒田日出男『境界の中世　象徴の中世』（東京大学出版会、一九八六年）。
（39）原田信男『歴史のなかの米と肉』（平凡社、一九九三年。同ライブラリー、二〇〇五年）はこれらの史料に言及した先駆的な著作であった。

(40) 村井章介『アジアのなかの中世日本』(校倉書房、一九八八年)、同『日本中世境界史論』(岩波書店、二〇一三年)。

(41) ピエール・ブルデュー(石井洋二郎訳)『ディスタンクシオン—社会的判断力批判—』一・二(藤原書店、一九九〇年)、石井洋二郎『差異と欲望—ブルデュー『ディスタンクシオン』を読む—』(藤原書店、一九九三年)。

第二章　肉食の実態

平安王朝で形成された肉食のタブーは、その後、近代まで続く肉食禁忌の基調となった。これまでの研究で、時代が降るにつれて、肉食忌避が強まったことも指摘されている。(1)しかし、ここで問題にしたいのは、この列島の社会全体が均一に肉食忌避を強めたかのように考えてしまってよいかどうかである。前章でみたとおり、古代から中世への移行期に形成された肉食のタブーは、身分・階層と結び付いており、忌避される肉にも階層差があった。どのような肉を食べていたかについても、身分・階層ごとに検証する必要がある。

精進や薬食《くすりぐ》いの実態についても確かめなければならない。これまでの研究において、肉食の禁忌の建前とは別に、肉を食べたいという本音があり、薬食いや殺生・肉食を功徳《くどく》とする言説（殺生功徳論）で正当化し、実際にはかなり肉食がおこなわれていた、と指摘されている。(2)しかし、肉食忌避は社会の構造の一部だったのであり、それを「建前」と見るのは表面的に過ぎるだろう。また、薬食いについて、肉を食べるための抜け道であったかのように考えてしまうと、中世の肉食とその忌避の関係を正確に理解することができないのではないだろうか。

本章では、中世の世俗社会に生きた人々の肉食を、その身分・階層に注意して探ってみたい。まず、天皇の食事を復元し、その肉食の実態をあきらかにする。次に、摂関家の肉食、さらに侍の肉食について探る。その上で、それら諸階層の精進と薬食いの実態を探ってみたい。

1　天皇の肉食

変化した天皇の食事

古代の天皇は、各地から貢進《こうしん》される食物を食べることで、全国統治の理念を体現していた。天皇による統治を「食《お》す国」と称したことからも、天皇の食事が国家的な儀礼でもあったことが理解できる。前章でみたように、古代の天皇は四つ足の獣の肉も口にした。それが、中世を迎えると、どのように変化するのか、確認してみよう。

佐藤全敏が、平安時代における天皇の食膳の変遷とそれを進献する官司の変化を探っている。佐藤によれば、九世紀の末まで、天皇は律令国家の君主として隋唐様式の食法を実践していた。それは令制に定められた宮内省の内膳司《ないぜんし》が調理し、銀器・銀箸・銀匙に大床子《だいしょうじ》・大盤《だいばん》（台盤）を用いるものである。ただし、天皇に供される食材（贄《にえ》）は、七世紀以来の収取システムに依拠して調達されていたという。

ところが、九世紀末に変化がはじまる。新しい調備機関である御厨子所《みずしどころ》が生まれ、従来の御膳《おもの》（朝夕の膳）の脇に新しい御膳（御厨子所御膳）が付加されるようになる。十世紀の初頭には朝夕の御膳が形骸化し、代わって新しく朝干飯御膳《あさがれいのおもの》が生まれた。天皇が清涼殿の朝餉間《あさがれいのま》において摂《と》る食事で、

「餉《かれい》」の語源は諸説あるものの、おそらく「かれいい（干飯・乾飯）」であろう。朝餉間は、清涼殿西《にし》廂《びさし》の一区画で、二間を占め、食事以外にも天皇の内向きの使途にあてられた空間である。朝干飯御膳は、そこで平敷の畳に座り、土器《かわらけ》・木箸を用いて食した。銀器・銀箸・銀匙に大床子・大盤を用いる隋唐的な食法とは異なっていたことをみのがせない。

こうした変化にともない、贄の調達方法も変化しており、御厨子所独自の食材収取ルートが成立し、それとは別に新しい収取ルートも制定された。これらはともに畿内《きない》から食材を集めるもので、天皇は全国から集められた食材を隋唐風に食べる存在ではなくなったという。(3) 九世紀末〜十世紀初頭における天皇の食事の変化と官僚システムの変容は連動していた、と佐藤は指摘する。

新たな食材調達システム

九世紀の末から十世紀の初めのこうした変化は、中世へと続く新たな制度が姿をあらわしはじめたのだとも言える。天皇家の経済も、蔵人所《くろうどどころ》を中心に再編成され、天皇の食材を調達するシステムも、古代的な贄戸《にえこ》から中世的な供御《くご》の制度へと転換していく。

十世紀の後半にまとめられた『西宮記《さいきゅうき》』によれば、寛平《かんぴょう》元年（八八九）正月、内宴《ないえん》（天皇が出御《しゅつぎょ》して文人などを召しておこなう宴）で「御厨子所御膳」が供された。これが「御厨子所」の初見である。同書に収められている「御厨子所例」などによると、御厨子所は蔵人所の支配下にあって、天皇の朝夕の御膳を供進《きょうしん》し、節会《せちえ》などの酒肴を出す。貞観《じょうがん》十八年（八七六）に初めてみえる「進物所《しんもつどころ》」も、

表2–1 「六ヵ国日次御贄」(『西宮記』をもとに作成)

国	貢進日(毎月)					贄
山城	1	7	13	19	29	雉・鳩・鶉・鴨・小鳥・鯉・鮒・鰕(エビ)
大和	2	8	14	20	26	雉・鳩・鶉・鴨・鮎
河内	3	10	16	22	28	雉・鳩・鶉・高戸(タカベ)・小鳥・卵子・鯉・鮒・鱸(スズキ)
和泉	4	10	16	23	28	鯛・鯵・世比(セイ)・擁剣(ヨウケン)・蛤・烏賊
摂津	5	11	17	23	29	貝・蛸・擁剣・烏賊・鯉・卵子・鮒・鱸・干鯛・鯵・世比・蝦・蛤
近江	6	12	18	24	30	鳩・鶉・鴨・高戸・小鳥、鯉・鮒・阿米(アメ)・鰕、元日料として鹿宍四枝・猪宍四枝

高戸＝小鴨。
世比＝鯖。スズキの幼魚。セイゴとも。
擁剣＝カニ。カザメ。
阿米＝アメノウオ。鯇。ビワマス。

同様の職掌をもっていたらしい。さらに、寛平九年(八九七)七月に、四衛府《しえふ》(左右兵衛府・左右衛門府)の「小鮒日次《ひなみ》御贄」が定められ、延喜《えんぎ》十一年(九一一)十二月には、「六ヵ国日次御贄」の制度が定められた。これらも、蔵人所の指示を受けて奉仕したことが知られている。

「六ヵ国日次御贄」とは、山城・大和・河内・和泉・摂津・近江の六カ国から毎月、決められた日に鳥や魚などを貢進させるシステムで、それらの国の「禁野《きんや》」・「御厨《みくりや》」・「御雉所」などに属する贄人《にえびと》がこれらを貢進した。運ばれた贄は内膳司に納められ、それが蔵人の指図に従って進物所や御厨子所に配分される(4)(表2–1)。

十一世紀後半になると、贄人の多くは供御人と称されるようになり、御厨子所は供御人支配を強めた。河内・摂津の大江御厨・津江御厨、近江の粟津橋本や菅浦などの供御人は、いずれも御厨子所の支配下に入る。天皇家は、このように供御人たちに奉仕させ、彼らの諸役《しょやく》を免除し、通行や交易の特権を保証した。

食材となった鳥獣

六カ国から貢進された食材のうち、四つ足の獣は、「元日料」として近江から貢納される「鹿宍四枝・猪宍四枝」のみである。「鹿宍」「猪宍」は、正月の歯固《はがため》の膳に供されたはずだが、前章でもみたとおり、歯固の「鹿宍」「猪宍」は、十二世紀以降、「雉」や「鴨」で代用されるようになったから、以後、天皇の食材として貢納される生類は魚と鳥のみで、四つ足の獣の肉は皆無になったと考えられるのである。

貢納された鳥の多くは、鷹によって捕獲されたと考えられる。天皇の狩場であった「禁野」は、天皇の食材を確保する場、そして天皇の食材を捕獲する人々が所属する場として存続していく。(5)『西宮記』巻八には、「禁野」として「北野」「交野《かたの》」「宇陀野《うだの》」の三カ所がみえる。永仁《えいにん》三年（一二九五）に成立した『鷹狩記』も、「宇陀野・交野・嵯峨野《さがの》をもて狩場とするは、行幸・御幸の後なるがゆえなり」と記しているので、十三世紀にも天皇の食材となる鳥を捕獲する禁野が存続していたことがわかる。『鷹狩記』は、「六人の御鷹飼、かはるがはる日次の供御に鳥奉る。一月に六人して廿四まいらす。六斎日をのぞくが故に、人別に四羽にて廿四を奉る」と記しており、あとでみる六斎日《ろくさいにち》の精進を除く鳥の供御がきめられていた。(6)

歯固の「鹿宍」「猪宍」が、「雉」「鴨」などで代用されたように、天皇も様々な鳥を食べていたが、諸鳥の中でも雉は最高の価値をもつものとされた。どういう理由でそうなったのかは、はっきりしないのだが、肉が美味であるというだけでなく、その羽毛の美しさも魅力だったにちがいない。また、『古事記』に、地上に降りた天の使者として「雉名鳴女《きざしのなきめ》」がみえるように、災害などを予知して鳴くと考えられていたし、白雉は祥瑞《しょうずい》（めでたいしるし）とされ、その出現は年号を変えるほど大きな出来事とされた。

いずれにしても、平安時代以降、宮廷において食用の鳥といえば雉が珍重されるようになった。兼好法師の『徒然草』にも、「鯉ばかりこそ、御前《ごぜん》にても切らるるものなれば、やん事なき魚《うを》なり。鳥には雉、さうなきものなり」とあって（一一八段）、天皇の御前でも調理されるやんごとなき魚は鯉で、同様の鳥は雉だと考えられていたことがわかる。その後も王朝では、魚では鯉、鳥では雉を、最も価値の高い食材とした。特に、鷹で捕獲した雉＝「鷹の鳥」を尊重したことは、あとの章でも見ることになるだろう。

天皇の食膳

中世の天皇の食膳に関する史料として重要なのは、順徳天皇が著した『禁秘抄《きんぴしょう》』である。承久《じょうきゅう》元年（一二一九）から同三年（一二二一）に成立したとみられる有職書《ゆうそくしょ》で、宮中の行事に関することから蔵人、殿上人、女官、勅書・宣命、改元といった天皇として必要な故実までを記しており、この中に天皇の食膳についても記述がある。それによれば、この頃の天皇の食膳は、「大床子御膳《だいしょうじのおもの》」、「朝《あさ》餉御膳《がれいのおもの》」、「只御膳《ただのおもの》」、「小供御《こくご》」の四種であったという。

大床子御膳は、先ほどみた隋唐様式の食膳で、古代以来の正式な食事であった。清涼殿の母屋《もや》に設ける大床子と称する脚のついた台に着座し、台盤を用いて食事をしたのでこのように称されていたのであろう。古くは朝夕二回であったものが一度となり、さらに時折になったらしい。『禁秘抄』には「大床子御膳、時々必ず著御《ちゃくぎょ》あるべし」とあって、時々着席するだけの行事になっていたことがわかる。いずれにせよ、天皇が毎日口にする食事ではなくなっていた。

朝餉御膳は、佐藤全敏が九世紀末にあらわれる新しい食膳として注目したものだが、十二世紀には、これもあらたまった儀礼的な食事として扱われるようになっていたらしい。『禁秘抄』には朝夕二回の朝餉御膳を一回にまとめることがみえ、また、「主上近代着御せず」と記されているから、実際には着席すらしなくなっていたようである。

いずれにせよ、天皇が日々口にした食事は、こうした形骸化した御膳ではなく、「只御膳」あるいは「小供御」と称されたものになったと考えられる。

食膳の復元

天皇の食膳に、どのような料理がならんでいたか確認しよう。史料は、『厨事類記《ちゅうじるいき》』である。『厨事類記』は、平安末期から鎌倉期にかけての公家の食膳・調理法を伝える故実書《こじつしょ》で、文中に永仁三年（一二九五）の記事があって、そこからあまり降らない時期に成立したらしい。御厨子所の預《あずかり》（実務を担う責任者の職）を世襲した紀《き》（高橋）氏の記録であろうとみられ、現在三巻が伝わるが、もとの巻数は不明である。第一巻は、宮中の膳の据え方や献立。第二巻には台盤や食器の寸法などの解説。調備部で料理法に簡単に触れ、さらに調備故実で御飯・干物・生物・菓子などの調理法を説く。

『厨事類記』第一（御膳部）の「内御方」すなわち天皇の「昼の御膳」をみてみよう。「供御の次第」として、次のように「御厨子所の式」が引用されている。


一御盤。四種〈銀器〉。御箸四双〈銀箸二双、木箸二双〉。匙二支〈銀木各一支〉。

二御盤。御飯〈銀器に盛る。蓋《ふた》在り。垸《わん》に居《す》える〉。

三御盤。平盛菜料五坏〈銀盤盛〉。窪器一坏〈銀器。海月《くらげ》〉。

四御盤。平盛菜料一坏〈銀盤〉。御汁物二口〈銀器〉。御酒盞《しゅさん》一口〈銀器。蓋在り。垸に居える〉。

五御盤。窪器一坏〈同。蚫《あわび》醤〉。

六御盤。高盛菜料七坏〈朱瓷《しゅし》に盛る〉。平盛菜料一坏〈同。脯鳥《ほしどり》・腊《きたい》押年魚・東鰒《あづまあわび》・堅魚《かつお》・海《なま》鼠《こ》・蛸・烏賊・鮭・久恵《くえ》・脯鯖等。本司添える所に随いこれを盛り進る〉。

七御盤。御汁物二坏〈朱瓷。蚫羹《あわびのあつもの》一坏。一坏その色定めず〉。焼物菜料二坏〈同。鯛一坏。一坏鯉・鱸《すずき》等〉。


一の御盤から七の御盤まであって、各盤にどのようなものが配されたかが説明されている。食器

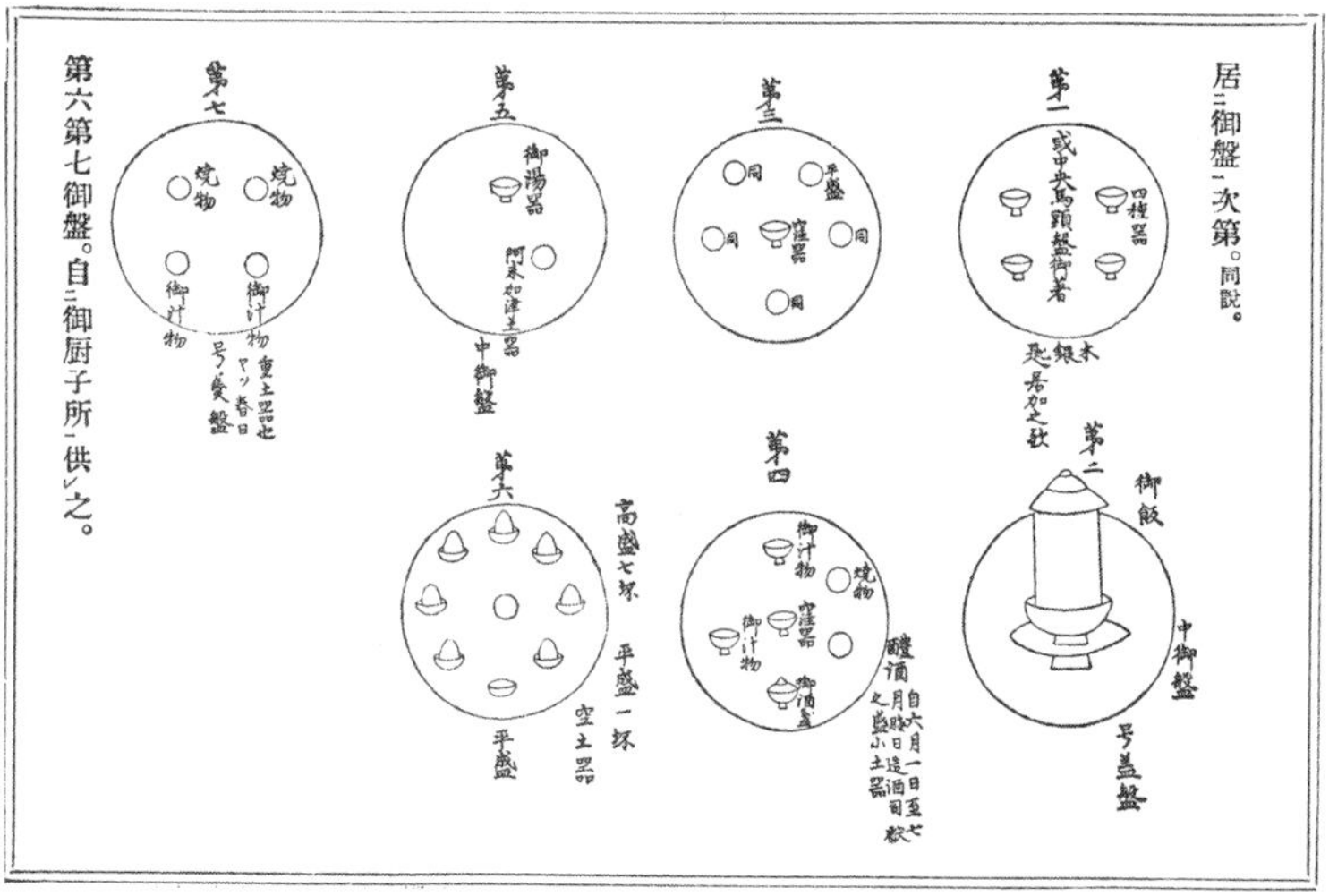

図2–1　『厨事類記』御盤居次第の図（『群書類従』飲食部）

は「銀器」と「朱瓷」の二種類で、「朱瓷」は、別の箇所で「土器《かわらけ》」と記されているので、素焼きの皿だったのだろう[7]（図2–1）。

『厨事類記』は、あとの調備部で、料理の内容についても説明している。それによれば、一の御盤の「四種」とは「四種器」、すなわち「酢・酒・塩・醤」である。この時代の「菜料」すなわち副食物（おかず）のほとんどは、これらの調味料によって味付けして食すものだった。三の御盤の「窪器」に盛られたのは、「海月」あるいは「老海鼠」と表記されるホヤ、五の御盤の「蚫醤」・「鯛醤」など、魚貝類の発酵食品である。六の御盤にみえる「脯鳥・腊押年魚・東鰒・堅魚・海鼠・蛸・烏賊・鮭・久恵・脯鯖」は、「干物」あるいは「乾物」と称された魚鳥の干物（乾物）である。七御盤には、魚貝類の「羹《あつもの》」や「焼物」が配された。このほかに、「生物」あるいは「鱠《なます》」もあって、それには鯉・鮰・鮭・鱒・鱸・雉《きじ》などが用いられている。

「魚味」とは何か

菜料は、「魚味」と「精進」とにわけられていた。「魚味」にどのような生類が含まれていたのか確認しておきたい。これも『厨事類記』に説明があるので、それを見てみよう。「当所」すなわち御厨子所の「菜料」としてあげられている「魚味」は、次の八種類である。

粟津進《しん》ずる所の鯉〈一種〉
禁野進ずる所の雉〈一種、十月より三月に至る。他月は六ヶ国御贄の貢〉
四府進ずる所の鮒〈一種〉
六ヶ国進ずる所の二種〈色目は定めず〉
大江御厨進ずる所の鮰〈一種、河内・摂津〉
葛野河進ずる所の鮎〈一種、冬季は鮒を進る〉
諸国贄所進ずる所一種〈色目は定めず、その用有るに随いこれを貢ず、定色無し〉

品目としてあげられているのは、鯉・雉・鮒・鮰・鮎の五種だが、禁野の雉は冬・春のもので、夏・秋は六カ国の御贄となる。六カ国の御贄は、先にあげた表のとおり様々で、「色目」すなわち品目が限定されていなかった。諸国の贄所からも必要に応じて様々な食材が調進されたようで、「定色無し」すなわち「決められた品目は無い」とされている。

『厨事類記』は、このあと「院御方」すなわち上皇、「春宮御方」すなわち皇太子、さらに「后宮御方」や「諸女院御方」・「諸宮御方」などの食膳にも言及しているが、「魚味」の品目は天皇の場合と差が無い。中世、天皇家の人々は、畿内近国から貢進されるこうした生類を口にしていたことがわかる。

注目したいのは鳥類である。「魚味」と総称されたことからもあきらかなように、食用とされた生類の多くは魚類であったが、少なくとも十月から三月までの半年は、禁野から雉が貢進されることになっていた。四月から九月は「六ヶ国御贄の貢」とされているが、雉の代わりであったことからすれば、これらも鳥類が中心だったと考えられる。ただし、先述のとおり、四つ足の獣の肉は皆無であっただろう。

その後の供御

応永《おうえい》二十七年(一四二〇)成立の『海人藻芥《あまのもくず》』は、権僧正宣守《ごんのそうじょうせんしゅ》がまとめた故実書で、書札礼《しょさつれい》、僧俗の官職・職掌、装束・調度・車輿《しゃよ》から、飲食・器具に関する先例まで、室町時代の有職故実を伝えている。そのなかに、次のような記事がある。

毎日三度の供御は御めぐり七種、御汁二種なり。御飯はわりたる強飯《こはいい》を聞こし召すなり。大鳥は白鳥、鴈《がん》、雉子、鴨。この外は供御に備へざるなり。小鳥は鶉《うずら》、雲雀《ひばり》、雀、鴫《しぎ》。この外は供御に備へずと云々。四足は惣《すべ》てこれを備へず。

十五世紀の初め、供御は毎日三度で、「御めぐり」すなわち菜料は七種、汁は二種、御飯は「強飯」すなわち甑《こしき》で蒸した飯だという。注目しなければならないのは、「大きな鳥は白鳥・雁・雉・鴨、この他のものは供御に備えない。小さな鳥は鶉・雲雀・雀・鴫、この他のものは供御に備えない」という記述である。天皇の食事に、これら八種の鳥が供される可能性があった。

この『海人藻芥』には、さらに興味深い記事がある。「四足は惣てこれを備えず」、すなわち「四つ足の獣の肉は一切供されない」とあるのに続けて、次のように記す。

然《しか》るを吉野帝後村上院は、四足の物共をも憚《はばか》らせ給はず聞こし召しけるとかや。されば御合躰の後、男山まで御幸成らせ給ひけれども、又吉野の奥へ還幸成せ給ふて、都へは終に一日片時も入せ給はず。是は併《しかしながら》天照太神の神慮に違はせ給ひける故なりとぞ人皆申し合ひける。

後村上天皇は、後醍醐天皇の第七皇子で、南朝第二代。延元《えんげん》四年（一三三九）に践祚《せんそ》（即位）したが、北朝方の攻撃で吉野の行宮《あんぐう》が焼かれ、大和の賀名生《あのう》に移った。正平《しょうへい》五年（観応《かんのう》元、一三五〇）、いわゆる「観応の擾乱《じょうらん》」で足利尊氏・直義兄弟が帰順すると、同六年（一三五一）、南朝は北朝の崇光《すこう》天皇を廃位させ、同七年、後村上は賀名生から摂津の住吉、さらに男山（京都南西部の八幡山）に進み、京都を回復するかにみえた。ところが、尊氏の子義詮《よしあきら》は男山の行宮を攻撃し、これを陥れる。脱出した天皇は賀名生に帰り、その後、河内さらに摂津住吉へと移ったが、同二十三年（応安《おうあん》元、一三六八）、同所でこの世を去った。ついに、帰京することは無かったのである。

後村上天皇が、念願の帰京を果たせなかったのは、四つ足の獣の肉を食べたことによってアマテラスの怒りに触れたためだと考えられていた。後村上は、伊勢神宮に参拝したこともあって、皇祖神アマテラスに対する崇敬は篤《あつ》かったに違いない。また、後村上が獣肉を食したかどうかについては、この『海人藻芥』以外に史料が無い。しかし、大和・紀伊の山中で北朝方と渡り合った後村上は、四つ足の獣の肉も口にしたことがあったのだろう。ところが、天皇でありながら四つ足の獣の肉を口にすることは、アマテラスを怒らせてしまうと考えられていた(8)。天皇は日々の食事の中で、魚はもちろん様々な鳥の肉も口にしていた。その一方で、獣肉食は忌避しており、しかもそれは皇祖神アマテラスと結び付けられるほど重大な禁忌だったのである。

2　摂関家の肉食

大饗のメニュー

十世紀前半には摂政・関白が定着し、十世紀末、藤原氏北家骨肉の争いを勝ち抜いた藤原道長はその後三〇年間にわたって叙位《じょい》・除目《じもく》（官職任命）で主導権を握り、天皇とともに公卿を指揮して太政官を動かし政権を運営した。いわゆる摂関政治である。道長の長男頼通は、五〇年間にわたって摂政・関白をつとめ、以後、摂関は頼通の子孫に固定され、摂関家という家格が確立する。

摂関家の隆盛を象徴する行事に、大臣大饗《だいじんのだいきょう》がある。大臣が自らの邸宅に太政官の官人たちを招いておこなう饗宴で、正月に大臣大饗をおこなうほか、大臣に任命されたときに、任大臣大饗をおこなうこともあった。臣下の宴会のなかでは最も規模が大きく、公的性格をもっていて、摂関家の勢力が強大になるにつれて、この饗宴も盛んになった(9)。

九世紀には正月の四日または五日におこなわれていた正月の大臣大饗だが、のちには中旬から下旬におこなわれるようになり、道長の時には二十五日になっている。この日、大臣（摂関）の家は、まず、請客使《しょうきゃくし》と称する使者を親王家に遣わす。続いて、朝廷から大饗のおこなわれる邸宅に使者が派遣され、蘇《そ》（濃縮乳）と甘栗が下賜される。これを「蘇甘栗の使」という。この勅使が禄を下賜し

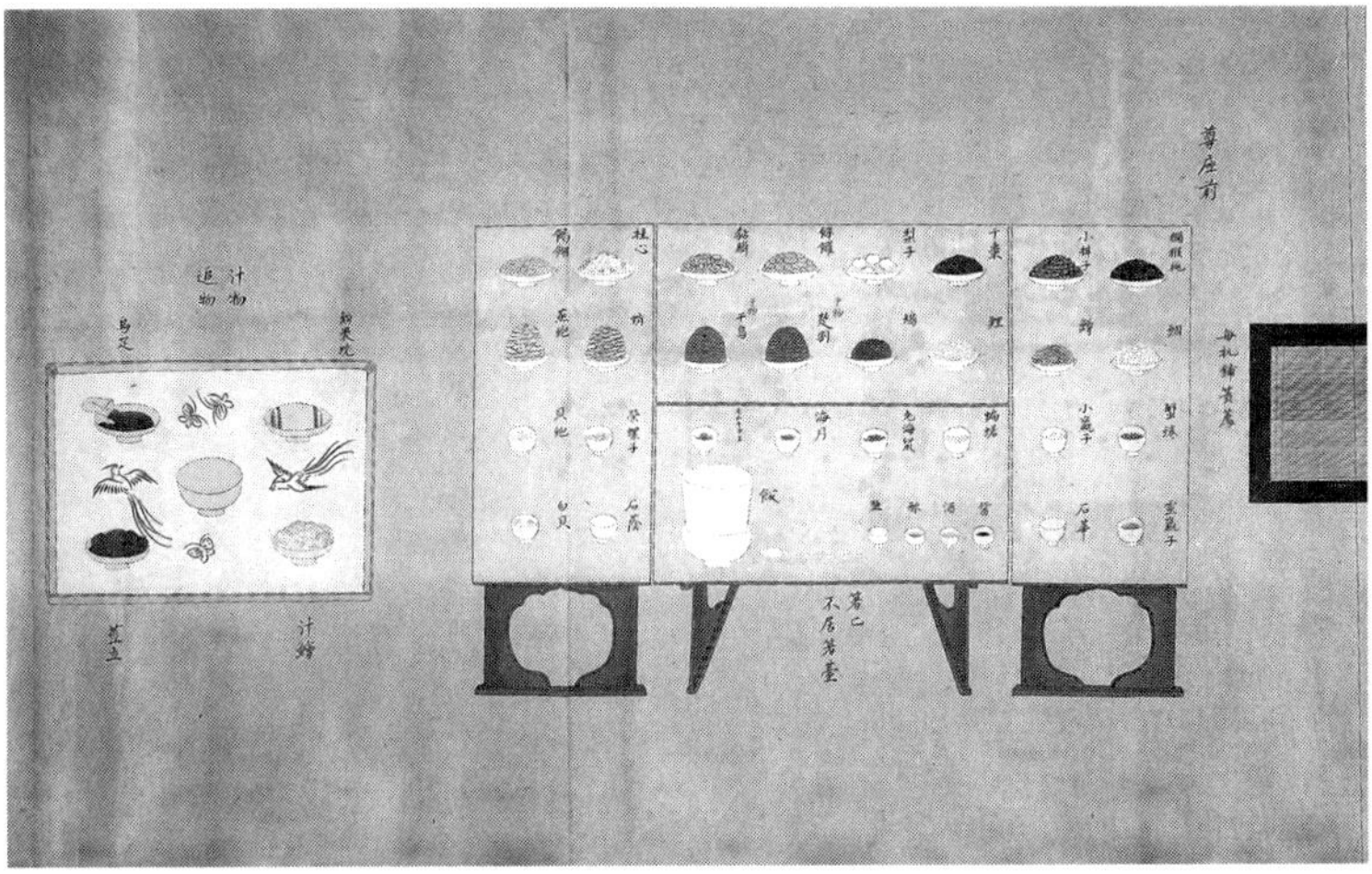

図2–2　『類聚雑要抄指図巻』（12世紀、東京国立博物館蔵）大饗の膳の復原図

て帰ると、請客使の招きにより親王・尊者（正客の公卿）が到着し、これに続いて太政官の官人たちが邸宅に参入した。

饗宴は、拝礼・宴座《えんのざ》・穏座《おんのざ》の三部からなり、まず招かれた公卿・官人らが南庭に列立して、主人の大臣に拝礼する。続いて昇殿し、それぞれの座に着くと、正式の宴会である宴座がはじまる。数々の料理とともに数献の勧盃がおこなわれ、この後、舞楽などもおこなわれて宴座は終了。ついで座を南簀子《すのこ》敷に移して、くつろいだ雰囲気の穏座（二次会）となった。これが終わると、客人たちに衣（綾・布）などの禄が下され、一同は退席した。

拝礼や禄の下賜などは、支配・被支配関係の確認にほかならず、摂関家出身の大臣が太政官を支配しているという摂関政治の構造を象徴する儀礼であったといえよう。政権掌握の鍵は、実は大臣になることであったから、大臣として太政官を支配していることを象徴する大饗はきわめて重要な儀礼で、摂関家の権力を確認・再生産する場だった。

鷹と雉

大饗の宴座には官位に応じたメニューがあり、『類聚雑要抄《るいじゅうざつようしょう》』や『厨事類記』などからその詳細がわかる。最も豪華な正客の献立をみると、調味料の「四種器」と飯、雉と魚貝類が一五種類も揃えられた「生物」、鮑《あわび》・蛸・鳥・鮭の「干物」、梨・棗《なつめ》などの「木菓子」、油で揚げた「唐菓子」などがならんでいる(図2－2)。

皿の数が偶数で、あらかじめ配膳されていることなどから、一見すると特にメインの料理というものがあったわけではないと思われるのだが、ならべられた料理のほぼ中央に鯉とならんで雉が位置している。獣肉がまったく見当たらないこの膳のなかにあって、雉は唯一山野での狩猟によって捕獲された肉と言ってよいだろう。

さらに、この宴座の最中に「鷹飼渡《たかがい》」という次第があった。鷹飼が雉を持参し、その雉は庭に設けられた立作所《たちつくりどころ》(この饗宴のために設営された調理の屋台)において料理され、座客に供された。材料の捕獲・献上のパフォーマンスがともなうメニューは、雉以外にはない。雉こそがメインディッシュだったと言っても過言ではないだろう。

万寿《まんじゅ》二年(一〇二五)正月二十日におこなわれた、関白藤原頼通の正月大饗をみてみよう。史料は、源経頼《みなもとのつねより》の日記『左経記《さけいき》』である。拝礼を済ませて、一同着座し、三献の後に飯が据えられ、ここで鷹飼が犬飼を率いて庭に参入した。鷹飼は、雉一枝（雉は柴に付けて献上する作法であったため「枝」と数えた）を犬飼に持たせ、西中門から南庭に入り、犬飼から雉をうけとって立作所に雉を付ける。盃と禄を賜わった鷹飼は、東の池の上の階《きざはし》を経て退出した。その後、雅楽があり、客人たちには「汁鱠《しるなます》」（切り身の入った汁物）と「焼雉」が出されている。

嘉承《かしょう》二年（一一〇七）正月十九日におこなわれた、関白藤原忠実《ただざね》の正月大饗の宴座もみよう。史料は、故実に詳しい藤原宗忠《むねただ》の日記『中右記《ちゅうゆうき》』である。拝礼・着座の後、まず三献があって、やはり飯を据えて饂飩《うどん》を下げたところで、鷹飼が参入している。この時の大饗の鷹飼は右近府生《うこんふしょう》の下毛野行高《しもつけぬゆきたか》で、犬飼をつれて西の幔門《まんもん》（幔幕を張った中門）から前庭に入り、立作所に雉を献じ、胡床《こしょう》にすわった。盃を賜わった後、禄の疋絹《ひきぎぬ》を賜わって、東中門から退出している。ついで雅楽となり、やはり「汁鱠」と「焼雉」が出された。この大饗は、その後に四献もあって、さらに「雉羹《きじあつもの》」も出されている。(10)

藤原忠実の回想

この大饗のホスト藤原忠実は、父を早くに亡くし、ついで祖父師実《もろざね》も没したため、若くして氏長者《うじのちょうじゃ》・摂政・関白となった。(11) この嘉承二年だけでなく、天永《てんえい》四年（一一一三）さらに永久《えいきゅう》四年（一一一六）にも大饗をおこなった記録がある。そして、彼の談話を筆録した『中外抄《ちゅうがいしょう》』のなかには、大饗の鷹飼渡に関する記述がみえ、それによれば、忠実は「故殿」すなわち祖父師実から次のような話

を聞いたという。

法興院《ほうこういん》はいみじき所なり。大饗の日、諸卿拝し了《をは》りて着座の後、東山を見遣《や》りければ、手に取りたるやうに見えて、鷹飼の雉取るまねして参らしめける。いみじき事なり。（『中外抄』上巻・八〇条）

法興院とは、彼らの先祖藤原兼家《かねいえ》の別邸だった所で、二条北・京極東に位置していた。東山を見わたせたため、そこでおこなわれた大饗の鷹飼渡は、鷹飼が東山で狩った雉を持参する演出だったという。この「鷹飼の雉取るまねして」参入するパフォーマンスについて、忠実はさらに語っている。

母屋《もや》の大饗には、鷹飼をもって見物《みもの》とな

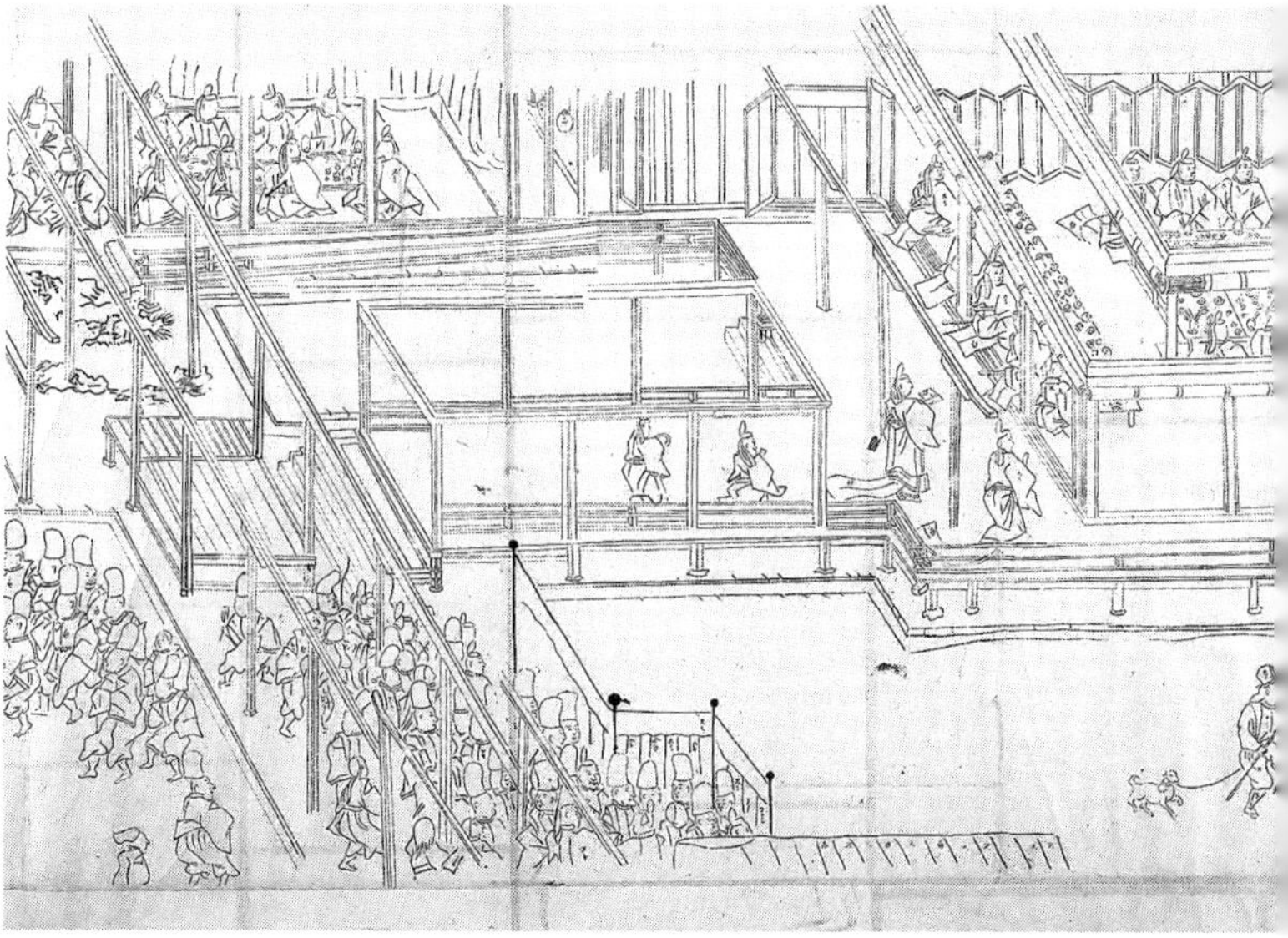

図2–3　『年中行事絵巻』（模本、京都大学附属図書館蔵。原本12世紀）に描かれた大臣大饗と鷹飼渡

すなり。鷹を飛ばしむる事は二度なり。一度は殿の幔門《まんもん》を出づる時飛ばしめて、鈴の声を聞かしむるなり。その後、南庭を渡りて床子に居て、酒飲みて後、立ちて歩まむとする時、また飛ばしむるなり。法興院の大饗には、東の山より狩りて参入しけり。築垣の上より見越して見えけり。件の儀にやあらん、長元の高陽院《かやのいん》の大饗には、滝の上の山穴を鷹飼は出でて渡りける。　（『中外抄』下巻・四七条）

鷹飼は、南庭に参入する時と退出する時の二回、鷹を飛ばしてみせ、その尾に付けてある鈴の音を聞かせる。まさに雉を狙って鷹を合わせた（放った）瞬間を彷彿させる演出と言えよう。「長元の高陽院の大饗」とは、長元《ちょうげん》六年（一〇三三）正月二十一日の関白藤原頼通が

その邸宅高陽院でおこなった大饗のことで、その時の演出が凝っていた。広大な高陽院の庭には築山があり、そこに滝がつくられていたらしい。長元の頼通大饗では、滝の上の穴から鷹飼を登場させたという。こうした、邸宅内外の山野を意識した演出からも、大饗の鷹飼渡は、鷹狩とその獲物の献上を儀式化したパフォーマンスであったと考えられる（図2−3）。

頼長の雉の食べ方

雉は、立盛（刺身）、羹（吸い物）、焼き物といった料理で供された。焼き物のうち、骨つきの腿肉《もも》は、「追物」あるいは「別足《べっそく》」と称し、高貴な人に供されることが多かった。この別足の食べ方について、『古事談』第二巻（臣節）に次のようなエピソードがある。

徳大寺の大饗に、宇治左府向はしめ給ふ時、法の如くに食はしめ給ふ、と云々。事畢《をは》りて後、「別足の食ひ様見習はん」とて、人々群れ寄りて見ければ、継ぎ目よりは上をすこしつけて切りたりけるを、かがまりたる方を一口食はしめ給ひたりけり。

久安《きゅうあん》七年（仁平《にんぺい》元、一一五一）正月二十六日におこなわれた藤原（徳大寺）実能《さねよし》の大饗に左大臣頼長が出席した際、料理を作法どおりに食べたという話である。藤原忠実は、長男の忠通と対立して、次男の頼長を偏愛したが、頼長は忠実の教育の甲斐あってか、有職故実に通じた公卿に成長した。その頼長が雉の「別足」すなわち腿肉をどのように食べるのか、その食べ方を見習おうとして、人々が（下げられた膳に）群がって見た。すると、（雉の股の）関節の上を少し付けて切り、折れ曲がった方を一口食べてあった、という。

この説話は、摂関家の人々もたしかに雉を食していたこと、そして貴族社会で雉の食べ方が重要な作法として学習されていたことを伝えている。

その後の貴族社会

大饗に関する記録・説話や摂関家の人々がのこした日記（古記録）に時折見える食事に関する記事などから、摂関家でも魚はもちろん鳥も食されていたことがわかる。しかし、四つ足の獣を食していたことを示す史料は、後述する薬食いの場合を除いて、見当たらない。前章でみた、『百錬抄』嘉《か》禎《てい》二年（一二三六）六月二十四日条も、武士たちが鹿肉を集め、「宍市」と称して飽食している場所が、摂政九条道家の邸宅に近かったことを問題視していた。

藤原定家は日記『明月記』安貞《あんてい》元年（一二二七）十二月十日条で、「卿相の家々」の多くが夜の酒宴で好んで鶴や鵠《くぐい》（白鳥）、雉などを食べていると記しているから、十三世紀を迎えても、摂関家の人々はそれらの鳥を口にすることがあったのだろう。ただし、定家がなげいていることからも、貴族社会で日常的な鳥の食用を忌避する傾向が強まっていたことがわかる。

橘成季《たちばなのなりすえ》編の『古今著聞集《ここんちょもんじゅう》』は、建長《けんちょう》六年（一二五四）成立の説話集で、後世、ひろく読まれた。

表2-2　『古今著聞集』巻第一八にみえる飲食

番号	話　題（標目）	飲食物
六一二	食は人の本にして酒は三友の一なる事	酒
六一三	中関白道隆沈酔の事	酒饌
六一四	寛弘三年三月、一条院に行幸酒宴の事	酒
六一五	万寿二年正月、関白頼通以下太后・皇太后宮へ参り盃酌の事	酒
六一六	道命阿闍梨、そまむぎの歌を詠む事	蕎麦
六一七	禅林寺僧正深覚、瓜の歌を詠む事	瓜四つ
六一八	長谷前々大僧正覚忠、俊恵法師と粽の歌を贈答の事	粽
六一九	知足院忠実、箏の師匠中納言宗輔を饗応の折、道良朝臣瓶子をとる事	酒
六二〇	左京大夫顕輔、証尊法印と連歌の事	夜食
六二一	左京大夫顕輔、青侍と連歌の事	たたみめ（干し海苔） こものこ（真菰の芽）
六二二	式部大輔敦光、奈良法師と飛鳥味噌を連歌の事	あすか味噌（ほうろ味噌）
六二三	法性寺忠通、元三に皇嘉門院にして菓物を参る事	御くだ物（菓子） をこしごめ（おこし）
六二四	鳥羽院御位の時、侍読菅原在良に酒を賜ふ事	酒
六二五	保延三年九月、仁和寺宝金剛院の仙洞に行幸の事	盃酌数献
六二六	保延六年十月、白河の仙洞に行幸の事	盃酌、鯉（庖丁）
六二七	中院右大臣雅定、鳥羽殿にて秘蔵の手を尽して舞ふ事	酒、まぜくだ物、柑子
六二八	中[illegible]郎、法勝寺八講に参会、[illegible]出されて[illegible]詠歌の事	（辛夷の花）

六二九	[illegible]平茸を大炊相国に贈るとて詠歌の事	平茸
六三〇	源俊頼、田上にして法師子の稲を詠歌の事	みそうづ（味噌雑炊）
六三一	大外記頼業、中御門左大臣経宗の家に参るたびごとに飲酒の事	酒肴
六三二	文治の頃、後徳大寺右大臣実定、徳大寺の亭に作泉を構へて饗宴の事	盃酌数献、鯉（調進）
六三三	暁行法印並びに寂蓮法師、瓜の歌を詠む事	瓜
六三四	藤井入道実教、梶井宮に参りて盃酌の折、行算房に柚を切らしめたる事	盃酌、柚
六三五	新蔵人邦時、分配を行ひ奔走の事	雪中のたかんな（たけのこ）、やまもも（楊梅）
六三六	法眼長真、麦縄の歌を詠む事	むぎなは（索餅、米粉・小麦粉をねじった餅）
六三七	藤原季経、秦覚法印の許へ瓜を遣はして写経を乞ひ、法印詠歌の事	瓜、米の飯、亥の子餅
六三八	九条前内大臣基家、壬生家隆に雪を進め、二条定高に雪を贈る事	雪にあまづら
六三九	壬生家隆、所労によりて蓮の実のみを食し、坊城殿の池の蓮の実を所望の事	蓮の実
六四〇	醍醐大僧正実賢、餅を焼きて眠るに、恪勤者江次郎これを取りて喰ふ事	餅（焼）
六四一	石泉法印祐性、篠の歌を詠む事	すず（細い竹の子）
六四二	聖信房の弟子ども茎立を煮るを見て、その座の人連歌の事	くくたち（茎立、菜のトウ）
六四三	相国入道、山蕨を贈られて返歌の事	山のわらび
六四四	三条中納言某卿、大食の事	水飯づけ、鮎のすし
六四五	老侍、大鴈を喰はずして詠歌の事	大鴈（かり）

図2–4　『病草紙』（12世紀末、京都国立博物館蔵）に描かれた食事

その巻一八は「飲食」の部で、そこにどのような食物がみえるか、一覧表にしてみた（表2−2）。

王朝の貴族社会で語り継がれた飲食にまつわる説話群だが、登場する食品は、蕎麦《そば》、瓜、粽《ちまき》、「たたみめ（干し海苔）」、「こものこ（真菰《まこも》の芽）」、「あすか味噌」など、実に質素で慎《つつ》ましやかな物ばかりである。魚は、鯉の調理と鮎鮨のみ。鳥の食用に関する話はただ一つ。最後の「老侍、大鴈を喰はずして詠歌の事」だけである。定家は、所領から送られてきた兎・山鳥は「尋常の食物」ではなく、青侍に下賜せよと命じられたものだと回想していた。十三世紀には、鳥を常食するかしないかが、侍と貴人の違いとして意識されるようになっていたことが、説話集からも浮かび上がる。

3　侍の肉食

解体の隔離

差別や蔑視は、主人が従者に忌避したい事物を押し付ける主従関係に内在していた。武士は殺生を生業としたが、それは侍すなわち貴人の近くに「侍《さぶら》ふ」者として貴族から請け負っていたのだとも言えよう。王朝の貴族のなかには、狩猟を実践しなくなるだけでなく、捕獲された獲物の解体・調理からも遠ざかろうとする傾向が強まる。実例をあげておこう。

仁平二年（一一五二）正月二十六日におこなわれた藤原頼長の大臣大饗は、頼長自身の日記『台記《たいき》』に詳細に記録されている。この時の大饗も例の如く、拝礼の後、宴座となり、庖丁人の源行賢《ゆきかた》が参入して着席したところで、頼長は「包丁」を催促した。大饗では庭に立作所が設けられており、宴座の客人に出す鯉や雉をそこで料理する。頼長は、行賢に鯉の解体・調理を催促したのだが、行賢は頼長に、「鯉は、鷹飼渡の後に解体するのが故実です」という。すると、頼長は「饂飩《うどん》と箸を下げた後、鯉を解体し、鷹飼渡の後に雉を解体するのだ」と指示した。そこで、行賢は鯉の解体にかかった。

続いて、頼長が鷹飼を催促すると、御鷹飼の下毛野《しもつけぬ》敦方《あつかた》が鷹を左腕に臂《ひ》し、柴枝に付けた雉を右肩に担いで登場する。犬飼を率いて西幔門より入ると、鷹を飛ばして鈴を鳴らし、池の畔より東に進み、南の階の前で北に向かい、立作所の南西に立つ。藤原為兼が立ち上がって雉を受け取り、柴から抜いて、立作所の幄《あく》の東南の檐《ひさし》に挿む。その後、鷹飼が東幔門から退出すると、頼長は行賢に、「雉を解体せよ」と伝えたのだが、行賢は、「近ごろの例では、雉を解体しません」という。ここで頼長は、「禅閤《ぜんこう》」すなわち父忠実のアドバイスを聞くことにした。忠実によれば、「ここ数年の例では、そのこと（この場で解体すること）はしない。幄の檐に挿んだ雉は、閑所（人目につかない場所）にかくし置くべきだ」という。そこで、下家司《げけいし》（家政機関の職員）が雉をとり、東幔門の外に出ている。

摂関家の人々は、雉の解体・調理を隔離するようになった。もちろん、その場で雉の解体・調理がおこなわれなくなったからといって、大臣大饗のメニューから雉が消えたわけではない。この仁平二年の大饗にも、「雉」の「焼物」が出されたことは、頼長自身が記しているから、人目につかない場所で解体・調理され、配膳されたということになる。

貴族もかつては、みずからが狩った獲物を食べた。調理の場に居合わせることもあったはずである。やがて、みずから鷹狩をおこなうことはあっても、獲物をその場で食べるようなことはせず、食べるための鳥獣は「鷹飼」や「随身」に狩らせ、調理させることが普通になる。貴族のなかにはみずから狩猟をおこなうことを好まない者が増え、ついに離れたところで解体・調理させ、肉を食べるだけという段階をむかえたのである。解体・調理を担ったのは、侍にほかならない。

前章でもふれたとおり、王朝では十世紀から中世に連続する「家」が形成されはじめた。藤原氏北家のなかに摂政・関白を世襲する摂関家が形成され、中級・下級の官人貴族は上級貴族に奉仕する「侍」の家を形成する。近衛府などの下級官人も、官職と芸能の世襲化が進み、馬芸は下毛野《しもつけぬ》・播磨・尾張、舞楽は多《おお》・狛《こま》など特定の家が世襲的に勤めるようになり、鷹飼も下毛野・秦《はた》などが勤めるようになった。そして、将門の乱を鎮圧した平貞盛・藤原秀郷、純友の乱を鎮圧した源経基らの子孫が、合戦を職能とする「兵の家《つわもの》」を形成した。武士の出現である。

図2–5　『粉河寺縁起』(13世紀、粉河寺蔵) に描かれた猟師の肉食

肉食を描く絵巻

中世の肉食を描いた絵画として知られているのが、『粉河寺縁起《こかわでらえんぎ》』である。後世の火災によって当初の巻頭部分を失っており、現存する一巻も巻頭ほど上端・下端の焼損がはげしい。焼け残った部分は、猟師が樹上から猪とおぼしき四つ足の獣を弓矢で狙う場面から始まり、続いてその猟師の家が描かれている(12)(図2–5)。

庭には、端を石で押さえた莚《むしろ》の上に赤い塊が並べられ、その一角に矢が立てられている。これは、狩りで仕留めた獣の肉を干しているのであろう。立てられた矢は、これが神への捧げ物になることを示している(13)。その横には薪とおぼしき棒が四本、そして串刺しになった肉塊、さらに円形の縁をもった器のような

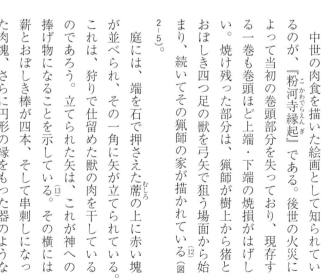

図2–6　『粉河寺縁起』(13世紀、粉河寺蔵) 部分拡大

ものが描かれているものの、焼損によりその全容はわからない。しかし、これは火にかけられた鍋で、その火で串刺しにした肉を炙《あぶ》っているのだろう。焼損部の奥には、木枠に張られ、天日に干されている皮。さらに、猟に協力したであろう犬が筋肉《すじにく》か骨をかじっている。

屋内では、大きな俎板《まないた》の上で肉が小片に切り分けられている。生肉を刺身にしているのかもしれないが、庭の描写をふまえれば干し肉なのだろう。猟師は右手に大きな黒い椀をもち、その汁をすすっている。椀の中には赤黒い肉片が描かれており、庭の器が鍋だとすれば、肉を煮た汁物だろう。隣では、猟師の息子が、串焼きにした肉の塊を美味しそうにかじっている。向かいには猟師の妻が幼子に乳を吸わせているが、その前に折敷《おしき》が据えられ、やはり肉片の入った大きな椀と、切り分けられた肉が数片のっている[14](図2–6)。

『粉河寺縁起』は、和歌山県那賀《なが》郡の粉河寺の本尊(千手観音像)が造立されるまでの縁起と、その奇跡・霊験譚《れいげんたん》を描いた絵巻で、平安時代末期、十二世紀後半に描かれたと推定されている[15]。この絵巻のもとになった説話は、天喜《てんぎ》二年(一〇五四)の『粉河寺大率都婆《おおそとば》建立《こんりゅう》縁起』の前半に収載されており[16]、それを参照すれば、宝亀《ほうき》年中(七七〇～八一)、紀伊国那賀郡に住む大伴《おおとも》孔子古《くじこ》が、山中に光明の輝く所があるのを見て、庵を建て観音像を造りたいと思っていると、童子姿の行者が訪れて、七日間庵に閉じこもり千手観音像を造ってそのまま姿を消した。孔子古は家に帰り、妻にこの奇瑞を語り、やがて村人らが花などを捧げるようになった、という同寺草創の話である。

猟師にされた孔子古

こうした粉河寺草創を語る縁起は、いつどのようにして成立したのだろうか。粉河寺文書の正暦《しょうりゃく》二年（九九二）の太政官符に、「時に大伴連公《むらじのきみ》孔子古、公家《こうけ》のおんため、去る宝亀年中を以て、造り奉《たてまつ》る所也」とある。きわめて簡略な記述で、宝亀年中に大伴孔子古が草創したと語られていたことはわかるものの、絵巻に描かれている狩猟や肉食との関係は全くわからない。

『日本三代実録』貞観十四年（八七二）八月十三日条に「紀伊国那賀郡人左少史正六位上伴連《とものむらじ》貞宗《さだむね》、父正六位上伴連益継《ますつぐ》」とみえる益継・貞宗父子が、『粉河寺縁起』に記される粉河寺別当系譜と一致することや、古代の大豪族大伴氏の一支族と思われる豪族が紀伊国の名草・那賀両郡に分布していることなどから、開創者と伝える大伴孔子古をその一族とみて、粉河寺はこの地の豪族大伴氏の氏寺として創建されたとする見解が有力である。(17)

ところが、この絵巻のもとになった十一世紀の『粉河寺大率都婆建立縁起』は、大伴孔子古について次のように記述している。

同（紀伊）国の同（那賀）郡に一《ひとり》の狩師あり。名づけて大伴孔子古と曰ふ。畋猟《でんりょう》を業とし、山林を栖《すみか》とす。然る間、一幽谷を点じ一踞木を定め、夜々猪を窺《うかが》ふ間、左の眼の眦《まなじり》の近くに当り、光明の赫奕《かくえき》たる処あり。

孔子古は猟師であって、「畋猟」すなわち狩猟を生業とし、山林を住処にしているという。そしてこの草創説話を、「永く殺生を断ち、偏へに仏法に帰せり」と結ぶ。古代の豪族が造立した話ではなく、殺生を業としていた猟師が、仏法に帰依して殺生をやめた話になっているのである。

さらに、『粉河寺大率都婆建立縁起』は、猟師孔子古に「兼ねて亦《また》、我が息男船主《ふなぬし》、奥州の軍曹に任じて下向し、安穏に帰郷せんために、仏像を造らんと欲するなり」とも語らせている。「軍曹」は、古代の陸奥国におかれた鎮守府《ちんじゅふ》の職員であった。(18) 孔子古の家は、狩猟を生業とし、戦乱があいついだ奥州の鎮守府に赴任する武官を出す、「兵の家」でもあったことになる。

武者の職能

武士のルーツを考える上で注目されてきた史料のひとつ『新猿楽記《しんさるがくき》』は、その作者と考えられる藤原明衡《あきひら》が治暦《じりゃく》二年（一〇六六）に没していることから、十一世紀中頃の作品と推定されている。猿楽を見物する一家の男女三〇人を紹介するかたちで、様々な職能や生活に関する言葉を列挙しており、「往来物の祖」とも称される。そのなかに「武者」も登場する。

図2–7 『粉河寺縁起』(13世紀、粉河寺蔵)に描かれた待射

中の君の夫は天下第一の武者なり。合戦・夜討・馳射《おものい》・待射《まちゆみ》・照射《ともし》・歩射《かちゆみ》・騎《うま》射《ゆみ》・笠懸・流鏑馬《やぶさめ》・八的《やつまと》・三々九《さんざく》・手挟《たばさみ》等の上手なり。

「武者」の職能を列挙している。「合戦・夜討」は対人の実戦で、「武者」とはまず合戦に従事する職人、戦闘のプロであった。つづく「馳射・待射・照射」は、狩猟の技術である。十世紀前半にまとめられた辞書『和名類聚《わみょうるいじゅう》抄《しょう》』によれば、「馳射」の和訓は「オウモノイル」すなわち「追物射」で、獲物を騎馬で追いかけて弓矢で射る技のことにほかならない。「待射」は「マチユミ」である。『今昔物語集』に「待《マチ》」とみえる狩猟方法で、「高き木の跨《また》に横様に木を結て、それに居て、鹿の来てその下に有るを、待て射る」というものであった（巻二七第二二話）。『粉河寺縁起』の冒頭部分に描かれていた、樹上に組まれた足場の上で獲物を狙う狩猟が、まさにこれである（図2－7）。「照射」の和訓は「トモシ」で、『今昔物語集』には「灯」とみえる（巻二七第三四話）。『宇治拾遺物語』にも「照射」とみえ、それらの説話によれば、夜、馬に乗って火串《ほぐし》に灯を点じて待ち、そこに近寄る鹿の眼がその光を反射させたところで、それを標的にして射たものであった（第七話）。

「歩射・騎射」は、儀礼的射芸というべきもので、和訓は「歩射」が「カチユミ」、「騎射」が「ウマユミ」である。朝廷の弓矢行事のうち、正月の射礼は徒歩で射る「歩射」で、端午《たんご》の節句におこなわれるのが騎馬で射る「騎射」であった。「笠懸・流鏑馬・八的・三々九・手挟」は、曲芸的射芸といえよう。「笠懸」は笠を的にして遠距離から射た。「流鏑馬」は三所に立てられた板的を走る馬に乗って射るもので、「八的」は馬を走らせて八つの的を射るものだったらしい。「三々九」は的の寸法を称したものと考えられ、「手挟」も串に的を挟んで立てる挟物の一種と考えられる。(19)

列挙された職能は、実戦・狩猟・儀礼的射芸・曲芸的射芸というように配列されていたのである。『新猿楽記』は多数の事物を分類・列挙しようとしたのであろうから、実在するひとりの武者が、実戦・狩猟・儀礼的射芸・曲芸的射芸のすべてを必ずおこなえたというわけではなかっただろうし、これらのうちいずれかが得意で、別のいずれかが不得意ということもあったであろう。しかし、十一世紀中頃、これらが武者の職能だと認識されていたのであり、合戦についで狩猟があげられていることに注意したい。同じく十一世紀中頃に成立した『粉河寺大率都婆建立縁起』が語る大伴孔子古の家は、まさにこうした武者を出す家として語られている。

描かれた肉食

和泉山脈の南側丘陵、風猛《かざらき》山の南麓に位置する粉河寺は、もともと和泉《いずみ》葛城山《かつらぎさん》につらなる聖地の一つだったところに、この地方の古代豪族大伴氏が氏寺として創建したものであろう。平安時代後期、観音信仰の霊場として注目されるようになり、十一世紀に貴族社会でも粉河参詣が始まる。藤原教通《のりみち》や同頼通が長谷寺や高野山と合わせて参詣し、平安時代末期には霊場としての名を高め、園城寺・聖護院《しょうごいん》が葛城修験《しゅげん》を組織化するなかで聖護院の末となり、西国三十三所観音霊場の第三番札所とされた(20)。

『粉河寺大卒都婆建立縁起』によれば、行基《ぎょうき》の化身とも伝えられる仁範《じんぱん》が、寛徳《かんとく》元年（一〇四四）粉河寺へ入り、天喜《てんぎ》二年（一〇五四）まで同寺を興隆している。本堂を大規模に増改築し、光明地（現在本堂）・踞木地《きょぼくち》（大榎）・童男《どうなん》行者出現地（童男堂）などの霊地を定めた上、童男出現地に大卒都婆を建立したという。

『粉河寺縁起』には、多くの三井寺（園城寺）系の僧侶のことがみえ、康平《こうへい》年中（一〇五八～六五）に入寺し、最初の粉河寺貫主となったと伝えられているのも三井寺の行観《ぎょうかん》であった。この頃すでに、粉河寺は三井寺の支配下に入っていたのだろう。『寺門高僧記』巻四所収の行尊《ぎょうそん》伝『観音霊所三十三所巡礼記』に「三番、粉河寺、生身千手、紀伊那賀郡、願主大伴孔子古、三井寺末」とあり、行尊の在世年代から考えて、十一世紀の末には三井寺の末寺になっていたと考えられる。絵巻のもとになった縁起は、彼ら三井寺の僧たちがまとめあげたものに違いない。

注意したいのは、十一世紀の『粉河寺大率都婆建立縁起』は、「畋猟を業とし、山林を栖と」し、「夜々猪を窺《うかが》ふ」とは語っているが、肉食に関する記述は全く無いということである。ところが、絵巻には先に見たように、肉食の様子が克明に詳細に描かれている。説話に忠実に絵を描くとすれば、冒頭の狩猟の場面だけで、観音霊場の草創を説明するに十分であり、ことさら肉食について描く必要は無い。

『粉河寺縁起』は、観音霊場として知られていた粉河寺の縁起を、都で絵巻物に仕立てたものであろう。発注者が肉食の場面も描くように要望したのか、それとも絵師が肉食の場面を描くことにしたのかはわからない（おそらく後者であろう）。狩猟を生業とし、武者の供給源ともなるような「兵の家」の家族は、鹿や猪の肉を切り刻み、美味そうに食べる人々として描かれたのである。

『今昔物語集』が描く饗膳

かつて、武士の殺生と平民百姓の関係を問うた戸田芳實は、『今昔物語集』などにみられる猿神退治説話から、狩猟を本業とする武者のイメージを抽出し、さらに三河守大江定基出家譚《みかわのかみおおえのさだもとしゅっけたん》に出てくる「風祭《かざまつり》」の生贄について、諏訪《すわ》大社の御射山祭《みさやままつり》（後述）を参照して分析。それらを催した「国ノ者共」はしかるべき武者を構成員とする国内名士らに外ならず、彼らは御狩神事《みかりしんじ》を勤仕し、その獲物を

「生《い》けながら下《おろ》す」役だったとみた。(21)

十二世紀初めにまとめられた『今昔物語集』には、当時の在地社会でおこなわれていた神事のための狩猟や動物供犠の様子を伝える説話が含まれており、それらに従事した武士たちの姿を描き出している。戸田も注目した巻二六の第八話「飛驒国《ひだのくに》の猿神、生贄を止めし語」は、最もよく知られた生贄譚だが、そこでは「郷人」が生贄について「瘦《やせ》て弊《わろ》き生贄を出しつれば、神の荒て、作物も吉《よ》からず、人も病み、郷も静ならずとて、此《かく》何度と無く物も食せて食ひ太らせむと為也」と語っているのが注目されよう。生贄は豊作・無病・安穏を約束するものと認識されていたことがよくわかる。

供犠の現場を描いている部分が興味深い。「山の中」の「大きなる宝倉《ほくら》」は「瑞籬《みづがき》事々しく、広く垣籠《かきこめ》」られている。「其の前に饗膳多く居《す》へて」人々が並んで座っている。「人共、皆物食ひ酒呑みなどして、舞楽《まひあそ》び畢《はて》て後」、生贄を「俎《まないた》の上に臥《ふせ》て、俎の四の角に榊を立て、注連・木綿《ゆふ》を懸け」る。在地の神事饗膳の様子を彷彿させる描写といえよう。

また、同巻第七話の「美作国《みまさかのくに》の神、猟師の謀《はかりごと》に依り生贄を止めし語」によれば、美作国の中山神社にも「年毎《としごと》に一度、其れを祭けるに、生贄をぞ備へ」ていた。その社の瑞垣のなかにはやはり俎が置かれていて「俎に大なる刀置《おき》たり。酢塩《すしほ》・酒塩《さかしほ》など皆居《す》へたり。人の鹿《しし》などを下《おろ》して食《くは》むずる様也」という。これはまさに、鹿を生贄とする饗膳をイメージした表現といえよう。(22)

狩猟神事と饗膳の実際

石井進も、中世成立期に国司が「国ノ兵共」とも称された地方武士を組織する手段のひとつに、一宮《いちのみや》などの頭役や神事・儀式奉仕の体系への組み入れがあったことを指摘した。出雲大社や信濃国の諏訪社を例に、諸国の一宮などを中心として、各国ごとに国内地頭御家人による軍事的儀式勤仕の組織が成立していた可能性が高いとみていた。(23)

武士がどのような狩猟と供犠《くぎ》に奉仕していたか、戸田や石井も注目していた諏訪社の御狩神事と饗膳《きょうぜん》について確認しておこう。主要な史料は、延文《えんぶん》元年（一三五六）に成立した『諏方大明神画詞《すわだいみょうじんえことば》』である。諏方氏庶流小坂家の出身で室町幕府の奉行人となっていた円忠《えんちゅう》が、失われた『諏方社祭絵』の再興を企図して制作した。絵巻物であったが、原本は行方不明で、詞書の部分のみの写本が伝わっている。(24)

①五月会《さつきえ》御狩（御狩押立神事）

五月会は、「左頭《さとう》」「右頭《うとう》」「流鏑馬頭《やぶさめとう》」からなる五月会頭役《とうやく》が奉仕する。頭役とは、祭礼で神事芸能の費用を負担する役割のことで、それを勤める人を頭人《とうにん》と称した。五月会に先立って、御狩押立神事がおこなわれる。出発は五月二日。諏訪社神職最高位で現人神《あらひとがみ》とされた大祝《おおほうり》を中心とする一行は「酒室《さかむろ》ノ社」に至り、その社前にて「三頭対面ノ礼」をおこなう。その後、「長峰山」を登り、「大柏木」にて「狩集会《カリツドヘ》」となり、八ケ岳《やつがたけ》山中の「台弖良山《だいてらやま》」にて鹿を狩る。四日にいたるまで三日間の狩猟がおこなわれる。

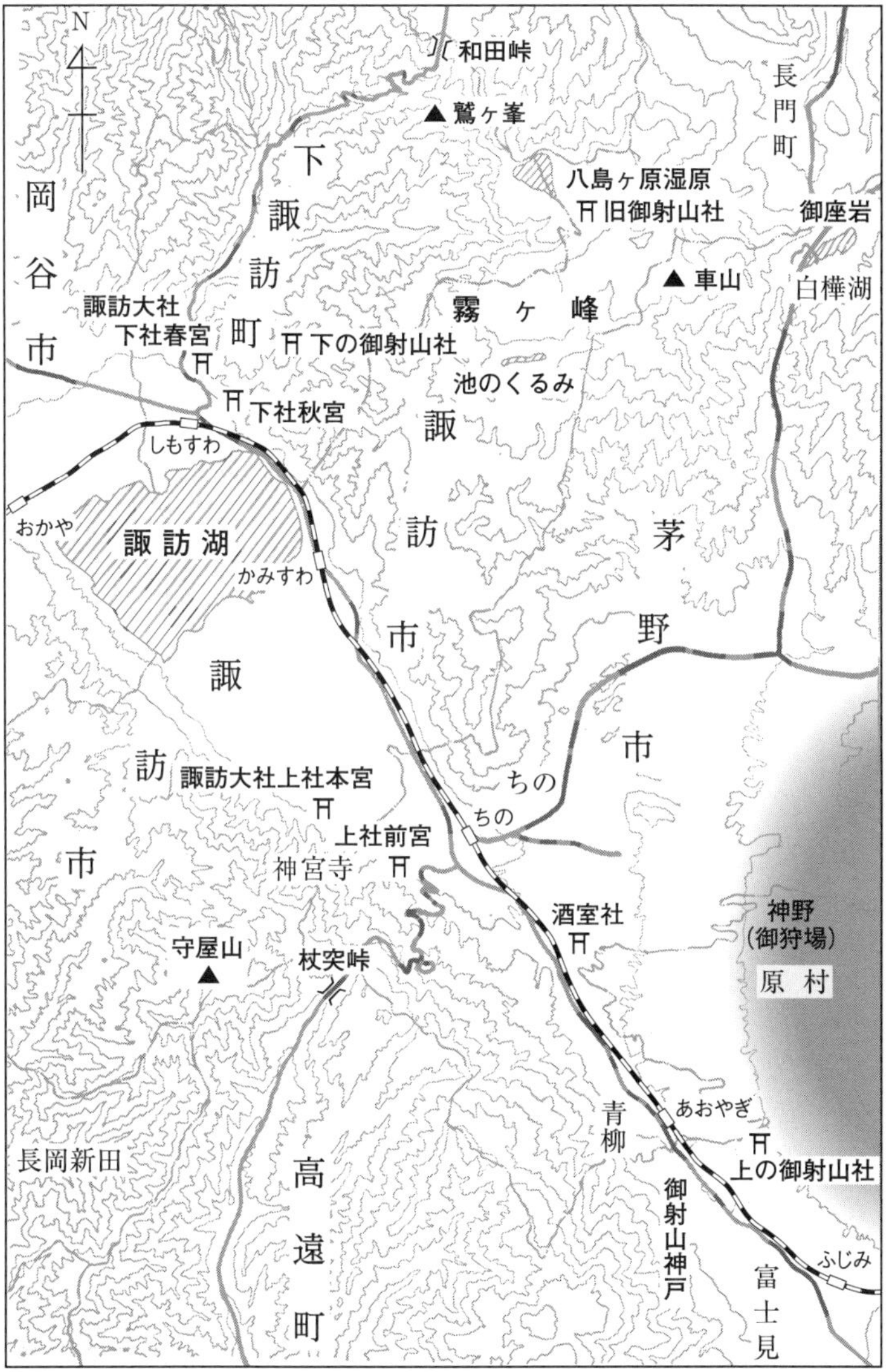

図2–8　諏訪社とその狩場（金井典美『諏訪信仰史』掲載の図に加筆）

五日には本社にもどり五月会頭《さつきえとう》となる。朝の饗膳・引物は「左頭ノ経営」、夕方には「馬場ノ廊」へ渡り「右頭人ノ経営」で饗膳・引物があり、六日には同じく馬場廊で「流鏑馬頭」の引物・饗膳があり、流鏑馬がおこなわれる。また相撲もおこなわれた。御狩押立神事は、宮廷や各地の神社でもおこなわれていた五月会の神事のひとつであった。狩猟の獲物は五月会の饗膳に用いられたことであろう。

②御作田《みさくだ》御狩（御作田狩押立神事）

六月二十六日（小の月）あるいは二十七日（大の月）から三日間、八ケ岳山麓「秋尾沢」に「狩集《かりつどい》」し、「山上ノ狩倉」において狩をおこなう。その内容は五月会に同じという。晦日《みそか》には下山し、「藤島社」御作田の田植祭に臨む。大祝・神官、雅楽などが出て、巫女《みこ》を早乙女として田植がおこなわれた。このとき植えられた苗はわずか三十日で「熟稲《じゅくとう》」となるといわれ、それが八月一日の神事に供えられる。御作田御狩は、この田植祭の神供にするための贄の狩猟であった。

③御射山《みさやま》御狩（穂屋祭）

御射山御狩は秋の大祭で七月晦日前の四日間おこなわれる。まず二十六日（小の月は二十五日）の「登《のぼり》マシ」からはじまり、大祝・神官・頭人・氏子等一行は神殿《こうどの》を出発、前宮社・溝上社にて「進発ノ儀式」となる。「酒室ノ社」にて神事饗膳があり、その後「長峰」へ登り、狩猟を行いながら「物見ケ岡」を経て御射山に到着する。御射山社境内の庵《いお》（穂屋・仮屋）・廐などの建物は、諏訪十郷・伊那・高遠の諸郷の奉仕によって建てられた。二十七日は「一ノ御手倉《みてぐら》」で、大祝以下神官が「山宮」に詣でる。「四御庵ノ前」では大祝が「御手払（拍手）」をし、一同もこれにしたがって拍手をする。「恒例ノ饗膳」の後「揚馬打立《あげうま》」、「御狩発向」となる。二十八日も神事は前日と同じで、「御狩帰」のあと、「左ノ頭人」が饗膳を設ける。二十九日も神事は前日と同じで、「御狩帰」の饗膳は「右頭人経営」。「盃酌《はいしゃく》」の後には「矢抜《やぬき》」という御狩の表彰があり、左右頭人が対決する「相撲廿番」がある。三十日の「下御」には「四御庵」での神事・饗膳のあと、「御符」を両頭の代官に下し、明年の頭役を差定する。そして、槙木《まきのき》に上矢を射立て「タムケ」とし、「草鹿《くさじし》」を射て、下山する。

八月一日は「御射山カエリ」。「憑神事《たのみ》」ともいわれる。本社で饗膳があり、御作田に植えられた稲が「熟稲」となって奉献される。この米を神長《じんのちょう》が大祝の前で神使の童たちの口に含ませ、「カイ（杓文字《しゃもじ》）」をもって頰をたたき、「仰詞《おおせことば》」が発せられる。そのあと、神使たちは鋤・鍬の作り物を与えられ、「東作ノ業ヲ表ス《とうさく》」。「東作ノ業」とはいうまでもなく田づくり、耕作の作業である。御射山の狩猟は、御作田の熟稲を奉献し「東作ノ業ヲ表ス」憑神事に続いていたのである。

④秋庵御狩《あきいお》（秋尾祭）

九月下旬の巳・亥日から三日間、八ケ岳山麓の秋庵でおこなわれた祭りで、大祝以下神官は山中に逗留《とうりゅう》し、御射山と同様の儀式をおこなう。饗膳には餅・酒・馬草《まぐさ》・粟・稲などが積み置かれ、収穫祭であったとみられる。三日目に「大葦沢《おおあしざわ》」において鹿の巻狩をおこなう。(25)

百姓たちが伝えた動物供犠―神使御頭―

五月会と御射山はとりわけ重要な神事で、それぞれ盛大な狩猟がおこなわれた。それを奉祀《ほうし》した頭人は、信濃国内に所領をもつ武士たちで、まさに一国を挙げて実施されていたと言えよう。その獲物は供犠・饗膳に用いられ、人々は神と同じ肉に舌鼓《したつづみ》を打ったのである。

しかし、十五世紀以降、諏訪社の神事、特に五月会・御射山は衰退しはじめる。諏訪社の上社と下社とが争い、さらに上社内部での争いも続いたことで、神事・祭礼もおこなえなくなり、やがて諏訪は武田信玄に領有された。さらに、織田信長が武田勝頼を滅ぼすと、諏訪社もほとんどの社領を失い、信濃一国をあげて神事に奉仕する体制も崩壊した。関ヶ原合戦後、諏訪頼水《よりみず》は諏訪への復帰がかない、慶長《けいちょう》十九年（一六一四）、諏訪郡の郷村が頭役を奉仕する新しい祭祀組織を定めたが、それは上社の酉《とり》の祭（神使御頭役《おんとうやく》、御頭祭）と下社の御作田祭に奉仕するものであった。(26) 五月会・御射山の頭役は復活せず、年四回の御狩も見られなくなる。

三月の御頭祭（酉の祭）は、大祝から神格を授与された神使《おこう》が各地の湛《たたえ》（＝神降しの場）を巡回する行事で、廻湛《めぐりたたえ》に先だって前宮の十間廊《じっけんろう》（神原廊）において神事がおこなわれ、そこで動物供犠がある。近世の地誌『信府統記《しんぷとうき》』は、この饗膳の「供物の中に鹿頭七十五並供ふ」とあり、江戸時代後期に諸国を遊歴し、この御頭祭も観察した文人菅江真澄《すがえますみ》がのこしたスケッチにも、猪鹿の頭や串刺しにされた兎が描かれている（図2-9）。現在でも雉や鹿頭の剝製《はくせい》が供えられており、今も続けられている動物供犠としてよく知られている。原田信男も、これは狩猟民的世界の伝統を維持した「縄文的祭祀」だという。[27] しかし、中世に盛大だった五月会頭や御射山頭のような、神事としての狩猟が無いこと、さらに、湛を巡行して、その年の豊作を祈る農耕予祝儀礼に連続していたことに注意しなければならない。

中世よりも一段と動物の殺生を忌避する傾向が強まったはずの近世にあってなお「鹿頭七十五」もの供犠がおこなわれていたわけだが、頭役による大規模な狩猟はおこなわれていない。では、盛大な供犠は、どのように調達されたのだろうか。それは、諏訪郡や天竜川流域の猟師たちが寄進したらしい。近世、猟師の多くは百姓だったことがわかっている。[28]

図2–9　菅江真澄が描いた御頭祭の供犠　大館市立栗盛記念図書館蔵

中世の百姓による供犠や饗膳の様子は、史料が乏しくよくわからないのだが、五月会・御射山の頭役を勤めた武士たちが神と共に肉を食したように、百姓たちもみずから捕獲した鳥獣の肉を神と共に味わった。現在見ることができる御頭祭の供犠は、武士ではなく、農耕を営む百姓たちが伝えたものだと言って良いだろう。

4　精進の拡大

据え交ぜ

天皇の食膳は、朝廷の儀式でもあったから、例えば、ある天皇が魚を食べたくなかったからといって、全ての食膳から魚を消し去ることはできなかった。天皇の食膳にも仏事を配慮した精進のメニューは設定されていたが、全てを精進とするわけにはいかず、精進と魚味とが併用された。それが、「据交」である。鎌倉時代中期、正玄《しょうげん》がまとめた『世俗立要集《せぞくりつようしゅう》』の「帝王昼御膳のやう」に、「又御神事・仏事あひならぶ時は、精進・魚味すへぐす。すへまぜと号す」とみえることから、「据交（居交）」は「すえまぜ」と読み、精進と魚味すなわち魚鳥とをまぜて配膳することだとわかる。

『厨事類記』の「御膳部」にも、「六斎・御斎会・最勝講・仏名等の日、高盛・精進、各四種、内膳司進るところ。近年和布《わかめ》を添え、これを居え交ぜす」とある。六斎日《ろくさいにち》は、特に身を慎み持戒《じかい》清浄であるべき日と定められた六カ日のことで、月の八日・十四日・十五日・二十三日・二十九日・三十日をいう。在家であってもこの日に八斎戒《はっさいかい》をまもるべきだと考えられていた。八斎戒は諸説あるが、不殺生、不偸盗《ふちゅうとう》、不婬、不妄語、不飲酒《ふおんじゅ》、化粧や歌舞に接しない、高くゆったりした床で寝ない、昼すぎに食事しないなどの八戒で、殺生すなわち肉食が第一であった。

御斎会《ごさいえ》は、正月八日から七日間、宮中に衆僧を召して斎食《とき》を設け、国家安寧・五穀豊饒の祈願をした法会で、金光明最勝王経を講じた。最勝講《さいしょうこう》も宮中で天下泰平・国家安穏を祈願するもので、毎年陰暦五月の吉日を選んで五日間、東大寺・興福寺・延暦寺・園城寺の四つの大寺の僧を選び、金光明最勝王経一〇巻を、朝夕二回一巻ずつ講じさせた。「仏名」すなわち仏名会《ぶつみょうえ》は、毎年十二月中に一定の日を期して、宮中で仏名経を誦し、諸仏の名号を唱えて罪障《ざいしょう》を懺悔《ざんげ》する法会で、「御仏名」とも称された。

最勝講が恒例化したのは十世紀末以降であったとみられる。(29) 貢進される供御を食べることで統治を体現しようとした天皇も、仏事の増加に対応して精進もしなければならなかった。「据え交ぜ」は、精進が拡大していることを如実に示していると言えよう。しかし、「魚味」と「精進」の区別があったことに注意が必要だろう。精進が増加しても、魚鳥を口にすることが無くなったわけではなかったのである。

精進の実態

臣下の精進の実態は多様であったが、やはり十世紀以降、拡大傾向にあった。

藤原道長も「魚鳥」を断っていた。篤《あつ》く仏法を敬っていた彼は、諸寺・諸堂の造立に励むだけでなく、寛弘《かんこう》四年（一〇〇七）、吉野の金峯山《きんぷせん》に詣で、みずから書写した経典を埋納するなど、寺社参詣も熱心におこなった。それらに際しては、精進し、肉食を慎んでいる。

寛仁《かんにん》三年（一〇一九）には、院源を戒師として出家し、法号を行観《ぎょうかん》（のち行覚《ぎょうかく》）と称し、無量寿院《むりょうじゅいん》の造営を開始した。これがのちに法成寺《ほうじょうじ》の一大伽藍となる。[30] この頃になると、道長は日常的に魚鳥をほとんど口にしていなかったらしい。彼の日記『御堂関白記《みどうかんぱくき》』寛仁三年二月六日条によれば、目の病に悩む道長は、陰陽師《おんようじ》・医師から「魚肉」を食べるよう処方されているが、その際、「月来の間これを用いず」つまり、ここ数カ月、魚肉を食べていなかったと記している。そして、「五十日の暇を三宝に申し、今日よりこれを食す」とあって、五十日間だけ「魚肉」を食することにしているから、服用期間が終わったら、また「魚肉」を断つつもりなのであろう。道長が魚鳥を口にしなくなっていたことは、彼の周囲にも知られていたことで、藤原実資《さねすけ》はその日記『小右記《しょうゆうき》』の同二月九日条に、「大殿」すなわち道長は、この「両三年、魚鳥を断」っていたと記している。

道長と同じ時代を生きた大納言斎信《なりのぶ》の例もあげておこう。『小右記』万寿二年（一〇二五）八月二十八日条によれば、前夜、新中納言藤原長家《ながいえ》の妻（大納言斎信の娘）が早産で、産まれた子は亡くなり、母親も「不覚」すなわち意識不明となった。産婦の父である斎信は、「一生間不食魚鳥」すなわち一生の間、魚鳥を食べないと誓い、産婦の母はすぐに尼となった。産婦は「蘇生」したものの、危《き》篤《とく》状態が続き、「医療」の術なく、「仏神」に祈るしかなかったという。

その後、斎信が「一生の間」魚鳥を食べなかったかどうかは確認できないものの、実娘の危篤に際して、一生魚鳥を食さないと誓うことで、神仏に願い（娘の回復）をかなえてもらおうとした。こうした精進は、ある種の呪術だった古代の肉食禁断、すなわち大願や除厄《じょやく》のために肉食を慎む禁欲と同様の心性によるものといってよいだろう。ただ、その期間を「一生の間」としているのは、肉食忌避が日常化しつつあったことを象徴している。

拡大する精進

貴族たちの日記には、精進に関する記事が頻出するようになる。

例えば、藤原宗忠《むねただ》の日記『中右記《ちゅうゆうき》』寛治《かんじ》六年（一〇九二）三月三日条に、「御燈《みとう》あり、例の如し、（中略）御祓《おはらい》以後魚味を供す、その前三个日は御精進」とあって、御燈の御祓がおわるまで、三日間は精進であったことがわかる。御燈は、毎年三月三日と九月三日に、高い峰に火をともして北辰（北極星）を祀ったことを起源とする年中行事だが、『北辰菩薩陀羅尼経《ほくしんぼさつだらにきょう》』を読んで国土安泰を祈ったので、これに際しても精進が必要とされた。藤原忠実《ただざね》は、日記『殿暦《でんりゃく》』天永二年（一一一一）九月一日条に、「一・二日は御精進、三日は御祓の後、魚を服せしめ給う」と記し、鳥羽天皇も御燈の前に精進をしていたことを記録している。

神事・奉幣《ほうへい》に際して必要とされた精進についても、例えば、『中右記』承徳《じょうとく》元年（一〇九七）十二月十六日条に、「宇佐使参宮の日也、然《しか》ると雖《いへど》も昨日に及び御精進有り」とみえ、宇佐八幡宮に奉幣のために勅使を派遣する際に、精進が必要とされたことがわかる。また、『殿暦』天仁《てんにん》二年（一一〇九）三月十四日条によれば、この日は、石清水臨時祭《いわしみず》であるが、忠実は「障《さはり》により参仕せず、今日神事と雖も予は魚を服す、主上今日は御精進」と、物忌《ぶっき》で出仕できない自分は魚味を口にしたが、天皇は「御精進」だったという。

同じく『殿暦』永久元年（一一一三）八月十四日条をみると、忠実は白河法皇と北野社行幸の精進について、後三条天皇の日記を参照しながら相談している。後三条の記録には「平野・北野行幸、同日に有り、主上は魚を服し給ひ、北野に於いて御精進」とみえるという。「今度は北野一所なり。御精進にて御すべきか。また忠実は精進にて候ずべきか」と述べる忠実に、法皇は天皇も忠実も精進であるべきだと指示したという。

貴族の日記は、先例故実の典拠とされるものであったから、このように、どのような行事に際してどのような精進をおこなったかについても記された。様々な神事・仏事に際して、先人の記録も参照して、精進の必要性や程度が検討されていることからもわかるように、そもそも、どのように精進するかが、あらかじめ決まっているわけではなかった。何日間肉食を断つかについても、再検討されることが少なくなかったのである。そして、今みた事例からもあきらかなように、精進は拡大する傾向にあった。

鎌倉武士の精進

鎌倉幕府も、将軍家の二所《にしょ》（伊豆・箱根）参詣などに際して精進を必要とするなど、初期の源氏将軍の頃から、王朝の貴族社会に準じた精進をおこなっていた。しかし、摂家（藤原）将軍の頃までは、史料が乏しいこともあって、精進を求められた武士のひろがりやその程度など、具体的なことはよくわからない。貴族とは異なり、鎌倉武士の多くは狩猟にも従事し、魚鳥はもちろん、鹿をはじめとする獣の肉を食すことも厭《いと》わない者たちだった。ところが、建長四年（一二五二）に皇子（親王）を将軍としてから、幕府の記録『吾妻鏡』に、精進をめぐる問題が記録されるようになる。

親王将軍になると、様々な行事への将軍出御も壮麗・盛大になり、供奉人《ぐぶにん》・随兵《ずいひょう》の数も増加したらしい。毎年八月十五日に鶴岡八幡宮でおこなわれる放生会《ほうじょうえ》は、幕府きっての大祭であり、そこへの供奉は、鎌倉武士たちにとって名誉ある重い任務であった。ところが、弘長《こうちょう》元年（一二六一）から、ある問題が続出するようになる。まず、『吾妻鏡』同年八月二日条にあらわれた。

伊勢入道行願《ぎょうがん》、小侍所《こさむらいどころ》に触れ申して云く、愚息頼綱《よりつな》〈三郎佐衛門尉《さぶろうさえもんのじょう》〉当時在国の処、放生会の供奉人に加えられおわんぬ。先立ちて鹿食《かじき》の事有り、免許有るべきかと云々。

この日、有力御家人二階堂行綱《にかいどうゆきつな》が、息子頼綱は放生会の供奉人に加えられたが、鹿肉を食べてしまっていた。許されるだろうか、と申し出たのである。

さらに、放生会を翌々日にひかえた同月十三日になって、長井時秀・笠間時朝《かさまときとも》・宇都宮宗朝《むねとも》・大隅大炊助《おおいのすけ》・佐々木長綱らも「鹿食の事あるにより」、供奉の辞退を願い出てきた。幕府は「はなはだ自由なり。放生会以後、殊《こと》にその沙汰あるべき」と彼らの身勝手さに憤慨し、放生会後あらためて処分するとしている。翌十四日には、二階堂頼綱と佐々木長綱の「鹿食の咎」による「御免」すなわち供奉の免職が確定した（『吾妻鏡』同日条）。

これまでも幕府は、八月一日から放生会までの殺生禁断は命じていた（『吾妻鏡』建久《けんきゅう》五年〈一一九四〉八月一日条ほか）。しかし、今回のように供奉人の鹿食が厳禁され、その「咎」すなわち違犯者の「穢《え》」を問題にしたことはなかった。

弘長二年（一二六二）は『吾妻鏡』を欠いており不明だが、翌三年になると事態はさらに深刻化した。正月二十日、将軍の二所御参詣に供奉する武士たちが注進されている。ところが二十三日になって、その供奉人のなかに差し障りのあるものが多数含まれていることがわかったのである。とりわけ問題となったのは以下のものたちであった（『吾妻鏡』同二十三日条）。

相模左近大夫将監《さがみさこんのたいふしょうげん》（北条時村）　信濃判官（佐々木時清）
大隅修理亮《しゅりのすけ》（島津久時）　畠山上野《こうずけ》三郎（国氏）
隠岐四郎兵衛尉《ひょうえのじょう》（二階堂行廉）　小野寺四郎左衛門尉（通時）
足立太郎左衛門尉（直元）　大須賀新左衛門尉（朝氏）〈在国〉
以上八人は鹿食と云々。暇を申さざるの条、同じく尋ね問うべきの由云々。（中略）
鹿食の事に於いては、先ず尋ね問わるるの処、禁制の事承り及ばざるの由、各々陳謝すと云々。

彼らは、鹿肉を食べていたにもかかわらず、申請をせず、直前になってそのことが発覚したのである。結局、このときの二所参詣は延期となり、奉幣使《ほうべいし》を派遣することになった。そして、幕府は供奉するはずだったものたちに対し、供奉人は「精進」すべきであったのだ、と伝達したという（『吾妻鏡』同二十五日条）。

同様の問題は同年七月、将軍が新造の御所へ移る際にも発生した。供奉人のうち、遠江（近江？）五郎左衛門尉・二階堂行頼・同行宗・大須賀為信の計四名が「鹿食」をしていたのである（『吾妻鏡』弘長三年七月十三日条）。

家訓の説く精進

皇子を将軍としたことで、京都の文化であった獣肉穢《けが》れ観が鎌倉に持ち込まれたという指摘もあるが(31)、肉食忌避の増幅は、ちょうどこの頃、北条時頼の主導によって、幕府の宗教政策が転換したこととかかわっている。西大寺《さいだいじ》流律僧の叡尊《えいそん》とその弟子の忍性《にんしょう》は、殺生禁断を積極的におしすすめていた。忍性は、建長四年（一二五二）に関東に下り、まず常陸《ひたち》国に入り、真言律宗を関東にひろめる足場を築く。弘長元年（一二六一）には鎌倉へ入り、やがて極楽寺の常住《じょうじゅう》となる。この忍性の尽力もあって、北条時頼の招きに応じた叡尊は、弘長二年に鎌倉へ入った。時頼の強い信頼と帰依をうけた叡尊は、武家にも強い影響を与えた。幕府から様々な公的権限を与えられる(32)。

極楽寺は本来、北条重時の持仏堂であった。重時は義時の三男で、御成敗式目《ごせいばいしきもく》を制定した泰時の弟にあたり、一七年もの間、六波羅探題をつとめ、宝治《ほうじ》元年（一二四七）からは連署として、女婿時頼とともに幕政を指導した重鎮である。弘長元年（一二六一）に極楽寺で死去したが、重時の葬儀の導師をつとめたのは忍性であった。

重時は最晩年（一二五六～六一）、のちに『極楽寺殿御消息《ごくらくじどのごしょうそく》』と称されることになる家訓を書きのこした。そのなかに、殺生や肉食について記した部分があり、この頃の幕府首脳の殺生観や肉食観を知ることができるまたとない史料である。その第四五条をみてみよう。

一　罪をつくり給ふまじき事、たとへにも一寸の虫には五分のたましゐとて、あやしの虫けらも命をばおしむ事我にたがふべからず。たとひ貴命などにて、鵜・鷹のかり・すなどりをするとも、返々悪業をはなれ、仏のにくまれをかふむり候はぬやうに心得給ふべし。（下略）

「一寸の虫には五分の魂」、虫けらも自分と同じように命をおしむ。命令で、鵜飼・鷹狩・漁などをする場合も、仏に「憎まれ」ないように心がけるべきだと説く。注意したいのは、獣を獲物とする巻狩には言及していないことで、これはこの頃すでに重時のような幕府中枢の人々が、みずからは巻狩を実践していなかったことを示すものと言えよう。つづく第四六条もみてみよう。

一　人の胸のうちには、蓮華候て其上に仏をはします。朝には手・顔をあらい身・心をきよめ、かの仏を念じ申べし。精進の物を食わざるさきに魚・鳥を食うべからず。返々あさましき事なり。その上、魚・鳥は父母・親子の肉なりと申。あながちこれらをこのみ給ふべからず。ことに六斎日・十斎日には、もろもろの諸天あまくだり給いて、罪の善悪をしるさる丶日なれば、斎も精進潔斎して、神・仏にみやづかふべし。

魚や鳥の肉を好むべきではなく、特に六斎日・十斎日には精進潔斎すべきで、肉食をしてはならないと説かれている。鹿どころか魚や鳥を口にすることにさえ罪悪感をいだいていることに注意したい。

六波羅探題として一七年間も京都で生活していたことや、浄土宗西山《せいざん》派の信者にもなっていた篤信者であったことをふまえなければならないが、いずれにせよ十三世紀の中頃には、鎌倉幕府の中枢部に狩猟を重大な「悪業」と考え、肉食を忌避しようとする人物があらわれていた。中世における精進の拡大を如実に示している。

5　薬食いをめぐって

武士の薬食い

弘長三年（一二六三）八月の鶴岡八幡宮放生会で、またしても親王将軍に供奉する御家人の鹿食が問題となった。『吾妻鏡』同年八月四日条によれば、近江（遠江？）五郎左衛門尉・大須賀為信・二階堂行宗に「鹿食の憚り」があり、同八日条によれば、後藤基秀・長井時秀・足立元氏らが鹿食による辞退を申請してきたという。四日条に記されている彼らの陳謝を聞いてみよう。

放生会の供奉人中、鹿食の憚り有るの由申す輩の事、厳制に違犯するの条、然るべからずの旨、殊に仰せ下さるるの処、各々陳謝有り。所謂、

近江五郎左衛門尉

鹿食禁制の事、未だ承り及ばざるの上、所労を治めんが為、服せしむの由申す。

大須賀六郎左衛門尉（為信）

所労不快の間、鹿食然るべきの由、医師申すに依り、たちまち御制の事を忘れをはんぬの由申す。

信濃次郎左衛門尉（二階堂行宗）
去月上旬のころ、或る会合のみぎりに於いて、他の物に取り違え、誤りて鹿を食するの由申す。

近江五郎左衛門尉は、鹿食が禁じられていることを知らずに、病気を治すために服用したという。大須賀為信は、病気がおもわしくなく、医師が鹿食をすすめたので、禁止されていることを忘れて服用してしまったという。

二階堂行宗の、「ある会食で、ほかの料理と取り違えて鹿肉を食べてしまった」という言い訳をみると、五郎左衛門や為信の言い分もどこまで信じて良いのか、判断が難しい。そもそも、他に何らかの理由があって供奉を勤めたくないため、精進期間だけの問題である鹿食をしたと申し出たのかもしれない。

いずれにしても、五郎左衛門や為信の陳謝からあきらかなのは、鎌倉武士の間でも薬食いがおこなわれていたということである。これまでの研究では、肉食を忌避する社会の「建前」とは別に、薬食いという「抜け道」があり、広く肉食がおこなわれていた、と説かれることが少なくなかった[33]。二人も、「抜け道」をとったのだろうか。ここまでみてきたように、肉食忌避は身分・階層と結び付いた、社会の構造の一部だったのであり、「建前」の一言で理解するわけにはいかない。薬食いについてもその実態を探り、再考してみよう。

道長の薬食い

生類の肉が人倫にとって貴重な滋養になることは、古代の人々も知っていたのだろう。すでに見たように、律令を導入した際、そこに肉の薬効を認める条文が組みこまれていた。『僧尼令《そうにりょう》』第七に、「僧尼が、酒を飲み、肉を食い、五辛《ごしん》を服したならば、三十日間の苦使を科す。もし疾病のための薬として用いるならば、三綱《さんごう》（僧尼統制機関）はその日限を設けること」とある。

「肉」は獣肉に限らず、鳥や魚も含まれていたと考えられる。「五辛」は、にんにく・にら・ねぎ・らっきょう・のびるなどの香辛野菜である。酒・肉・五辛はいずれも修行、特に瞑想《めいそう》を妨げるものとして禁じられたのであろうが、三綱の管理のもとでそれらを薬として服用することは認められていた。

肉と五辛が滋養強壮に効果があることは、九世紀以降も認識されており、しばしば薬として服用されている。先ほどもみた、藤原道長の精進と薬食いについて、あらためて検討してみよう。彼の日記『御堂関白記』寛仁三年（一〇一九）二月六日条をあげる。

心神常の如し。而《しか》るに目なを見えず。二三尺相去《あいさる》人の顔見えず、只手に取る物許《ばか》りこれ見ゆ。何をか況んや庭前の事。陰陽師・医家申す、魚肉を食すべし。月来の間これを用いず。今、仏像・僧を見え奉らず、経巻近く目に当て読み奉る。若しこの暗成に従い、これを如何せん。仍て五十日の暇を三宝に申し、今日よりこれを食す。思歎千万念、是れ只仏法のためなり。身のためにあらず。慶命僧都を以てこれを申さしむ。今日より肉食の間、法華経一巻を書くべし。

彼はもともと頑健な体質ではなかったようで、生涯にわたって幾度も大病を患っている。この時、道長は五十四歳。すでに糖尿病を患っていたようで、白内障や神経痛に悩んでいた。特に視力の低下は深刻で、彼の信仰生活を妨げる一大事であった。意訳してみよう。

気分はいつもと変わらなかったが、目は見えないままだった。二・三尺離れた人の顔が見えず、ただ自分の手に持った物が見えるだけである。もちろん庭先の様子などわからない。陰陽師と医師が「魚肉を食べなさい」と言う。ここ数カ月間、それを食べていない。今や仏像も僧も見えず、経典も目に近付けて読んでいる。このまま失明してしまうわけにはいかない。そこで、三宝すなわち仏・法・僧に五十日の暇をいただき、今日から魚肉を食べることにした。あまりに悲しく、妄念・雑念がわいてくる。これはただ仏法のためにするのであって、我が身のためではない。慶命にこのことを申上させた。今日から肉食をするので、法華経一巻を書写する。

先に見たとおり、この頃道長はほとんど魚鳥の肉を口にしていなかったらしい。この時、藤原実資は日記に、「去六日、大殿魚味を服す、両三年魚鳥を断つ、目の病に依り服せらると云々」(『小右記』同九日条）と記しており、道長はすでに二〜三年も魚鳥を断っていると認識していた。道長自身は、ここ数カ月間魚肉を口にしていないと記しているが、いずれにしても、これから魚鳥を口にしなければならないことについて、嘆き悲しんでいる。

仏像も僧の姿も拝めず、このままでは経典も読めなくなってしまうことをおそれ、今日から肉食を始めるが、これは仏法のためにするのであって、自分の身体のためではない、とみずからに言い聞かせる。そう考えても、苦衷に耐えられないのだろう。肉食をするので、法華経を書写するという。ここまで道長を苦悩させている薬食いを、肉を食べたい者がとる「抜け道」と言えるだろうか。

五辛と魚

藤原忠実の日記『殿暦』にも、こうした薬として肉や五辛を服用していた実態を伝える記事がある。長治《ちょうじ》元年（一一〇四）六月十四日条には、「服薬の朝近々、仍て出行せず、（中略）魚を服さず、〈然ると雖も韮を服す、〉」とあって、この頃忠実が薬として五辛のひとつ「韮《ニラ》」を服用しており、そのため外出しなかったことがわかる。翌十五日条にも、「今日精進、しかると雖も韮を服す。魚は服さず。今日蒜の忌により、奉幣・十列を立てず」とある。「十列《とおつら》」とは、祭礼に際して奉賽《ほうさい》として一〇頭の馬によっておこなわれる一種の競馬のことで、五辛を服用している時には、そうした奉幣・奉賽をしてはならないと考えられていたらしい。

嘉承元年（一一〇六）八月四日条にも、「今日北野祭也、服薬に依り奉幣・十列を立てず」とあって、やはり服薬により奉幣・十列をしていない。さらに続けて「今日精進せず魚を食う、服薬せざる時奉幣す、祭了《おわり》て後魚を服す、服薬の時は精進せず」とあって、薬として「魚」を口にしていた。服薬していないときは奉幣し、祭事が終了してから魚を服用する。服薬の時は精進しないという。

同年七月十四日条には、「蒜を服すと雖も魚味を食さず、服薬の間、拝盆せず」とあって、蒜を服用しているため盆拝できなかったことがわかる。翌十五日条には、「服薬に依り御堂に参らず」とあって、法成寺盂蘭盆会《うらぼんえ》にも参列していない。

摂関家の鹿食

『殿暦』にみえる薬食いに関する記事のなかで最も興味深いのは、鹿肉の薬食いである。天永《てんえい》二年(一一一一)六月二十六日条に、次のような記事がある。

未剋《ひつじのとき》ばかり春日神主(大中臣)経房《つねふさ》を召し、鹿食の忌を問う。経房申していわく、四十日てえり。また申していわく、蒜の如き忌は五十日てえり。酉剋《とりのとき》ばかり中納言(忠通)鹿を服す〈先ず院に奏するの後、これを服す。春日神主を召し問う、中納言服薬に依るなり〉。

この日、忠実は午後二時頃、春日社の神職大中臣経房を呼び出し、鹿肉食の忌すなわち謹慎期間について諮問した。経房が言うには、四十日だという。酉の時すなわち午後六時頃、忠実の長男である中納言忠通が鹿肉を服用した。これに先だって忠通の鹿食は白河上皇に申請されていた。中納言、それも摂関家の長子ともなれば、鹿肉食も上皇に知らせておく必要があったのかもしれない。そもそも経房が呼び出されたのも、忠通の薬食について諮問するためだった。

永久元年（一一一三）八月二十七日条には、「今日参内せず、服薬に依るなり〈今日より蒜を服す〉。中納言密々服薬〈鹿〉」とみえる。この日、忠実は服薬のため参内しなかった。「今日より」とあるから、日数を限っての蒜の服用だったのだろう。さらに、長男忠通も密かに服薬したという。彼が服用したのは「鹿」だった。先ほどみた天永二年六月の鹿食は、上皇に申請してからだったが、今回は「密々」とある。たとえ薬食いとは言え、忠通の鹿肉食は憚られることだったのだろう。

薬食いをめぐる葛藤

薬として鹿が服用されることは、このあとも貴族社会で続けられた。十三世紀前半の事例として、貞永《じょうえい》元年（一二三二）、五位蔵人《ごいのくろうど》藤原経光《つねみつ》の鹿食がある。経光は、安貞二年（一二二八）蔵人となり、天福《てんぷく》元年（一二三三）には右少弁《うしょうべん》・右衛門権佐《うえもんごんのすけ》を兼ねる。文応《ぶんおう》元年（一二六〇）民部卿《みんぶのかみ》となったので、経光の日記は『民経記《みんけいき》』と称されている。その貞永元年閏九月五日条に、「今日より予、病を扶持せんがため、鹿食を始めるべき也」、翌六日条に「予、今日より鹿食を始める、日来の居所を改め、東蓬屋所に渡居する也」とあって、この日、「病」「扶持」のため、居所を改め、「鹿食」を始めたことがわかる。同月十九日条に、「予、鹿食今日に至り服せしめ了《おわんぬ》、二七个《（か）》日也」、翌二十日条に「今日より鹿食を止め了、去六日より二七个日《か》、昨日に至り食せしめ了」とみえ、この「鹿食」は十四日間に限って服用された薬食いだったことがわかる。

本章の最後に、十三世紀後半、禅僧の間で、薬食いであろうとも肉食を罪悪視する風潮が強まっていたことをみておこう。律令制下、僧尼であっても、酒・肉・五辛を疾病のための薬として用いることが三綱の管理のもとで認められていたことはすでに見た。ところが、『正法眼蔵随聞記《しょうぼうげんぞうずいもんき》』によれば、十三世紀後半、道元は弟子に次のような話を語っている。

仏照禅師（白雲慧暁《はくうんえぎょう》、一二二三〜九七）は、弟子の一人が病の時、肉食を許可した。夜、禅師が延寿堂（病僧を収容する堂）に行ってみると、室内で病僧が肉を食べていた。すると、鬼が病僧の頭の上でその肉を食べているのが見えた。その僧は、自分の口に入れていると思っているが、実は食べておらず、頭上の鬼が食べているのだとわかった。

僧侶も薬として肉を食べた。古代の『僧尼令』以来、それは法的にも認められていたはずだが、十三世紀、肉食は「鬼」の所業だと考えられるようになっていた。たとえ病の時であっても、僧侶が肉を口にしていることを認めたくない。そこから、肉を「鬼」の食物とするイメージが形成されたのであろう。

肉が貴重な栄養源であり、病気や身体の消耗の激しい時に摂取すると良いことは知られていた。

しかし、薬食いを「名目」とか「抜け道」と説明してしまっては、そこにあったはずの葛藤を見失う。魚鳥を断ってきた道長が、視力の低下に悩んで魚肉を口にした。それは「抜け道」だったのだろうか。春日社の神主に諮問して忌日を確認し、上皇に申請してから鹿肉を口にした摂関家の忠通は、その肉を美味だと感じただろうか。

註

（1）原田信男『歴史のなかの米と肉』（平凡社、一九九三年。同ライブラリー、二〇〇五年）、『神と肉—日本の動物供犠—』（平凡社新書、二〇一四年）。
（2）同右。
（3）佐藤全敏『平安時代の天皇と官僚制』（東京大学出版会、二〇〇八年）。
（4）網野善彦『日本中世の非農業民と天皇』（岩波書店、一九八四年。のち『網野善彦著作集』第七巻所収、二〇〇八年）。
（5）網野同右、中原俊章『中世公家と地下官人』（吉川弘文館、一九八七年）、同『中世王権と支配構造』（吉川弘文館、二〇〇五年）。
（6）拙稿「公家の「鷹の家」を探る—『基盛朝臣鷹狩記』は基盛の著作か—」（『日本歴史』七七三、二〇一二年）。
（7）脇田晴子「食器の語る公武の関係」（『天皇と中世文化』吉川弘文館、二〇〇三年）は、中世天皇の食膳にも銀器が多用されていたことを重視するが、隋唐様式の食事では使用されていなかった土器が多用されるようになったことの意味を問うべきであろう。

(8) 武家においても伊勢の神が肉食を嫌うという認識は強まったようで、例えば、伏見宮貞成親王の日記『看聞日記』応永三十二年(一四二五)九月二十日条によれば、この日、将軍足利義持の伊勢参宮が延期となった。送別の宴のために管領畠山満家邸に入り、一献傾けていたところ、厩の馬三頭が一度に斃れたので、賀茂在方《あきかた》に占わせたところ、「不浄」のためだという。畠山家中を調査したところ、役夫が田舎で鹿を食べたと白状した。その役夫と同じ火で調理した料理を参宮予定の室町殿も口にした(「合火」「同火」という「穢」伝染の一形態)ので伊勢の神は鹿食の穢を帯びた室町殿の参宮を延期させるために馬を死なせた、と解釈された。しかも、これから七十五日も参宮できないという。

(9) 大津透『道長と宮廷社会』(日本の歴史06、講談社、二〇〇一年。講談社学術文庫、二〇〇九年)。

(10) 弓野正武「「鷹飼渡」と下毛野氏—古代に於ける一行事と下毛野氏の系譜について—」(『史観』九三、一九七六年)、同「古代養鷹史の一側面」(竹内理三先生喜寿記念論文集刊行会編『律令制と古代社会』上巻、東京堂出版、一九八四年)。

(11) 以下、忠実については、元木泰雄『藤原忠実』(吉川弘文館、二〇〇〇年)。

(12) 塩出貴美子「粉河寺縁起絵巻考—巻頭部の復原をめぐって—」(『文化財学報』2集、一九八三年)。

(13) 二本松康宏『曽我物語の基層と風土』(三弥井書店、二〇〇九年)。

(14) 名児耶明「絵巻物に見る食(3)粉河寺縁起」(『食文化誌ヴェスタ』六〇、二〇〇五年)。

(15) 梅津次郎編集『粉河寺縁起絵・吉備大臣入唐絵』(新修日本絵巻物全集6、角川書店、一九七七年)、小松茂美編集・解説『粉河寺縁起』(日本の絵巻5、中央公論社、一九八七年)、亀井若菜『語りだす絵巻—「粉河寺縁起絵巻」「信貴山縁起絵巻」「掃墨物語絵巻」論—』(ブリュッケ、二〇一五年)。

(16) 桜井徳太郎・萩原龍夫・宮田登校注『寺社縁起』(日本思想大系20、岩波書店、一九七五年)。

(17) 平凡社編『和歌山県の地名』(日本歴史地名大系31、平凡社、一九八三年)。

(18)『類聚三代格』所収の弘仁三年(八一二)四月二日の太政官符には、「鎮守府官員を定むる事、将軍一員、軍監一員、軍曹二員、医師弩師各一員」とみえ、軍曹の地位がわかる。

(19) 二木謙一『中世武家儀礼の研究』(吉川弘文館、一九八五年)、同『中世武家の作法』(吉川弘文館、一九九九年)、近藤好和『中世的武具の成立と武士』(吉川弘文館、二〇〇〇年)。

(20) 前掲註(16)桜井ほか編『寺社縁起』、(17)平凡社編『和歌山県の地名』、速水侑『観音信仰』(塙書房、一九七〇年)。

(21) 戸田芳實『初期中世社会史の研究』(東京大学出版会、一九九一年)。元木泰雄「『今昔物語集』における武士」(『鈴鹿本今昔物語集』京都大学学術出版会、一九九七年)も参照。

(22)『宇治拾遺物語』一一九も同話。これと同型の説話は、昔話や伝説として全国に広く分布している。池上洵一「説話のうらおもて—中山神社の猿神—」(『今昔物語集』の世界』筑摩書房、一九八三年)に現地調査もふまえた詳細な分析がある。

(23) 石井進「中世成立期の軍制」(『鎌倉武士の実像』平凡社、一九八七年)。

(24)『新編信濃史料叢書』第三巻の権祝家本「諏訪大明神畫詞」による。『諏訪大明神画詞』の諸本については、今津隆弘「『諏訪大明神画詞』の解説」(『神道史研究』四二—三、一九九四年)、金井典美『諏訪信仰史』(名著出版、一九八二年)。石井裕一朗「中世後期京都における諏訪氏と諏訪信仰—『諏訪大明神絵詞』の再検討—」(『武蔵大学人文学会雑誌』四一—二、二〇一〇年)も参照。

(25) 倉林正次「諏訪大社の御狩神事—『諏訪大明神絵詞』に拠る—」(『儀礼文化』四〇、二〇〇九年)、拙稿「狩猟と原野」(湯本貴和編/佐藤宏之・飯沼賢司責任編集「日本列島の三万五千年—人と自然の環境史」第2巻『野と原の環境史』文一総合出版、二〇一一年)。

(26)『諏訪市史』上巻（諏訪市、一九九五年）。
(27) 前掲註（1）原田『神と肉』、同「日本における動物供犠と肉食の穢れ」（野林厚志編『肉食行為の研究』平凡社、二〇一八年）。
(28) 永松敦『狩猟民俗研究―近世猟師の実像と伝承―』（法蔵館、二〇〇五年）。
(29) 加藤友康ほか編『年中行事大辞典』（吉川弘文館、二〇〇九年）。
(30) 大津透・池田尚隆編『藤原道長事典―御堂関白記からみる貴族社会―』（思文閣出版、二〇一七年）。
(31) 平雅行「日本の肉食慣行と肉食禁忌」（脇田晴子／アンヌ ブッシィ編『アイデンティティ・周縁・媒介』吉川弘文館、二〇〇〇年）、同「殺生禁断と殺生罪業観」（脇田晴子／M・コルカット／平雅行編『周縁文化と身分制』思文閣出版、二〇〇五年）。
(32) 苅米一志『殺生と往生のあいだ―中世仏教と民衆生活―』（吉川弘文館、二〇一五年）、松尾剛次『中世叡尊教団の全国的展開』（法蔵館、二〇一七年）。
(33) 前掲註（1）原田『歴史のなかの米と肉』、『神と肉』。

第三章　家畜は不浄か

中世の日本では、殺して食べることを目的とした飼育は発達しなかった。例えば、儒教で孔子をまつる釈奠《せきてん》には「三牲《さんせい》」すなわち三種類の動物供犠《くぎ》があり、中国では、牛・羊・豚などの家畜が用いられていた。日本ではそれが鹿や猪あるいは兎といった野生動物になり[1]、後世、魚や野菜へと変化していく。「孔子も日本ではベジタリアンになった」と揶揄《やゆ》されるところだが[2]、食用畜産が発達しなかったことをよく示している。

十六世紀後半に来日した宣教師たちは、牛・豚・鶏などを食べており、天正《てんしょう》十五年（一五八七）六月十八日付で豊臣秀吉が発したキリシタン禁制にも、「牛馬」を「殺し食う事」が「曲事《くせごと》」として禁じられている。一五七七年に来日し、一六一〇年に追放されるまで、天下統一の時代をつぶさに見聞した宣教師ジョアン・ロドリゲスは、一六二〇年代前半に大著『日本教会史』をまとめた[3]。その第一巻第七章第二節では「日本にいるいろいろな動物と鳥について」説明されている。まず馬について説明し、さらに他の家畜について次のように記す。

> 家畜ではただ犬が狩猟のために飼われ、鶏や鴨や家鴨《あひる》を飼うのはただ娯楽のためであって食用にするためではない。なぜなら王国中で、豚、鶏、牛のような家畜は不浄のものと考えられ、家畜一般の用途はその肉を食うのではないからである。

さらに、「日本人の宴会」について説明する同第三〇章でも次のように記した。

日本人は生来脂肪を嫌うが、ただ宴会や平常の食事では、狩の獲物の肉だけを使う。それは彼らが手飼いのものを不浄とし、自分の家で育てた動物を殺すのは残酷だと思うからである。

ロドリゲスは、豊後府内《ぶんごふない》から臼杵《うすき》、長崎、肥前名護屋、そして京都、さらには駿府、江戸まで訪れており、「家畜は不浄のもの」あるいは「手飼いのものを不浄」としたという部分も、実際に日本で見聞したことに基づく記述であろう。

第一章でみた天武天皇四年(六七五)の詔に、「牛・馬・犬・猿・鶏の宍《しし》を食ふこと莫《なかれ》」とあったことからもあきらかなように、古代にも牛馬をはじめとする家畜が飼育され、それらの肉が食べられていた。しかし、食用畜産は発達せず、家畜の肉を食べることも忌避されるようになる。それは家畜そのものを「不浄のもの」とみなすようになったからなのだろうか。

1　六畜の行方

「六畜」とは何か

十世紀に編纂された『延喜式』の肉食に関する規定（神祇三、臨時祭四九）を確認しておこう。

凡そ穢悪《えお》の事に触れて忌むべきは、人の死は三十日を限り〈葬《ほおむ》る日より始めて計《かぞ》えよ〉、産は七日、六畜の死は五日、産は三日〈鶏は忌む限りに非ず〉、その宍《しし》を喫《はめ》るは三日〈この官は尋常にこれを忌め。ただし祭の時に当たらば、余《ほか》の司も皆忌め〉。

「六畜《ろくちく》」すなわち馬・牛・羊・豚・犬・鶏の肉を食した場合、「三日」の忌み（謹慎）とされていたわけだが、中世以降もこの規定が肉食タブーの基本法であるかのように参照され続けた。馬・牛・羊・豚・犬・鶏を「六畜」と称することは、九世紀の『日本霊異記《にほんりょういき》』をはじめ、平安時代にはひろくみられるようになるが、もとは古代中国の典籍にみえる語句である。六畜と一括りにされた馬・牛・羊・豚・犬・鶏と、この列島におけるそれら家畜の実態とが、どのような関係にあったのか。それぞれの日本における存在形態を確認しておこう。

羊か山羊か

「羊頭狗肉」(4)の故事をあげるまでもなく、中国においては殷《いん》代から羊の肉を食べていたことが知られており、羊は六畜に含まれている。日本にも、古代から羊が輸入されているのだが、その肉を食べたという記録は見当たらない。例えば、延喜《えんぎ》三年（九〇三）十一月二十日、唐人から「羊一頭、白《はく》鵝《が》（がちょう）五角」が献上され（『扶桑略記』『日本紀略』）、承平《しょうへい》五年（九三五）九月にも、「大唐呉越州人」から「羊数頭」が献上されたが（『日本紀略』）、どのように扱われたのか、よくわからない。

天慶《てんぎょう》元年（九三八）七月二十一日には、太宰府から「羊二頭」が貢上されてきたが、この羊も唐の商人が献じてきたものだという。翌年六月四日には、蔵人所《くろうどどころ》が飼っている羊二頭を軒廊《こんろう》の柱につないで見ている。左近衛の官人が木枝葉を折り集めて餌にしており、「宛《あたか》も牛の如く草を食う。やや久しくして角を以て相競うこと牛に似る」と記録されており（『本朝世紀』同日条）、実はヒツジなのかヤギなのかもよくわからない場合が多い。

長徳二年（九九六）閏七月十九日にも、「唐人」すなわち宋人から、「羊」が献上されたが、翌年九月八日には、返したという（『日本紀略』同日条）。長徳年中に「天下大疫」すなわち疫病が流行したという記録があり（『元亨二年具注暦裏書読本』寛治《かんじ》七年〈一〇九三〉十月二十一日条）、その原因は羊が献上されたことだったとされている。

承暦《じょうりゃく》元年（一〇七七）二月二十八日、宋の商人を引見した際、羊三頭が献上された（『百錬抄』『扶桑略記』(5)）。ところが、同年九月には、宋の商人にその羊を還付している（『十三代要略』『扶桑略記』）。承《しょう》安《あん》元年（一一七一）七月二十六日には、平清盛が羊五頭、麝《じゃこうじか》一頭を後白河法皇に献上した。しかし、同年十月、「羊病」が流行し、羊を返したという。『百錬抄』は、それについて、「近日、羊病と称し、貴賤上下病患を煩《わずら》う。羊三頭仙洞に在り。人伝う、承暦の比、この事有り。件の羊これを返却す」と記しており、疫病の原因が羊であって、承暦にもこのようなことがあったと認識されていた。海外からもたらされる珍奇な動物で、疫病流行の原因とも目されていたのである。

その後も羊は珍奇な動物として貴族の日記に登場する。摂関家の藤原（九条）兼実《かねざね》の日記『玉葉』文治《ぶんじ》元年（一一八五）十月八日条によれば、この日、息子の右近衛大将良通《よしみち》に白羊が進上された。兼実はその様子を「その毛白く葦毛《あしげ》の如し。好んで竹の葉・枇杷《びわ》の葉等を食うと云々。また紙を食うと云々。その体はなはだ興無し」と記している。

降って十五世紀、伏見宮貞成《ふしみのみやさだふさ》親王の日記『看聞日記《かんもんにっき》』応永《おうえい》二十三年（一四一六）五月二十二日条には、禁裏（天皇）から白羊一疋が世尊寺《せそんじ》行豊《ゆきとよ》に預け置かれたが、行豊は貞成に仕えている田向《たむけ》経良に預け、この日、経良がそれを伏見に引いて帰ってきたので、貞成は父伏見宮栄仁《よしひと》親王とともにこれを見た。貞成は、「初めて羊これを見る。興有り」と記しており、十五世紀になっても、珍しいものであったことがわかる。その後、江戸時代まで、肉や乳、毛などの利用のために羊を飼養したことを示す史料は見当たらない。(6)

豚と猪

古代中国において、ブタはひろく家畜として飼われ、食べられていた。この列島でも、弥生時代から奈良時代まで豚の飼育がおこなわれていたことは、考古学的にも指摘されている。(7)ただし、「畿内百姓私畜の猪」を山野に放ったという『続日本紀』天平四年（七三二）七月六日条の記事や、「猪飼部《いかいべ》」という部民《べのたみ》名からもうかがえるとおり、猪と豚の区別は曖昧だった。そもそも、ブタの祖先はイノシシで、それぞれその土地のイノシシを馴化《じゅんか》して家畜としたものがブタだったのであり、日本においてはこのドメスティケーション（家畜化）がさらに不完全であったと考えられ、「猪（豕）」の飼育は九世紀以降、確認できなくなる。

第一章でみたように、十二世紀頃の法制解説書『法曹至要抄《ほうそうしようしょう》』は、『延喜式』の「穢悪事に触れ忌むべきは、六畜の死は五日」という条文について、「六畜は、馬・牛・羊・豕・犬・鶏なり」とした上で、「鹿は六畜に入らざると雖も、猪に准じて忌来る」と解説していた（『法曹至要抄』下・雑穢条・四八）。これ以前に猪が六畜の「豕」に准じて「忌」とされており、鹿は六畜ではなかったが、「猪に准じて忌」とされたと考えられる。野生の「猪」と家畜の「豕」の区別が曖昧だったからこそ、そうした拡大解釈が進展したのだろう。

十五世紀の文明本『節用集』には、「家猪　ブタ」とあり、同じ頃の『蔗軒日録《しゃけんにちろく》』文明《ぶんめい》十八年（一四八六）四月二十六日条も、「猪肉」の一種を「日本人ぶたと云也」と記している。また、十七世紀初頭の『日葡辞書』も「Buta」を「イエノイノシシ」としており、「猪」「豕」の区別の曖昧さは続く。しかし、区別が曖昧だったが故に、野生の猪の食用は続けられたとも言えよう。また、猪の飼育（豚化）は発達せず、十六世紀後半、南蛮人が豊後府内などに豚を持ち込み、十七世紀、長崎で唐人（渡来中国人）が豚を飼うものの、それが各地に拡大することはなかった。やがて、九州南部などで飼育され食べられるようになり、幕末には欧米の食習慣の見聞が拡がり、日本人で豚肉を食う者も次第に増え、徳川慶喜もこれを好んだ。(8)

図3–1　『洛中洛外図屏風』（歴博甲本）に描かれた犬追物（16世紀、国立歴史民俗博物館蔵）

犬と山犬

狩猟を生業とする者は犬を使うことが多く、令制下、兵部省の主鷹司《しゅようし》は鷹だけでなく犬を調習するのも職掌とし、鷹狩用の犬が飼育されていた。犬の飼育・訓練を重要な仕事とする犬飼たちは、九世紀には鷹飼とともに天皇の秘書機関である蔵人所の管轄下に置かれるようになる。

ペットとしての犬の飼育も、『枕草子』などにみられるが、都市における野犬の横行もよく問題になっていた。十三世紀初頭の故実書『禁秘抄《きんぴしょう》』には、宮中諸所の縁の下から犬を狩り出して弓で射る「犬狩」行事が乱れているという記述があり、『明月記《めいげつき》』などの貴族の日記によれば、しばしば犬が宮中や邸内を汚すことが問題視されている。

武士は狩猟を職能としたから、犬をよく飼育し、猟犬として利用する一方、鎌倉時代におこなわれるようになった犬追物《いぬおうもの》は、室町時代を迎えると各地で都市的な武芸として盛行した（図3－1）。勧修寺流藤原氏の万里小路《までのこうじ》時房の日記『建内記《けんないき》』嘉吉《かきつ》三年（一四三四）五月二十三日条に次のような記事がみえる。

山名の一党、多く田猟《でんりょう》を好み、田畠を踏み損ない、農民またこれを愁傷《しゅうしょう》す、人々捕らうる犬、終日犬追物を射る、或いは犬を殺し、人これを食う。鷹養の汚穢不浄充満するものか、更に神慮に叶い難きか、管領被官人堅く制止を加え、鷹飼に及ばずと云々、食犬に於いては、被官人等元来興盛か、主人知らざるの謂いか。

時房は、「守護の違乱」が甚だしい国として播磨の山名持豊《やまなもちとよ》（宗全《そうぜん》）と美作《みまさか》の山名教清《のりきよ》、備前の山名教之《のりゆき》らをあげたのに続けて、このように記した。山名の一党には狩猟を好む者が多く、田畑を踏み荒らし、農民たちは嘆き悲しんでいる。彼らは犬を捕らえ、犬追物に興じ、犬を殺し食べ、飼っている鷹の餌にし、その「汚穢不浄」が「充満」しているという。管領畠山持国《かんれいはたけやまもちくに》の被官人が制止したので、鷹の飼養はやめたらしい。時房は、犬を食べることについては、被官人も盛んにしていることで、主人はそれを知らずに命じているのだろうか、といぶかしんでいる(9)。

第一章でみた天武天皇四年（六七五）の詔勅に、「牛・馬・犬・猿・鶏の宍《しし》を食ふこと莫《なかれ》」とあることからも、古代から犬が食べられていたことはあきらかで、中世の港町的な集落遺跡として知られる草戸千軒《くさどせんげん》町遺跡（広島県福山市）から出土した犬の骨には、食用にされたとみられる解体痕が見つかっている。また、明石などの近世の武家屋敷からもあきらかに食べられたとみられる犬の骨が確認された。[10] 侍や平民百姓、下人・所従には、犬の肉を食べるものが珍しくなかったのである。[11]

犬の場合は、「野犬」「山犬」との区別が問題になる。十三世紀の『名語記《みょうごき》』には「おほかみ、如何。犲狼《さいろう》也。山犬といふ、これ也」とあって、「山犬」は狼の異名とされることもあるが、実際には野生化して山にすむ犬との区別ができない。「山犬」には、オオカミと野生化したイヌの両方が含まれていたのが実態だったのだろう。[12]

興味深いことに、皇族であっても山犬の肉は薬食いすることがあった。貞成親王の日記『看聞日記』応永二十八年（一四二一）十二月十四日条に、次のような記事がある。

小瘡難治の間、服薬として、山犬これを食す、始めてこれを服す、不浄庶幾《こひねが》はずと雖も、良薬の由申の間、無力これを食す、

この日、貞成は小瘡《こがさ》（発疹）がなかなか治らないので、初めて「山犬」を食べた。「不浄」だが、「良薬」だと言われたので食べたという。ルイス＝フロイスも、日本人は「家庭薬として犬を食べる」（『日欧文化比較』第六章四一）と記しているが、貴族が飼育されている犬の肉を口にした史料は見当たらない。しかし、野生の「山犬」の肉であれば、鹿などの野生鳥獣の肉と大差がないと考えら

れたのであろう。

馬肉食の刑

馬の家畜化は、牛・山羊・羊・豚の家畜化よりも遅かったとみられ、家畜化された後も乗用、特に戦闘用として大切に取り扱われ、食用にされることは少なかった。馬の屠殺やその肉を食べることを忌避する地域は多く、古代中国でも馬は特別の場合でないと食べなかったという(13)。

この列島においても古墳時代になると馬は急速に広がるが、農耕用や戦闘用、威信財として大切にされ、食べられた形跡は少ない。しかし、天武天皇四年(六七五)の詔に「牛・馬・犬・猿・鶏の宍を食ふこと莫《なかれ》」とあることからも、馬肉を食べる人々がいたことは確実である。それ故、朝廷はたびたびその食用を禁じた。天平《てんぴょう》十三年(七四一)二月の詔に「馬牛」は「人の代わりに勤労」するとみえるとおり、人力を超える労働力として、人を助けてくれるものとして尊重されたためであろう。王朝の貴族社会においては、六畜中、最も早くから食用忌避が強まったとみられる。

平安王朝において、馬肉食忌避が強固であったことを如実に物語る史料として知られているのが、『小右記《しょうゆうき》』長和《ちょうわ》五年(一〇一六)三月二十二日条にみえる、「或いは云く、使の官人等放免に仰せて、馬肉を以て有孝に食せしむ」という記事である。検非違使の妻に乱暴を働いて捕らえられた有孝という男が、放免(検非違使庁の下部となった元囚人)によって馬の肉を食べさせられている。いわば、「馬肉食の刑」であった。

馬の肉に毒があると信じられていたことは、十世紀の『将門記《しょうもんき》』に、「子春丸忽に駿馬の宍を食ひて、いまだ彼の死なむことを知らず」とあって、将門の使いである子春丸が馬の肉を食したが、まだ死んでいないことが不思議に思われていることからもうかがえる。さらに南北朝期の『太平記』巻二六「四条縄手合戦事」にも、「我れ聞く、飢て馬を食せる人は必ず病む事有とて、其の兵共に酒を飲せ、薬を与へて、医療を加られける」とある。これは中国の古典に、馬の肉には毒があり、酒か薬を飲まなければ死ぬ、という話があることを踏まえたものとみられている(14)。

応永七年(一四〇〇)九月、信濃の国人たちと対立した同国守護の小笠原長秀は、村上満信等の軍と更級郡四宮河原《しのみやがわら》に戦ったが、長秀は破れて同郡塩崎城に逃れ、その将坂西長国もまた同郡大塔の古要害に逃げこんだ。国人一揆軍に包囲された坂西勢は、飢餓に苦しみ、馬を殺して食ったが、この様子を伝える『大塔物語《おおとうものがたり》』は、将兵が馬の肉を食う有り様を「餓鬼畜生道」と記している。やはり馬肉は尋常の食物ではないと考えられていた。

しかし、各地で多数飼養され、労役に従事していたわけだから、斃《たお》れ馬(死馬)の処理をする過程で、食べることのできる肉を捨てたとは考え難く、口にした人々はいたはずである。室町時代中期の相国寺の僧瑞渓周鳳《ずいけいしゅうほう》の日記『臥雲日件録《がうんにっけんろく》』文安《ぶんあん》三年(一四四六)十二月二十一日条の「蓋《けだ》し人中最下の種、死馬牛を屠《ほふ》り食と為《な》す者是れ也」という記事は、死んだ牛馬の肉を食べることが最下層の種姓と結び付けられていたことがわかる史料として知られている。前章でみたように、中世の肉食忌避は身分・階層と対応関係があった。家畜を食べるために殺すことは強く忌避・嫌悪され、それを実践する人々は「人中最下の種」とされたのである。

不明確な家畜化

このように、「六畜」と一括されていても、その歴史には差異があった。豚・羊は飼養がひろまらない。飼育されていても、例えば馬と犬の食用に対する意識は大きく異なっていた。武家社会でも激しく忌避された馬肉食に対して、十七世紀まで食用が珍しくなかった犬。この差異は、どのような目的で飼養されていたか、そして、どの程度明確に家畜化されていたかと深くかかわっていたと考えられる。

史料上、「野馬」という文言も確認できるが、馬のほとんどは貴重な労働力、権威の象徴、財産として飼養されていた。犬の場合は、猟犬としてあるいはペットとして、大切に飼養された犬もいたが、飼い主が明確ではない村の犬や町の犬、さらには厖大な数の野良犬・野犬がおり、先に述べたとおり山犬・狼との境界線も曖昧であった。

十六世紀後半に来日した宣教師たちは、犬といえば飼い犬をイメージしたのであろうが、当時の日本には野生動物か家畜か明確には区別できない犬が多数存在したのであり、その食用に対する忌避感は馬のそれに比較すれば強くなかった。ルイス・フロイスは、ヨーロッパと日本の差異を次のように比較した。

われわれの間では人を殺すことは怖ろしいことであるが、牛や牝鶏または犬を殺すことは怖ろしいことではない。日本人は動物を殺すのを見ると仰天するが、人殺しは普通のことである。[15]

ロドリゲスは、「豚、鶏、牛のような家畜は不浄のものと考えられ」ていると述べていたが、中世における鶏と牛、とりわけそれを殺して食べることについては、それほどあきらかになっているわけではない。まず牛、次に鶏について探ってみよう。

2　牛と中世人の諸関係

古代の牛

古代の牛のイメージや仏教との関係については、古代史や文学の分野に蓄積がある。[16] 動物考古学の成果もあるので、それらを参照しながら、中世への展開を見とおしておこう。

この列島に牛が伝播し、飼養されるようになった弥生時代、耕作・運搬などにどの程度使われていたか、実はよくわからないのだが、農耕および駄載用として使役されるようになったことは確かである。[17]「馬牛は人に代わり勤労して人を養う」という牛馬観は牛馬とともにこの列島に伝播していたのだろう。

図 3–2　『春日権現験記』（14 世紀、宮内庁三の丸尚蔵館蔵）に描かれた牛頭と馬頭

古代中国では牛は神に対する供犠に用いられ、後世にも牛の頭部を供物とする風習があった。ヤマトでも、旱魃《かんばつ》、飢饉《ききん》、疫病などの際、牛馬を殺して神を祭る習俗があり、犠牲とした牛馬の肉は当然食用とされたはずである。朝廷はたびたび牛馬を犠牲にすることを禁じており、例えば延暦《えんりゃく》十年（七九一）九月には、「伊勢、尾張、近江、美濃、若狭、越前、紀伊国の百姓」が「牛を殺し、漢《から》神《かみ》を祭ることに用いること」を禁じている（『続日本紀』同月甲戌条）。この「漢神」は、大陸から渡来した神と考えられ、牛を殺してまつることが諸国でおこなわれていた。『日本霊異記』中巻・第五縁にも、「聖武太上天皇のみ世に、彼の家長、漢神《からかみ》の祟《たたり》に依りて禱《いのり》し、祀るに七年を限りて、年毎に殺し祀るに一つの牛を以てし、合はせて七頭を殺しき」といった記述が見える。[18]

中世への展開を考える上で重要なのは、この牛の供犠と怨霊《おんりょう》の関係で、なかでも小峯和明が着目した牛頭《ごず》は興味深い。頭が牛の形をし、からだは人である牛頭は、地獄の獄卒として十世紀末の『往生要集』などから見えはじめ、以後、説話や地獄絵に頻繁に登場するが、(19)小峯は牛頭こそ毎年犠牲として捧げられていた牛たちのなれの果てであり、彼らが牛転生譚《てんしょうたん》のリアリティを支えていたのではないかと指摘している（図3－2）。そして、中世以降、主に祇園系統の神社にまつられた牛頭天王《ごずてんのう》も、獄卒の牛頭とかかわる異神の一種であったという。(20)

菅原道真を祭る天神社では、牛を神使として尊崇しており、菅原道真／北野天神も牛との関係は深いのだが、それについても、供犠との関係が考えられている。すなわち、北野には古来、農耕・祈雨にかかわる雷神が祀られており、そこでは殺牛祭神がおこなわれていた。北野の天神（雷神）と牛とのつながりは、道真が祀られる前からあった、というのである。(21)犠牲だったものが、後世、神聖視されその生命が尊重されるようになることについては、放生《ほうじょう》に関する議論の中でも指摘されてきたことだが、(22)中世の牛のイメージを考える上で見のがせない。

労働力として、モノとして

『日本霊異記』などにみえる因果応報譚《いんがおうほうたん》でも、この世で他人を苦しめた者は、次の世で牛に生まれて苦しい労働に服さなくてはならぬとされた。(23)このことは当時も牛は、酷使されて苦しむものの代表とみなされたことを物語る。(24)

図3–3　『平治物語絵巻』（模本、国立国会図書館蔵。原本13世紀）に描かれた牛飼い

中世を迎えると京都周辺では牛に車を引かせて物資を運ぶ車借《しゃしゃく》、牛車を操る牛飼《うしかい》などの職能民が姿をあらわす。十世紀頃から天皇・摂関をはじめ高位の貴族・僧侶が牛車に乗るようになったとみられるが、それに用いられる牛は、天皇家・摂関家の牧や諸国から貢納され、馬寮《めりょう》や院・摂関家の厩で飼養された。荒々しい牛を見事に統御する牛飼は尊重され、天皇家や貴族たちはそうしたすぐれた牛飼を使い、すぐれた牛を集めるべく、互いに競い合った(25)（図3－3）。

中世には殺牛祭神がみられなくなり、牛をはじめとする畜類は六道の一つ、畜生《ちくしょう》道《どう》のなかで説明されることが一般的になる。畜生道は、悪業の報いによって導かれた畜生の世界、またはその生存の状態で、その苦しみは、食物連鎖と使役労働であった。

図3–4　『六道絵』（13世紀、聖衆来迎寺蔵）に描かれた牛馬

『六道絵《ろくどうえ》』はもちろん、『北野天神縁起絵巻』なども、そうしたものとして畜生道を描く(26)（図3－4）。『徒然草』一二一段にみえる「養《やしな》ひ飼ふものには馬牛。繋《つな》ぎ苦しむることいたましけれども、なくてはかなはぬものなれば、いかがはせん」という思いは、この時期の一般的な畜生観であったと言えよう(27)。

牛の乳や皮を利用していたことも忘れてはならないだろう。加工した牛乳を薬品として用いることは古代からおこなわれており、『延喜式』典薬寮《てんやくりょう》の項に乳牛が記載されている。蘇《そ》（濃縮乳）は密教の修法《しゅほう》にも用いられていたようで、後醍醐天皇は建武《けんむ》元年（一三三四）、北陸道諸国に貢蘇役を賦課している。また、典薬寮の別所《べっしょ》だった乳《にゅう》牛院《ぎゅういん》は、摂津国味原牧《あじふのまき》を乳牛牧として持

図3–5　牛皮でつくられた華鬘
（東京国立博物館蔵）

図3–6　『職人尽歌合』の皮籠造り
（国立国会図書館蔵）

ち、中世にもその機能を保っていた。

牛の皮革は武具その他に多く利用され、殺生を忌避したと思われがちな寺院でも、皮箱などの日用品のみならず、堂内を飾る華鬘《けまん》などの仏具にまで皮革を用いた（図3−5）。戦国時代の日本を観察したフロイスも「日本の部屋は、牛の皮で作った黒色の籠で（飾られる）」と報告している（『日欧文化比較』第十一章一二）（図3−6）。皮革の調達には、『左経記《さけいき》』の長和五年（一〇一六）正月二日条に、「河原人」が斃牛《へいぎゅう》の腹中から「牛黄《ごおう》」を取り出したことがみえるように、後年「河原者《かわらもの》」と称されるような職能民も古くから従事していた。

食用と聖獣観

かつて網野善彦は、牛をめぐる習俗について、次のように概説した。

「外記《げき》日記」文永《ぶんえい》元年（一二六四）七月二十七日条に、

院《いんの》牛飼《うしかい》鷹法師丸の預かり飼っていた牛が「モノイフコト」ありと言われていることなど、牛を人の力を超えた世界と結びついた存在とする見方もあった。牛飼が牛童と言われ、童姿をしたのも、童自体の持つ呪的な力によって、こうした牛を統御しようとしたものと考えられる。牛が北野社の聖獣、天神の使となったのも、もとよりこの見方が背景にあり、それゆえ、牛飼・車借は北野社の大座神人《おおざじにん》となったのである。(28)

こうした〈牛＝聖獣〉観は、牛の利用の実態にも影響していたと考えられる。例えば、牛追物は〈牛＝聖獣〉観の増幅によって衰退したのではないだろうか。『吾妻鏡』に、「武衛（源頼朝）由比浦に出しめ給う。壮士等各弓馬の芸を施し、先ず牛追物等あり」（寿永《じゅえい》元年〈一一八二〉六月七日条）などとみえるように、十二世紀には頻繁に牛追物がおこなわれていた。『古今著聞集《ここんちょもんじゅう》』巻九（武勇）・第三三五話の「源頼光、鬼同丸を誅する事」にも、「綱・公時・定道・季武等」と共に「市原野の辺に」やって来た頼光が、「野のけしき興あり。牛その数あり。おのおの牛おふものあらばや」と言うと、「四天王の輩、我も我もと懸けて射けり」と記されている。放牧されている牛を追物射の的にすることもあったのであろう。

ところが管見の限り、十四世紀以降に牛追物を実践していることを示す史料は見当たらない。十五世紀後半に成立した故実書『就弓馬儀大概聞書』（『群書類従』第二三輯）には、「こうしを射る可き様の事」という項目があるものの、「昔は犬追物已前《いぜん》には小牛を射たるなり」と記されており、犬追物が盛行する一方で牛追物はおこなわれなくなっていたことがわかる。〈牛＝聖獣〉観が発達したことにより、おこなわれなくなったと考えられよう。

では、牛肉の食用はどうだろうか。十二世紀の『今昔物語集』巻第一五にみえる北山や鎮西の「餌《え》取《とり》法師」が牛馬の肉を食べた話や、巻第二〇にみえる童名を持つ鬼が牛の肉を食べた話などは、牛肉食が忌避すべき行為とされるようになっていたことを示すものと言えようが、こうした説話の存在自体は古代に牛肉食がおこなわれていたこと示唆しているし、この「餌取法師」が往生したとされているように、十二世紀にはまだ牛肉食は往生の障りにならないと考えられていた。

ところが、牛肉食の忌避は中世を通じて強まっていく。先に見たように、『臥雲日件録《がうんにっけんろく》』文安三年（一四四六）十二月二十一日条に、「人中最下の種、死馬牛を屠り食と為す者是れ也」とみえ、死んだ牛馬の肉を食べることが最下層の種姓と結び付けられていた。牛を食べるために殺すことは強く忌避・嫌悪されており、管見の限り、十三世紀以降十六世紀まで、牛肉食の事実を示す史料はみられない。

網野は先に引用した概説に続けて、斃牛や牛肉食にも言及していた。

> ときとともに、牛を穢れた「畜生」と見る空気が強まっていった。一五世紀以降、牛の肉を食べることが忌避され、牛を扱う人、とくに斃牛を扱う「河原者」が賤視されるようになるのは、このような、牛に対する社会のとらえ方の大きな転換とかかわりがあると考えられる。(29)

私はかつて、網野のこの説を鵜呑みにして、「室町時代以降、牛車が廃れていくのも、そうした牛のイメージの変化と軌を一にする」と書いたことがある。[30] しかし、これは再考を要するだろう。中世に「牛を穢れた「畜生」と見る空気が強まっていった」のだろうか。「牛の肉を食べることが忌避され」たのは事実だが、それは牛を穢れていると考えたからなのだろうか。むしろ〈牛＝聖獣〉観は増幅されていたとみるべきではないだろうか。

牛のイメージ

鎌倉時代における牛のイメージ、特に牛を聖獣とする見方の展開については、ほとんど研究が無い。そこで、鎌倉時代に生きた人々の牛のイメージに影響を与えた可能性のある知識や儀礼、それにともなう彫刻や絵画をみてみよう。

閻魔天《えんま》　閻魔と言えば、忿怒《ふんぬ》の形相で道服を着し笏《しゃく》をもった中国的姿、人間の死後に冥府《めいふ》で罪業《ざいごう》の審判を下す十王の中心的存在とイメージされるが、そうした姿は鎌倉後期以降に仏教の閻魔天に道教の諸神の思想が加えられて成立したものらしい。閻魔天は、もとはインド古来の神で、死後の世界を司る神とされていた。そのことを象徴するように、閻魔天は右手に人頭杖をもち、水牛に坐した姿にあらわされている。[31] 閻魔天を本尊として修する法は、延命・除災を祈るもので、故人の冥福を祈る場合も閻魔天曼荼羅《まんだら》を本尊とした。平安期から諸記録に閻魔天の修法がみえ、[32] 造像・作画

図3–7　閻魔天曼荼羅図（13世紀、京都国立博物館蔵）

も少なくない。例えば、醍醐寺には十二世紀、待賢門院安産祈願の修法の本尊として造立されたと考えられる閻魔天木像や同じ頃に描かれた閻魔天の画像が伝わる。いずれも牛の上に座している。(33)

先述したとおり、閻魔天の姿が中国風になるのは鎌倉後期以後とみられるが、京都国立博物館所蔵の閻魔天曼荼羅図は、そうした姿へ移行する過渡的な図像として知られている。同図は十三世紀末頃に描かれたものとみられており、周囲に仏教と道教の諸尊を配置し、中央に忿怒・武将形の閻魔天が描かれている（図3－7）。注目されるのは、閻魔王と言うべき姿になっているにもかかわらず水牛に乗っていることで、十三世紀末にはまだ閻魔は牛に乗った姿でイメージされていたことがわかる。(34)

大威徳明王《だいいとくみょうおう》　牛は大威徳明王の乗り物でもあった。五大明王の一つ（西方）である大威徳明王は、六面六臂六足で水牛に乗る。(35)古代の像としては、九世紀にさかのぼる東寺の木像や十世紀のものとみられる醍醐寺の木像がある。[36] 牛伏寺《ごふくじ》（長野県）・真木大堂《まきおおどう》（大分県）・石馬寺《いしばじ》（滋賀県）・竹林寺（高知県）などの像も名品として知られ、画像は談山《だんざん》神社や醍醐寺、ボストン美術館に十二〜十三世紀の名品が所蔵されている[37]（図3–8）。

大威徳明王法にもとづく戦勝祈願・怨敵調伏は、真言密教の修法のなかでも、平安期から鎌倉期にかけて頻繁に修された法のひとつで、それにともなう造像・作画も多かった。[38] 文明十二年（一四八〇）に成立したとみられる謡曲「調伏曾我《ちょうぶくそが》」に「大威徳は水牛の角振り立てて」と見えることからもあきらかなように、大威徳と言えば角を振りかざした牛が連想されるようになる。

図3–8　大威徳明王像（醍醐寺蔵）

このことは天神信仰との関係においても見逃せない。『扶桑略記《ふそうりゃっき》』の天慶四年（九四一）条に引かれている『道賢上人冥途記《どうけんしょうにんめいどき》』は、沙門道賢が冥途に行き、「日本太政威徳天」と名のる菅原道真に逢う話を記している。[39]「威徳」が大威徳明王によることは明らかであるが、これは牛との関係が媒介になっているのではないかとも考えられる。

大自在《だいじざい》天　道真の神号は「天満大自在天神」となるが、[40]大自在天はやはり牛に乗っていた。仏教の大自在天は、インドのシヴァ神からとりいれられた護法神の一つで、伊舎那天《いしゃなてん》はその化身といわれる。[41]日本では図像以外に作例が見当らないが、西大寺の伊舎那天像は九世紀に描かれたもので、水牛に乗っている。[42]醍醐寺の「十天形像」は建暦《けんりゃく》三年（一二一三）に書写された図像集だが、そこに描かれた伊舎那天像も牛に乗った姿であった[43]（図3－9）。

図3–9　「十天形像」伊舎那天像（13世紀、醍醐寺蔵）

　道真に「天満大自在天神」の神号が贈られたのは、怨霊の威力を大自在天と習合させたものであろうが、[44]やはり牛との関係を抜きには考えられない。『花園天皇日記』元亨《げんこう》四年（一三二四）十二月十三日条によれば、天皇は粉河の聖が所持していた「北野天神御影」を持仏堂で画工に書写させた。その夜、天皇は夢の中で、仏師に眷族《けんぞく》の様子について問うたところ、仏師が「俗体、また白衣〈頗る薄墨なり〉を着し、牛に駕《の》る」像を持ってきた、という。眷族とは言え、天神像に牛のイメージが付随していることを示している。

神仏と結び付く牛

このほか、牛を大日如来の化身とする説もあって(45)、様々な神仏と結び付いて、牛は聖なる獣としてのイメージを増幅させていた。さらに、十四世紀以降の牛のイメージを考える上で見のがせないのは、十牛図《じゅうぎゅうず》（牧牛図《ぼくぎゅうず》）である。十牛図は、禅宗文化が発達した中国北宋中期から南宋初期にかけて制作されるようになったもので、日本では廓庵《かくあん》禅師《ぜんじ》の「十牛図」がよく普及した。発心から修禅・見性《けんしょう》（身に備わる仏としての本性を見抜き、悟ること）を経て教化《きょうけ》（人々を教え導いて恵を与えること）に至るまでの過程を、牧童が牛を尋ねるところから牛を飼いならして家にもどり、さらに牛をも忘れて利他に生きるところまでの十段階（尋牛《じんぎゅう》・見跡《けんぜき》・見牛《けんぎゅう》・得牛《とくぎゅう》・牧牛・騎牛帰家《きぎゅうきか》・忘牛存人《ぼうぎゅうぞんじん》・人牛《じんぎゅう》倶忘《くぼう》・返本還源《へんぽんかんげん》・入鄽垂手《にってんすいしゅ》）にたとえて示したものである(46)。仏教の真理＝悟りが牛で表現されているの

図3–10　雪舟の「牧牛図（牧童）」（十牛図のうち。15世紀、山口県立美術館蔵）

であり、人々の牛のイメージに大きな影響を与えたにちがいない（図3－10）。

ところで、仏像・仏画の牛は水牛であり、和牛とは異なる、という批判があるかもしれない。しかし、日本における牛のイメージの歴史は、その両者混交で展開していく。塚本学は、『江戸図屛風』に水牛のような角の牛が描かれていること、寛文《かんぶん》六年（一六六六）刊行の『訓蒙図彙《きんもうずい》』が牛と水牛、両者の図をのせているものの牛として水牛のような動物を描いていることから、画家たちは仏画などの先行絵画のイメージをぬけきれなかったと指摘している。(47)

いずれにしても、中世には牛が様々な神仏と結び付けられてイメージされており、言説だけでなく、その姿が彫刻や絵画などの作品に表現されていた。それが、修法や礼拝のたびに人々の目に触れ、聖なる獣としての牛のイメージを増幅させていたと考えられる。中世において牛のイメージがどのように再生産されていたのか、さらに絵巻物を探ってみよう。

3　聖なるアイコン

『一遍聖絵』の牧牛

正安《しょうあん》元年（一二九九）に聖戒《しょうかい》が編纂し法眼円伊《ほうげんえんい》が描いたとされる『一遍聖絵』（以下、『聖絵』）ほど、中世の風景を描いて精彩に富んだ絵巻はない。『聖絵』一二巻四八段のなかに二カ所、牧牛を描いた

図3–11　『一遍聖絵』（13世紀、清浄光寺〈遊行寺〉蔵）善光寺門前の牛

場面がある。ひとつは巻一の三段、信濃の善光寺の門前、もうひとつは巻四の五段、やはり信州、佐久伴野の市の傍らに描かれた牛である。『絵巻物による日本常民生活絵引』は、この牛たちについて、次のように解説した。

第一巻、善光寺門前の牛場の牛。三頭の牛があそんでおり、一頭は背の白い黒牛、他の二頭は白牛。（中略）インドでは今日も白牛は聖なる動物として尊ばれているけれども、日本でも古くはそうした思想があった。したがってこの牧場は善光寺に所属するものであり、この寺の牛を放牧しているものかと思われる。

（一二九「牧場の牛」）（図3－11）

第四巻、信濃伴野の市（長野県佐久市）のそばの牛牧のさまである。（中略）信濃は馬の牧が多く早くから知られており、望月の駒を出したところであるが、鎌倉時代には馬の外に牛も盛んに放牧せられていたことがわ

図3–12 『一遍聖絵』(13世紀、清浄光寺〈遊行寺〉蔵) 信濃伴野の市の牛

かる。そしてそこに飼われていた牛も、この絵が信ずるに足るものとすれば、黒牛・あめ牛・斑牛といろいろのものが飼われていたことがわかるのである。(48)

(一二一八「牛牧」)(図3–12)

一九八〇年代後半から、絵巻物などを歴史研究の史料として分析する絵画史料論が活況を呈するようになり、『聖絵』の読み解きも進展・深化した。その牽引者であった黒田日出男は、『聖絵』の牧牛について、これは実景ではなく、京都の人々が抱く信濃「らしさ」を表現するために描きこまれたものだとした。信濃の牧は馬牧が主体であったから、河原に牛が放牧されている風景は信濃の風景ではありえず、「京都を中心とした畿内地域で当たり前の河原などに牛が放牧されている風景が、いわば信濃の牧の表現として代入された」ものであったというのである。[49]

「時衆学」の読み

二〇〇〇年代に入ると、主に「時衆学」研究者によって、『聖絵』は聖戒らにより開祖一遍の伝記として編纂された「宗教絵巻」として解読すべきであることが強調されるようになる。[50]そうした読み解きを進めた金井清光は、善光寺門前の牧牛について、実景の可能性を保留しつつも、次のように指摘して黒田の説を批判した。

『聖絵』の本質は「宗教絵巻」であることに思いを致せば、善光寺前の河原および歳末別時に紫雲がはじめて立った伴野の市庭に牛が描かれていることの意味も分かってくる。円伊は善光寺および伴野の市の絵になぜ牛を描き入れたのであろうか。それはこの二つの図柄が牛の放牧のリアルな描写である以上に、仏教と牛との古くからの因縁にもとづく民俗・民間信仰を表現しようとする意図によるからに他ならない。[51]

その上で、坂井衡平[52]や徳田和夫[53]の論考などを参照して、古代インド以来、仏教と牛が「密接不離の関係」にあることから、これは「単なる放牧の風景」ではなく、「善光寺本尊が「本師仏」であることを強調し、さらに信心のない人びとまでが牛に引かれて善光寺参りすることを暗示し、すべての人びとが善光寺参りをするように促す」もので、それは「信不信をえらばず賦算《ふさん》し、不信者をも決定往生させる一遍の宗教の成立を予告する図柄ともなり得ている」という見解を提示した。

黒田・金井の説を批判したのが砂川博である。まず砂川は、善光寺門前の牧牛をめぐる議論を整理するなかで、「(黒田)氏は、京の人々から見た信濃「らしさ」の表現だと主張するのだが、それならば馬を描いた方が余程効果的であったはずだ。信濃は駒牽《こまひき》の儀式のために供された望月の駒で知られていたからだ」と、黒田説を批判した。

砂川は、「鎌倉時代中期、信濃で牛の放牧が成されていたかと言えば、いまの段階では水掛け論に陥《おちい》ることは必定」で、「犀川河中の馬や河原の牛についても、見たままの風景を描いたものと判ずることも可能であり、そこらあたりの判断は甚だ難しい」とする。「善光寺門前においても牛の放牧が成されていたことはあり得る」と、実際の風景を描いた可能性もあるとしているが、金井の説については、「描かれた牛のうち二頭は、いましも激しく角を突き合わせようとして」おり、「鼻息まで聞こえてきそうな荒々しく猛々しい姿は、およそこの場に似つかわしくない」と指摘し、牛の宗教的位相を認めつつも、「不信者をも決定往生させる一遍の宗教の成立を予告する」と「まで言うことは少し無理ではないか」と批判している。(54) さらに、伴野の市の傍らの牧牛については金井の説を引用して、次のように述べている。

金井氏が、紫雲の下に蹲《うずくま》り、或いは戯れる牛の図柄を単なる点描（スケッチ）の一つとせず、そこに何らかの宗教的意味を探ろうとしたのは、『聖絵』が宗教絵巻である以上極めて当然と言うべきで、なお残された課題とすべきであろう。(55)

牛の牧をめぐって

黒田が説いたとおり、京都とその近郊でも、河原・中州・野や休閑地となった田畠などで牛が放し飼いにされていた。先ほどみた『古今著聞集』巻九（武勇）・第三三五話「源頼光、鬼同丸を誅する事」に、洛中から鞍馬へ向かう途中の「市原野の辺に」、「野飼ひの牛のあまたありける」とみえるのは、京都郊外の野で牛の放牧がおこなわれていたことを示す史料の一例である。『平治物語』上「信頼信西不快《のぶよりしんぜい》の事」に、「大内は久しく修造せられざりしかば、殿舎傾危して、楼閣荒廃せり。牛馬の牧、雉兎《ちと》の臥し所となりたり」とあるのは、かつて内裏であったところが荒れ果てていることを強調する表現であろうが、洛中であっても空閑地は「牛馬の牧」とされることがめずらしくなかったのであろう。

たしかに牛の放牧は、「畿内地域で当たり前」の風景だったわけだが、その風景が「代入」されたという黒田日出男の説には無理がある。「馬を描いた方が余程効果的であったはずだ。信濃は駒牽の儀式のために供された望月の駒で知られていた」という砂川の指摘は正しい。建武元年（一三三四）

の『建武年中行事』にも、「信濃の駒牽・甲斐の穂坂以下数多あれども近ごろはたえたり（中略）望月ばかりは今まで絶えず」とあって、建武年間（一三三四～三八）にいたっても望月牧から貢馬が京上され続けていたことがわかる。

ただ、砂川が「信濃で牛の放牧が成されていたかと言えば、いまの段階では水掛け論に陥る」とするのも、早計に過ぎよう。『小右記』長和三年（一〇一四）十月二十三日条によれば、信濃国筑摩郡洗馬牧の牧司忠明朝臣が、領主の小野宮家に対して、馬一疋のほかに「別貢」として牛一頭・胡簶一腰・大壺を貢納している。この頃すでに、牧役のほかに「別貢」の負担が義務づけられていたことを示す貴重な史料だが、その「別貢」に「牛一頭」が含まれていたことは、洗馬牧でも牛が飼養されていたことを示すものとみてよいだろう。信濃の牧は、主に馬の育成を目的に開発されたが、牧役のほかに色々な物が租税として徴収され、内部には山野河川や耕地も含み、その実態は荘園と同じであった。そのなかで、牛が飼養・放牧されていることもめずらしくなかったのである[56]。

動物考古学の成果からも考えてみたい[57]。今のところ信濃の中世獣骨を集成した研究は見当たらないが、長野県内の古代の遺跡から出土した獣骨について集計した市川隆之によれば、屋代《やしろ》遺跡群・更埴《こうしょく》条里遺跡[58]の場合も松原遺跡[59]の場合も、まず圧倒的に多いのは牛・馬の骨で、牛・馬が一般的農村で飼われていたことが窺えるという[60]。市川が集計した表で出土した牛骨の数と馬骨の数を比較すると、両者は拮抗《きっこう》しており、馬牧が発達していた信濃だからといって馬の骨の数量が圧倒的に多いということはなく、平安時代、信濃国内では馬だけでなく牛も飼養されていたことがわかる。そうした状況は鎌倉時代を迎えても大きく変化しなかったと考えられ、十三世紀にも信濃で牛の放牧がおこなわれていたことは確実であろう。

牛の産地

しかし、現実に牛の放牧がおこなわれていたことと、それが『聖絵』に描かれたかどうかは別の問題であって、やはり砂川の、「牛の放牧を信濃に「代入」したところで、信濃「らしさ」が生まれるわけではなかろう」という批判は正しい。なぜなら、十三世紀末の京都の人々が、牛の放牧を信濃らしいと感じたはずはなかったからである。

延慶《えんきょう》三年（一三一〇）に記された牛の図説『国牛十図』（『群書類従』第二八輯）に、「馬は東関をもちてさきとし、牛は西国を以てもと〻す」とあるとおり、良質な馬は東国から、牛は西国から産出されると認識されていた。高位の貴族・僧侶が乗る牛車の牛は、馬寮、院の厩の牧など、天皇家・摂関家の牧や諸国から貢上されたが、『国牛十図』によると、鎌倉期にすぐれた牛と言われたのは壱岐の筑紫牛、肥前国宇野御厨《うののみくりや》の御厨牛、淡路牛、但馬牛、丹波牛、大和牛、河内牛、遠江国相良牧の遠江牛、越前牛、越後牛であり、このほか出雲、石見、伊賀、伊勢などもよい牛を出したと記されている。

鎌倉末期に記された『駿牛絵詞』（『群書類従』第二八輯）は、駿牛・牛飼・牛車の故実などを記した絵巻の詞だけが伝わったもので、牛車についての心得を述べた後に、これまでに描かれた駿牛の名、産地、牛飼、所有者等が列挙されている。あげられている名牛の数は五五頭。うち四二頭の産地が明記されており、その内訳は、筑紫＝一四、越前＝一〇、丹波＝四、大和＝四、御厨（肥前宇野）＝三、但馬＝二、河内＝二、出雲＝一、相良（遠江）＝一、周防＝一である。『国牛十図』にあげられている牛の産地とよく一致しており、ほとんどが西国の牛であった。当時、牛といえば、これらの国々が想起されたと考えられる。

問題の所在

『聖絵』を作成した聖戒も円伊も、こうした常識を持ち合わせていなかったとは考えられない。特に円伊の場合、これまで指摘されてきたとおり、『尊卑分脈』にみえる大炊御門家《おおいみかどけ》出身の園城寺の僧円伊だとすれば(61)、彼は『駿牛絵詞』にきわめて近いところにいた可能性がある。『駿牛絵詞』の本文には、「祖父の相国禅門さやうのさたありけるうへ、後鳥羽院ちかくめしつかはれ」とみえ、著者は藤原（大炊御門）頼実《よりざね》（一一五五〜一二二五）の孫であった。頼実の子師経《もろつね》兄弟の誰の子であるかはわからないが、いずれにせよ『駿牛絵詞』の著者は、円伊の祖父または大叔父（大伯父）であった可能性が高いということになる。

信濃＝牧牛という連想など、されるはずもなかったのであり、『国牛十図』にも『駿牛絵詞』にも信濃のことは一切見えない。馬＝東国／牛＝西国が当時の常識であったとすれば、長大な『聖絵』において、牧牛が描かれているのは東国の信濃のみ、という事実をどのように考えればよいのか。

一遍の旅をたどり、畿内や九州各地はもとより、丹波や但馬の風景をも描いている『聖絵』が、なぜそれらの国々には牧牛を全く描かず、信濃の二カ所にのみ描いているのだろうか。

善光寺と伴野の市、この二カ所は、『聖絵』が描く一遍の生涯において、きわめて重要で画期的な場面である。文永四年（一二六七）、輪廻の業を断とうとして再び出家した一遍は、同八年の春、信濃の善光寺に参籠して独自の阿弥陀信仰を感得して二河白道《にがびゃくどう》の図を写す。この図は煩悩のたとえである火と水の二河に挟まれたただ一筋の狭く細い白道が、念仏行者の歩むべき極楽浄土へ至る道を表しており、それを故郷に持ち帰り、専修念仏の行に入る。善光寺は、一遍にとって悟りの原点というべき聖地であった。

その後、一遍はひとり賦算《ふさん》（念仏札をくばること）の旅に出て、弘安《こうあん》二年（一二七九）、京都から信濃の善光寺へ向かう途中、同国佐久郡小田切の武士の館で踊念仏を始めた。『聖絵』はその直前に「紫雲はじめてたち侍りけり」と記している。その後、一遍の赴く所では踊念仏がおこなわれて、数多くの庶民がそれに加わるようになるのだが、その予兆は佐久伴野の紫雲であった。

なぜ、この二カ所にのみ牧牛が描かれているのかは、まさに『聖絵』を「宗教絵巻」として読まなければ解けない問題だろう。金井は牛の意味について「古代インド以来」仏教と関係があるというが、それだけでは説明として不十分である。金井の説明は、善光寺参りに収斂しているが、もちろん伴野の市の傍らの牧牛も包括できる考察をしなければならない。これは仏教文化が展開したところに普遍的に発現した事象ではなく、日本の中世、それも『聖絵』が成立した十三世紀末の京都にどのような牛のイメージがあったのかが問題なのである。

なぜ牧牛が描かれたか

十三世紀の後半を生きた聖戒や円伊も、牛を聖獣とするイメージを共有していたことはまちがいあるまい。先ほど確認した鎌倉時代の〈牛＝聖獣〉観をふまえて、あらためて聖戒・円伊らが善光寺門前と伴野の市の傍らに牧牛を描いたのはなぜかということを考えてみると、そこには二つの可能性があったと思われる。

ひとつは、天神信仰の影響である。一遍にとっても北野天神は、熊野・八幡とならぶ重要な神であった。『聖絵』も、巻一一に「しづき」の天神すなわち淡路天満宮を詳細に描き、その詞書では、「天神は西土補助の薩埵《さった》として、蓮台を迎接《げいせつ》の砌《みぎり》にかたぶけ、東域垂権《とういきすいごん》の明神として、華夷《かい》を安寧の世にまぼり給、（中略）終焉の障をのぞきて、浄土無生の門をひらきまします」と、天神信仰の重要性を説いている。聖戒・円伊が『聖絵』を制作した頃には、天神の使獣、〈牛＝聖獣〉のイメージは確固たるものになっていた。その影響をうけていた彼らは、聖なるアイコンとして重要な場面に牛を描きこんだのではないだろうか。

『聖絵』の制作と歓喜光寺《かんぎこうじ》（六条道場）の創建が関連していたとすれば、その可能性はさらに高まる。聖戒伝にして歓喜光寺縁起でもある『開山弥阿上人行状《かいざんみあしょうにんぎょうじょう》』（歓喜光寺所蔵）によると、歓喜光寺は石清水八幡宮に近い綴喜郡《つづきぐん》八幡に善導寺として創建され、正安元年（一二九九）、関白九条忠教《ただのり》の

図3–13　『北野天神縁起絵巻』（16世紀、宮内庁三の丸尚蔵館蔵）に描かれた牛車

庇護のもと、六条東洞院の左大臣源融《みなもとのとおる》の旧跡（六条河原院）へ寺地を移すとともに、菅原道真の父是善《これよし》の旧跡で「天満大自在天神」の真影を安置していた天満宮とその神宮寺《じんぐうじ》である歓喜寺を合併し、寺号を歓喜光寺に改めたという。(62)

『開山弥阿上人行状』は、近世の偽書という説も有力で、その記述をそのまま信用するわけにはいかないが、その記述のとおり天満宮を合併していたとすれば、聖戒と歓喜光寺にとっても天神信仰は重要な信仰の柱のひとつだったはずで、聖戒・円伊らの作画に、天神信仰にともなう〈牛＝聖獣〉観が作用していたことは大いにあり得たことだろう。(63)

しかし、天神信仰の影響を考えるだけでは、なぜ放牧された牛なのかという問題を解決することができない。天神縁起絵巻諸本をみても、そこに登場する牛は車をひく牛であって、牧牛はみあたらない(64)（図3–13）。また、『聖絵』の「しづき」天神（淡路天満宮）に牛が描かれていないことも問題になるだろう。牛と天神の結び付きを意識していたならば、牛の産出国としても知られていた淡路の天満宮にこそ、牛を描きそうなものである。

牧牛図の伝播と普及

ふたつめの可能性として、禅宗の十牛図（牧牛図）の影響を考えたい。これにより、描かれているのが牧牛であることも理解できよう。五山版《ござんばん》十牛図の流布、絶海中津《ぜっかいちゅうしん》筆の十牛頌《じゅ》（「頌」は奥義の解説）や伝周文《しゅうぶん》筆の十牛図といった名品が知られていることもあって、日本では室町時代以降よく普及したと言われるが、十牛図の日本への伝来と普及は、一般に考えられているよりも早かった。(65)まず、弘安元年（一二七八）の奥書をもつ十牛図巻がある。(66)廓庵《かくあん》の十牛図序・頌を忠実に写しているが、円窓中に描かれた図は、日本の絵師によるものらしい。また、金沢文庫所蔵の禅門詩文集裏文書に含まれる次の書状（『鎌倉遺文』一六二九八号）は、弘安十年（一二八七）前後のものではないかとみられている。

十牛図頌《じゅ》給わり候おわんぬ、公所の間、今に御返事申さず候の条、その恐れ少なからず候、この間、絵師見るべく来る事候、その時預かり申す御本、交合《きょうごう》せしむべく候と思い給う候、事々拝謁《はいえつ》を期《ご》し候、恐々謹言、

十月十九日　　円運（花押）

「円運」は未詳だが、この文書により、弘安年間（一二七八～八八）には関東でも十牛図とその頌が

図3–14　駿牛図断簡（東京国立博物館蔵）

受容されていたこと、それを見る「絵師」もいたことがわかる。

奈良国立博物館に所蔵されている一山一寧《いっさんいちねい》（寧一山とも）の牧牛図は、一山が梅岩居士《ばいがんこじ》金刺満貞《かなさしみつさだ》のために延慶三年（一三一〇）に着賛《ちゃくさん》したものである。(67) 満貞は正安二年（一三〇〇）、一山を信州に招き、下諏訪の慈雲寺《じうんじ》の開山とした。(68) 一山は臨済宗の高僧で、一二九九年に来日し、一時北条氏に囚われたが、その後、建長寺に招かれ、さらに円覚寺などにも住し、正和《しょうわ》二年（一三一三）には上洛して南禅寺三世となった。伝来している墨跡も多く、水墨画や頂相《ちんぞう》に多数の着賛があることでも知られる。

本図の賛は、『一山一寧語録』偈頌《げじゅ》にある十牛図賛語十首のうちの第五「牧牛」と一致し、十牛図十幅の中の第五図が遺《のこ》ったものであることがわかる。(69) 中国画の手本に倣《なら》った制作とみられるが、十四世紀初頭には、すでに東国でもこうした牧牛図を受容していたのであった。

一山一寧の牧牛図には個人蔵のものもあり、(70) やはり十牛図のうちの一図であると考えられるが、描かれている牛は猛々しく、『聖絵』の善光寺門前で角を突き合わせようとしている牛を連想させる。いずれにせよ、宋・元との交流のなかで受容された牧牛図は、十三世紀末から流布しはじめていたとみてよいだろう。

円伊が『駿牛絵詞』の近くにいた可能性があることについては先述したが、『駿牛絵詞』が制作された十三世紀末から十四世紀初め頃には、よく駿牛図が描かれていたらしい[71]（図3―14）。現在知られている駿牛図の断簡は計九図で、そのいずれもが十四世紀初頭のものとみられ、摸本によるともとは十図一巻であった。これら断簡として伝来している駿牛図と『群書類従』所収の『国牛十図』は別の絵巻であるが、『国牛十図』も延慶三年（一三一〇）に記されたものであるから[72]、十四世紀初頭にあいついで全十図の駿牛図巻が描かれていたことになる。

それらが十図であるのは、禅の十牛図の影響をうけたものであろう。また、『国牛十図』の本文末尾には、「河東牧童甯直麿これを記す」と奥書らしき物が記されている。『群書解題』が指摘するとおり、「おそらく、この名は筆名で、牧童に仮託したものであろう」が、「牧童」と自称することも禅宗の牧牛図の影響をうけているにちがいない。

禅と牛

『開山弥阿上人行状』を信用すれば、聖戒や円伊は摂関家の九条忠教を介して、最新の禅の文化と接することが可能だったはずである。周知のとおり、九条家は道家の時に禅密兼学の東福寺を創建しており、忠教も東福寺の維持につとめた。正応《しょうおう》五年（一二九二）に、帰国したばかりの白雲慧暁《はくうんえぎょう》を招いて東福寺の住持としたのは忠教である[73]。

『聖絵』の詞書にみえる「一人のすゝめによりて」は、この絵巻の成立事情を語るほぼ唯一の記述として知られている。この「一人」が誰かは、諸説あって容易に解決できる問題ではないが、(74)五味文彦はこの「一人」について、特定の人ではなく、一般の人々である可能性や、「一の人」とみて摂関をさす可能性があることも認めながら、「一人《いちじん》」＝院（あるいは天皇）と考え、『聖絵』に現役の公卿である「土御門内府、時に大納言」すなわち源《みなもとの》定実《さだざね》がみえることに着目して、次のように述べている。

　絵巻に登場して一遍に帰依した人物たちの援助を得て絵巻を製作したからには、院に勧めたと見るのが妥当と考える。その院とは「土御門内府時に大納言」源定実がつかえた亀山院であろう。(75)

この説は、たいへん魅力的である。『聖絵』はきわめて豪華で貴族性が強い作品である。絹本に美麗を尽くした『聖絵』の制作費用は莫大なものであったと考えられ、聖戒・円伊らが貴族や有徳人の財力に依拠していたことは間違いないが、「一人」が亀山院であったとすれば、この豪華さも理解しやすい。

「一人」＝亀山院であれば、『聖絵』の制作過程で禅宗の影響が及んだ可能性はさらに高くなろう。亀山院は、東福寺の円爾《えんに》や無関普門《むかんふもん》（信濃国高井郡保科の出身）を尊信し、正応四年（一二九一）には離宮を改め禅寺とし、普門を開山とした。その年に普門が入寂すると、翌年二世規庵祖円《きあんそえん》（信濃国水内郡長池の出身）が入寺し、院の詔を受けて伽藍を整備する。主要伽藍がほぼ完成した永仁《えいにん》七年（正安元年、一二九九）三月、亀山院は「禅林禅寺起願事」（南禅寺文書）を記して禅寺としての基盤を確立し、ついで寺名も改めて太平興国南禅禅寺《たいへいこうこくなんぜんぜんじ》とした(76)。

『聖絵』の成立と院の「禅林禅寺起願事」が同年だったのは、単なる偶然だろうか。院に信頼された規庵祖円が信州出身であったことと、『聖絵』が信州にのみ牧牛を描いたことには、何の関係も無かったのだろうか。

牛のイメージと食用

これ以上憶測を重ねず、後考を期すべきであろうが、『聖絵』の善光寺の門前と伴野の市の傍らに描かれた牧牛が、聖なるアイコンであったことはまちがいない。聖戒・円伊には、牧牛図に象徴される禅宗の〈牛＝悟り〉のイメージが強く影響していたと考えられるが、いずれにしても『一遍聖絵』の牧牛は、十三世紀に〈牛＝聖獣〉観が増幅されていたことをよく示している。

中世に「牛を穢れた「畜生」と見る空気が強まっていった」とは考えられず、十四世紀を迎えると、一段と〈牛＝聖獣〉観は増幅されていく。大切な労働力であることはもちろんだが、聖性を帯びていると考えられていたからこそ、牛を殺して食用にすることが強く忌避されるようになっていったのだと考えられよう。その一方で、労働力として、あるいはモノ（原材料）として、牛が利用されていたことも忘れるわけにはいかない。死んだ牛の処理・加工は、社会に必要不可欠な職能であったが、「死馬牛を屠り食と為す者」は、「人中最下の種」とされたのである。

4　鶏と中世人

牛飼童の聖なる力

牛車の牛の世話をする牛飼童（牛童《うしわらわ》）は、成人後も烏帽子《えぼし》をかぶらず、垂髪の童髪《わらわがみ》、すなわち「童《わらわ》形《ぎょう》」であった。名も某丸などと呼んだが、年少者に限らず、絵巻物などの絵画にも、髭《ひげ》をたくわえ、禿《は》げ上がって少なくなった髪を童髪にした牛飼が散見される。牛を人の力を超えた世界と結び付いた存在とする見方があったことを指摘した網野善彦は、「牛飼が牛童と言われ、童姿をしたのも、童自体の持つ呪的な力によって、こうした牛（＝聖獣）を統御しようとしたものと考えられる」と述べていた(77)。

仏教説話や寺社縁起によくあらわれる護法童子の活躍からもわかるように、古代・中世において童は、信仰とも深く結び付きながら、現実の俗世間を超越した別世界に通う力をもつと考えられていた。「童」の語は、男女を問わず元服以前の児童（童子・子ども）をさす場合もあったが、成人女性は謙遜して自分をさすのに「わらわ」の語をもちいたし、また、年齢的には児童ではないにもかかわらず、髪形もふくめて姿形が童形であるものを童・童子などと呼んだ(78)。牛飼童はその代表である。

ほかにも、公家・武家に仕えた小舎人童《こどねり》も児童に限らなかったし、大寺院には稚児《ちご》とは別に、「堂童子」など「童子」と呼ばれる人々がおり、いずれも童形であった。また、京都の北、八瀬《やせ》の地には「八瀬童子《やせのどうじ》」と称される集団があり、やはり長髪の童形であった。(79) また、説話のなかにも壮年・老年の童がしばしば登場する。例えば、大江山の酒呑童子《しゅてんどうじ》はその典型であるが、そうした童形のものたちは、別の世界と交流する、この世のものならぬ、ただならぬ霊力・呪能を身に備えている場合が多い。(80) 網野が指摘したとおり、牛飼が牛童と言われ、童姿をしていたのは、まさしく、牛が聖獣だと考えられていたこととかかわっているのだろう。

牛飼童と闘鶏

牛飼童が、闘鶏（鶏合）に深く関与していたという興味深い事実を指摘したのは、丹生谷哲一であった。(81) 丹生谷は、諸権門で開催された闘鶏の鶏は、近臣たちが調達する場合と、牛飼童が持参する場合があったことをあきらかにし、闘鶏に関与する牛飼童の姿は、平安時代末期の『年中行事絵巻』から確認できることを指摘している。

室町時代を迎えると、闘鶏は公武を問わず盛んにおこなわれるようになり、丹生谷が主に考察対象とした『看聞日記』をはじめ、牛飼が闘鶏において中心的な役割をはたしていたことを示す史料は枚挙にいとまが無い。例えば、『看聞日記』永享《えいきょう》五年（一四三三）六月二十二日条に、次のような記事がある。

一条前摂政亭鶏闘、諸人門前群集す、室町殿通らる折節《おりふし》、万人鼓操の間、御輿を抑《おさ》えると云々、
これに依り御腹立、鶏追い払わる、前摂政も御意不快と云々、

一条兼良邸で闘鶏がおこなわれ、見物人が群れ集まった。そこへ将軍の足利義教が通りかかったところ、人々が騒いでいたために義教の輿をとめざるをえなかったという。これに義教は腹を立て、京都から鶏を追い払えと命じたというのである。

そして、『看聞日記』の翌日条には、「公方御牛飼童一丸・虎菊丸、室町殿より召し捕えられ、舎に籠《こ》めらると云々、御牛飼の頭《かしら》、随分の者なり、不便不便《ふびんふびん》、条々咎《とが》有りと云々」という記事があり、この件で牛飼童が捕らえられ、獄舎に入れられたことがわかる。将軍義教は、命令に反するものは、武家はもちろん、廷臣であっても厳罰に処したことで知られ、この時は、「公方の御牛飼童」でもあった、「御牛飼の頭」が処罰されたのである。

『看聞日記』の記主貞成親王は、義教が鶏を追い払わせたことに関して、「洛中鶏はやりて万人これを養う、しかるに室町殿京中の鳥払われ、辺土へ追放、境内へ縁に随い持ち来たる」と記している。京都中で鶏が流行っており、「万人」が鶏を飼養していたが、将軍義教がこれを追い払えと命じたので、京都周辺の土地へ鶏が運び出されている。そのため、貞成が暮らしている伏見にも鶏が持ち込まれている、というのである。

闘鶏の歴史

鶏は、自分のナワバリに他の鶏が入ると、飛びかかって蹴爪で相手の首や胸を切り裂く習性を持つ。家鶏の起源は、インドからミャンマーの山林に近い地域においてであろうと考えられている。東南アジアに広く闘鶏が分布していることを考えると、鶏の家畜化の動機としては、食肉用にするということもあったであろうが、むしろ野生の鳥を飼いならして闘わせて楽しむということにあった可能性が高い(82)。

雄鶏を左右につがえて闘わせる闘鶏は、中国でも周代にはおこなわれていたらしい(83)。三月上巳《じょうし》の節会《せちえ》の遊興として鶏合がおこなわれており、これがヤマトに伝わった。春に催す闘鶏は、その年の豊作を祈願した一種の年占で、『年中行事絵巻』にも、小祠の前で闘鶏がおこなわれている場面があり、神事や占いとしておこなわれたことがわかる(図3-15)。

平安時代以降、物合《ものあわせ》の一種として発達し、『日本三代実録』には陽成天皇が弘徽殿《こうきでん》前で闘鶏を観覧したことがみえ、『栄花物語』にみえる寛弘《かんこう》三年(一〇〇六)三月の花山院の鶏合、承安二年(一一七二)五月の東山仙洞の鶏合などもよく知られている。

『平家物語』にみえる熊野別当湛増《たんぞう》が、闘鶏によって去就を決した話はよく知られている。屋島の戦い後、湛増は「ただ白旗(源氏)につけ」という新熊野《いまくまの》(闘鶏神社)の神宣を疑い、闘鶏によって進退を決しようとした。そこで、社頭で白・赤それぞれ七羽の鶏を闘わせたところ、赤い鶏が一羽も

図3–15　『年中行事絵巻』（12世紀、田中家蔵）に描かれた闘鶏の準備

勝たなかったので源氏方へ寝返ったという。『吾妻鏡』には御家人たちが各自の鶏を持参し、三月三日の闘鶏に参加した記事が見られる。そして、室町時代には先に見たように、公武を問わず、闘鶏が大流行するようになったが、そこで重要な役割をはたしていたのが牛飼童だったのである。

牛飼童が、闘鶏に深く関与するようになったのはどうしてか。身分の貴賤は異なるとしても、牛飼童がその主との間に、近臣と共通の親密な主従関係を形成していたことを意味するのか、まだわからないことは多いが、丹生谷は、そもそもなぜ牛飼童が闘鶏の儀の中心的役割をになうようになったのか、という問題について、次のように述べている。

闘鶏の儀が本来神占であったことからすれば、「童形」に象徴される牛飼童の有した「呪術性」や「聖性」が関わっているのであろうか。「諸院宮大臣家の牛童」よりなる北野社の大座神人の存在形態は、その点、重要な示唆を与える。その他霹靂神と鶏、北野天神と牛との密接な関係、「有言語」りといわれた院の牛飼鷹法師丸の牛のこと、などが想起される。実際、『看聞日記』には、正月の将軍義量《よしかず》の北野社参の折に、「今年御代可尽、主上可有崩御」と物言う鶏があり、流し捨てられたという記事がみえる。(84)

丹生谷が最後にあげている、北野の物言う鶏は、「主上（称光天皇）崩御あるべし」という、あまりにも不吉・不敬な予言をしたために、流し捨てられたのであろうが、鶏は単に朝を知らせるだけでなく、こうした人の死に関する聖性・呪術性も帯びていた。

悪行を描く屛風

京都の金戒光明寺《こんかいこうみょうじ》に所蔵されている『地獄極楽図屛風』は鎌倉時代の作品で、国の重要文化財に指定されている。二曲一双の画面を三つに区分し、彼岸となる画面上部に極楽浄土、此岸となる画面下部に地獄（左）と現世（右）の様子を描く。現世では多くの善行・悪行が描かれ、その結果として地獄・極楽へ行くこと、また清浄な信心を持つことにより、悪行を積んでも往生できることを示したものと考えられている（図3－16）。

現世の一番隅、第一扇右下に描かれているのは、俗人が僧侶に何かを手渡す、すなわち寄進をおこなう場面とみられる。仏法僧を尊重する善行を描いているのであろう。この寄進場面の横、第一

図3–16 『地獄極楽図屏風』(14世紀、金戒光明寺蔵、第1扇〈右〉・第2扇〈左〉)

扇下から第二扇にかけて、悪行の場面が続く。寄進者のすぐ横に、小川の近くにひざまずいている男が描かれている。彼の手には釣り竿が握られており、魚釣り、即ち殺生の場面であることがわかる。この魚釣りの横には、人殺しの場面がある。合掌し逃げ惑う女を弓矢で射殺そうとする男、その上には第一扇から第二扇にかけて、これも男が後ろ手に縛られた人物を弓で射ようとしている。今注目するのは、続く第二扇の下部に描かれている動物を殺す場面である。まず上に、小刀を持った若者が鶏を追いかけるところ。その下では、やや年配の人物が力を込めて牛の背に刀を振りおろしている(図3-17)。

この屛風絵を丹念に読み解いた加須屋誠は、この場面について、次のように分析した。まず、小刀をもって鶏を追いかけていることについては、旧原家本『地獄草紙』に「とりけだものをなやますもの」が落ちるという鶏地獄の一段がみられることから、「この鳥殺しもまた悪しき行為の一つであることは疑いえない」とする。

牛の背に刀を振りおろしている場面については、『今昔物語集』に牛を殺して鬼に供えた者が地獄へ召された話があるものの、罪科はそれを求めた鬼にあるとして、牛殺しは彼自身の悪行ではないと言われていることから、次のように考察を深める。

より重要なことは四つ足の獣を食らう習慣の乏しかった過去の日本人にとっては、ここに描かれるような牛の背中に刀を向ける残酷な殺生が、悪行として先の人殺しほどにすら世間一般に

見られるものではなかったと推測される点である。(85)

このことから、こうした特異な悪行のモチーフが採用された背景には、なにがしかの思想的な裏付けが必要であったとみて、十世紀末に慶滋保胤《よししげのやすたね》が著わした『日本往生極楽記』序文の「瑞応伝に載せるところの四十余人、この中に牛を屠り鶏を販《ひさ》ぐ者あり。善知識に遇《あ》ひて十念に往生せり」という記述が、牛を殺す場面の思想的背景ではないかと想定する。ここで保胤が引用する瑞応伝＝『往生西方浄土瑞応删伝』（中国唐代の書物）に収録された姓名不詳の分州人及び張鍾馗なる二人の人物は、牛や鶏を殺すことをなりわいとしていたにもかかわらず、共に極楽往生を遂げたと説かれている。

図3-17 『地獄極楽図屏風』（14世紀、金戒光明寺蔵、第2扇の下部）に描かれた殺生

慶滋保胤はこの文献を踏まえて、生き物を殺す者でさえも臨終時に善知識つまり僧侶を呼んで、十声の念仏を唱えさえすれば極楽往生を遂げることができると、説いている。加須屋は、鶏を追う者と牛を殺す者が並べて図様として配される『地獄極楽図屏風』は、この平安中期にまで遡る古い浄土教の思想に依拠しているのではない

かと指摘するのである。(86)

鶏の苦しみ

「中世の人々がここに読み取ろうとしたことは」、「たとえ生前に悪行をなしたとしても、臨終時それを悔いて念仏を唱えさえすれば、極楽に生まれかわることができるという、悪人往生の信仰であった」とみる加須屋の結論は首肯できる。しかし、小刀をもって鶏を追いかけている場面の解釈についてはどうだろうか。加須屋は、『地獄草紙』に「とりけだものをなやますもの」が落ちるという鶏地獄の一段がみられることから、「この鳥殺しもまた悪しき行為の一つであることは疑いえない」と見る。そうした見方は、『地獄草紙』の鶏地獄は、鶏を殺して食べるという悪行を犯した人間が堕ちる地獄として描かれているという解釈が前提になっているわけだが、そうだろうか。

『地獄草紙』一巻の四段目「鶏地獄」は、幽暗な黒色の画面いっぱいに、巨大な怒った雄鶏が罪人たちを蹴散らす姿が描かれている(図3－18)。紅蓮の炎に包まれた鶏は、口から火焔を吐き、地獄の恐ろしさを人々に印象づけるが、その詞書は次のとおりである。

また、この地獄に別所あり、鶏地獄と名づく、むかし人間にありしとき、こころ愚かなるによりて、腹悪しくして、いさかひを好み、あるいは、生けるものをわびしめ、とりけだものを悩ます者、これに生る。この地獄に、猛きほのほ身に満ちたる鶏ありて、罪人をしきりに蹴り踏

む、罪人の身づたづたになりて、その苦患たえしのぶべき方なし

この地獄は、「腹悪しくして、いさかひを好み、あるいは、生けるものをわびしめ、とりけだものを悩ます者」が堕ちるのだという。「生けるものをわびしめ（困らせ）、とりけだものを悩ます」とあるものの、どこにも「殺」あるいは「食」という文言は見当たらない。「いさかひを好み」とあることから、これは鶏に闘鶏を強いていることを悪行としていると考えた方が良いだろう。(87) そうすれば、「罪人をしきりに蹴り踏む」とあるのが理解しやすくなる。いうまでもなく、闘鶏は鶏の蹴爪で相手の首や胸を切り裂く習性を利用したものである。鶏地獄は、鶏にそうした残酷な戦いを強いて「わびしめ」た「罪人」が、今度は鶏に蹴られ、「身づたづたになりて」苦しむ地獄なのであって、鳥を殺して食べることを咎めるものではなかった。

図3–18　『地獄草紙』（12世紀、奈良国立博物館蔵）の鶏地獄

『地獄草紙』をつくらせた貴族たちには、鶏を殺すことはもちろん、食べることなど考えられなかった。ここに描かれた鶏地獄は、一方で聖性を帯びていると考えられていた鶏に、残酷な闘鶏を強いて楽しんでいる、その葛藤からイ

メージされていたのであろう。

ただ時を知るのみ

先ほどみたとおり、室町時代には闘鶏（鶏合）が大流行し、京都を中心に、鶏を飼養する者が増えていたらしい（図3－19）。万里小路（藤原）時房の日記『建内記』嘉吉三年（一四四三）六月二十三日条に次のような興味深い記事がある。

伝へ聞く、頭人《とうにん》摂津掃部《かもん》入道常承〈満親朝臣の事なり〉、所領を註せらると云々。近日室町殿鶏済々畜養有り、又多く人々に預け置かると云々。摂津掃部入道大鶏有りて、召さるるの処、これを進らさず、茲に因よりて室町殿の御意に違ひ、彼の分限を註し進らすべきの由、管領に仰せらる。管領本人に仰せて之を註し申す。他の御計らひ有るべきの由、仰せ有りと云々。

時房は、頭人の常承（摂津満親）が、その所領を調査され上申された事情について、次のような話を伝え聞いた。近頃、室町殿（足利義勝）は鶏をたくさん飼育している。また多くの人々にその鶏を預け置かれているということだ。常承のもとには大きな鶏がいて、それを義勝がお召しになったところ、常承はその鶏を進上しなかった。これにより義勝のご機嫌を損ね、常承の所領は注進されなければならない、と管領にご命令になった。管領は常承本人に命じて所領を注進させた。きっと他のご処置があるはずだ、と管領の仰せがあったそうだ。

これに続けて、時房は次のように記している。

> 鶏の事、普廣院殿厳制有り、闘諍《とうじょう》の基たる由、俗説有るの故と云々。仍って近来人々畜養せざる者なり。此れらの子細諫言《かんげん》の人無きか。異朝の畜鶏は、食物の為なり。本朝は其の儀無く、只時を知るのみ。然れども五穀を費やし人の食を食らふこと、無益の事か。諫言の仁有らば、定めて棄捐《きえん》せらるべきか。

図3–19　上杉本『洛中洛外図屛風』(16世紀、米沢市上杉博物館蔵) 室町殿の闘鶏

鶏のことは、足利義教が厳しく禁止した。喧嘩のもとであるとの俗説があるからだということだ。そのため、近頃の人々は鶏を飼っていないのである。こうした事情を義勝に諫言する人がいないのだろうか。外国での飼育は、食べるためである。我が国ではそのようなことのために飼育はしない。ただ時を知るためだけである。しかし、五穀を浪費し人間の食べ物を食べさせることは無駄なことではないか。諫言する人がいれば、きっと鶏の飼

育をおやめになるはずだろう。

足利義勝は、六代将軍義教の長子として、永享六年（一四三四）二月九日に誕生した。嘉吉元年（一四四一）六月、父義教が赤松満祐に暗殺されたので（嘉吉の乱）、諸将に擁立されて八歳で家督を継いだ。ところが彼を支えていた管領細川持之は、翌二年八月、病のため死去してしまう。義勝は同年十一月、元服し、室町幕府の第七代将軍となり、管領畠山持国の輔佐をうけたものの、翌嘉吉三年すなわち鶏の畜養に夢中になったこの年の七月、赤痢を病み、わずか十歳で没してしまう(88)。

時房の、「外国での飼育は、食べるためである。我が国ではそのようなことのために飼育はしない。ただ時を知るためだけである」という記述は、この頃の公家が鶏をどのように認識していたかを直説物語る史料として貴重である。

鶏の霊力

古代・中世の諸記録に「鶏」が見えるのは、圧倒的に「鶏鳴《けいめい》」すなわち一番鶏や夜明けを知らせる鶏の鳴き声が多い。確かに、中世社会において鶏は「時を知る」ため、とりわけ夜明けを知るために飼養されていた。

古来、鶏は太陽を迎える霊鳥とされてきた。『古事記』の、天照大神が天の岩屋戸に隠れ、世界がことごとく闇になったとき、八百万神が常世長鳴鳥《とこよのながなきどり》を鳴かせ、天鈿女命《あめのうずめ》に舞わせて、天照大神を呼び出す話で、鶏はまさに、太陽を呼び出すものとして現れている。『皇大神宮儀式帳』や『延喜式』

に、神饌として鶏がみえるのも、太陽神アマテラスとの関係を考えるべきだろう。(89) その鳴声で黎明を告げる鶏は、暗黒の夜を追い払い光明の太陽を呼び出す鳥と考えられたのであう。

鶏の鳴き声が、夜間に活動する魔物を退散させると考えられたのか、夜明けを再生と結び付けたのか、鶏は人の死とも深くかかわってイメージされる。この列島に鶏の造形があらわれるのは弥生時代の後半だが、古墳時代には墓域からの出土が圧倒的多数にのぼる。形象埴輪《けいしょうはにわ》の一種である鶏形埴輪は、動物埴輪の中ではもっとも早く出現し、埴輪が消える六世紀後半まで古墳に樹立され続けたのである。鳥形埴輪には他の種類もあるのだが、鶏形埴輪が圧倒的に多い。(90)

死者と鶏の結び付きは、後世、死体を探す際、鶏を使うという習俗に見ることができる。謡曲「船橋」は、永享二年（一四三〇）の奥書をもつ能の伝書『申楽談儀《さるがくだんぎ》』に、「佐野船橋は根本でんがくの能なり。然《しか》るを直さる」とあり、田楽能であったのを、世阿弥《ぜあみ》が作り直したものとされる。この「船橋」に、次のような入水者と鶏の話がみえる。

熊野の山伏が奥州へ向かう途中、上野国佐野で橋の造立を勧進している二人の男女に出会う。昔、川を隔てて相愛の男女が住んでおり、ここに架けられていた船橋を渡って逢っていたが、これを嫌った親がある夜、橋板を外しておいたところ、これに気づかぬ二人は川に落ちて死んでしまった。そこで、船橋ではない橋を架けたいと、勧進をしているのだと言う。二人は、実はその時に死んだ男女の亡霊であると告げ、山伏に回向《えこう》（死者の成仏を願う供養）を頼んで消え失せる。山伏は懇《ねんご》ろに弔うと、亡霊の二人が現れ、この里には鶏がいないので水に沈んだまま浮び上ることができず苦しんできたが、おかげで成仏することができたと礼を述べ、うれしそうに消える。

水死体を探す際、鶏を使うと発見できると考えられていた。こうした考え方は、江戸時代を迎えてもあったようで、行方不明の遺体の探索に鶏が利用されている。黒川道祐《くろかわどうゆう》の随筆『遠碧軒記《えんぺきけんき》』（一六七五、下・二）に、海や川で死者を探すのに、鶏を船に乗せて漕ぎ廻ると、死体のあるところで鶏が鳴くとある。『倭訓栞《わくんのしおり》』後編にも、同様のことがみえ、信州の諏訪湖でこれをおこなっているという。また、鈴木牧之《すずきぼくし》の『北越雪譜《ほくえつせっぷ》』（一八三七）には、雪崩に埋まった死体を探すのに鶏を用いたとある。(91)

食肉と化した鶏

農家の庭先に鶏が放し飼いにされている風景は、かつて日本各地で見られた。よく聞くのは、祝い事などの時に、飼っている鶏を自宅で屠って皆で食べた、という話である。餌を与えて育てていた鶏が屠られるのを目の当たりにして以来、鶏肉を食べることができなくなった（苦手になった）といった話もよく聞く。この種の話によって、家畜の肉が穢れとして禁じられた時代も、鶏肉はかなり多く消費されていたのだ、と説かれることが多い。

しかし、ここまで見てきたように、鶏を飼っているからといって、肉を食べるためにそれを殺すということがおこなわれたかどうかは一概に言えない。鶏を聖性・呪術性を帯びた存在と認識し、神前で闘鶏をおこなって神意を占ったりした。そのように神聖化されていた場合、鶏肉はもちろん、鶏卵すら食さないということがありえただろう。

ロドリゲスは「鶏や鴨や家鴨を飼うのはただ娯楽のためであって食用にするためではない」と書いていた。たしかに、江戸時代には軍鶏を闘わせることが庶民の娯楽としておこなわれるようになり、賭博をともなうことが多かったため、幕府はしばしば禁令を発した。時代が降るにつれて、闘鶏に娯楽の要素が強まる傾向にあったことは確かであったし、それとともに、食用の禁忌も弱まった可能性がある。江戸時代には、鶏の卵や肉を用いた料理もあり、軍鶏《しゃも》鍋も楽しまれるようになった(92)。これは、闘鶏の娯楽化と軌を一にした現象かもしれない。

しかしその一方で、鶏の霊力が信じられていたことも忘れるわけにはいかない。江戸時代にも、夜明けを知らせるだけでなく、死体を探す際、鶏を使うと発見できると考えられていた。動物観も、呪術性から合理性へと、単線的に変化するわけではない。〈牛＝聖獣〉観も鶏の霊力も、近代以前の日本で肉を食べることを目的とした飼養が発達しなかった理由を考える際、見過ごすことはできないだろう。

註

(1) 戸川点「釈奠における三牲」(虎尾俊哉編『律令国家の政務と儀礼』吉川弘文館、一九九五)。

(2) 平雅行「日本の肉食慣行と肉食禁忌」(脇田晴子／アンヌ ブッシィ編『アイデンティティ・周縁・媒介』吉川弘文館、二〇〇〇年)。

（3）『大航海時代叢書』Ⅸ（岩波書店、一九六七年）。

（4）加茂儀一『家畜文化史』（法政大学出版局、一九七三年）、在来家畜研究会編『アジアの在来家畜―家畜の起源と系統史―』（名古屋大学出版会、二〇〇九年）。

（5）同年六月、関白藤原師実が高倉殿で飼養している「羊」について、源俊房が日記『水左記』に記している。「件の羊、牝牡子三頭、その毛白く、白犬の如し。各々胡髯《こぜん》有り、また二角有り像《かたち》は牛角の如し。身体鹿に似て、その大きさこれ犬の如し。その聲は猿の如し。むずかる尾わずかに三四寸許り」とあって、やはりヤギなのかヒツジなのか、よくわからない。

（6）カモシカは、体毛で毛氈《もうせん》（毛織物）などを織るのに用いたので、氈《かも》を織るのに用いる鹿の意で、「氈鹿」と称されたという語源説が有力である。しかし、文献史料上は「氈鹿」という表記は少なく、「羚羊」と表記されることが一般的だった。「羊」の字があてられてはいるが、「かもしし」、「にくしし」などとも称され、食べられていた。例えば、『上井覚兼日記』天正十四年（一五八六）十月十三日条をみると、「酒肴持ち来られ候、羚羊など預り候なり」とあって、島津家中でカモシシが食材となっている。また、細川家文書には、薬食いとして羚羊を食べていたことを示す江戸初期の文書も伝わっている。

（7）前掲註（4）在来家畜研究会編『アジアの在来家畜』、西本豊弘・新美倫子編『事典　人と動物の考古学』（吉川弘文館、二〇一〇年）。

（8）港区立港郷土資料館編『江戸動物図鑑―出会う・暮らす・愛でる―』（港区立港郷土資料館、二〇〇二年）、渡部浩二「江戸のブタ肉食―文明開化前の肉食事情―」（中澤克昭編『人と動物の日本史〈2〉歴史のなかの動物たち』吉川弘文館、二〇〇九年）。

（9）服部英雄『河原ノ者・非人・秀吉』（山川出版社、二〇一二年）は、『建内記』のこの記述から、犬追物に際しては犬の肉が食べられていたとしている。確かに、犬追物が終わった後、その肉を食した人々がいたかもしれないが、この史料は、「犬追物を射る」ことと「犬を殺し、これを食う」ことをわけて書いているから、犬追物の犬が食べられていたことを証明する史料とすることはできない。

(10) 松井章『環境考古学への招待―発掘からわかる食・トイレ・戦争―』(岩波書店、二〇〇五年)。

(11) 肉を求めて犬を捕殺する者も珍しくなかったからこそ、犬の愛護を命じ、大規模な収容施設で多数の犬を保護させた徳川綱吉の生類憐みの令は人々を驚かせた。塚本学『生類をめぐる政治―元禄のフォークロアー』(平凡社、一九八三年。講談社学術文庫、二〇一三年)参照。

(12) 千葉徳爾『オオカミはなぜ消えたか―日本人と獣の話―』(新人物往来社、一九九五年)、中村生雄『日本人の宗教と動物観―殺生と肉食―』(吉川弘文館、二〇一〇年

(13) 前掲註(4)加茂『家畜文化史』、在来家畜研究会編『アジアの在来家畜』。

(14) 原田信男『歴史のなかの米と肉』(平凡社、一九九三年。同ライブラリー、二〇〇五年)。

(15)『日欧文化比較』(岡田章雄訳注『大航海時代叢書XI』岩波書店、一九六五年)の「第14章　前記の章でよくまとめられなかった異風で、特殊な事どもについて」。

(16) 古典的な名著として、佐伯有清『牛と古代人の生活―近代につながる牛殺しの習俗―』(至文堂、一九六七年)、加茂儀一『日本畜産史　食肉・乳酪篇』(法政大学出版局、一九七六年)がある。文学研究では、北條勝貴「説話の可能態―『日本霊異記』堕牛譚のナラティヴ―」(『歴史評論』六六八、二〇〇五年)、金賢旭「牛の説話と渡来文化」(小峯和明編『中世文学と隣接諸学1　漢文文化圏の説話世界』竹林舎、二〇一〇年)など、『日本霊異記』や『今昔物語集』等の説話にみえる堕牛譚(牛転生譚)について論じられたものが多い。農耕との関係を探った新川登亀男「古代仏教と水稲文化―牛をめぐって―」(『講座水稲文化研究I　古代・中世仏教寺院の水田開発と水稲文化』早稲田大学水稲文化研究所、二〇〇五年)、芸能史研究の視点からは服部幸雄「牛に乗る神と牛飼舎人」(『日本歴史』五八四、一九九七年)も興味深い。

(17)河野通明「農耕と牛馬」(前掲註(8)中澤編『人と動物の日本史〈2〉歴史のなかの動物たち』)。

(18)義江明子「殺牛祭神と魚酒―性別分業と経営の観点より―」(佐伯有清先生古稀記念会編『日本古代の祭祀と仏教』吉川弘文館、一九九五年)、門田誠一「東アジアにおける殺牛祭祀の系譜―新羅と日本古代の事例の位置づけ―」(『佛教大学歴史学部論集』一、二〇一一年)、森田悌「殺牛馬祭儀と魚酒」(『續日本紀研究』四〇六、二〇一三年)など。

(19)『往生要集』大文一「牛頭馬頭等の諸獄卒、手に器杖を執り」、高野本『平家物語』五(文覚被流)「黄泉の旅にいでなん後者、牛頭馬頭のせめをばまぬかれ給はじ」、『太平記』三三(新田左兵衛佐義興自害事)「義興、長二丈許なる鬼に成て、牛頭馬頭阿放羅刹共十余人前後に随へ」など。

(20)小峯和明「牛になる人―『日本霊異記』と法会唱導―」(『中世法会文芸論』笠間書院、二〇〇九年)。

(21)前掲註(16)佐伯『牛と古代人の生活』、服部「牛に乗る神と牛飼舎人」、飯田紀久子「天神信仰における牛の由来」瀬田勝哉編『変貌する北野天満宮―中世後期の神仏の世界―』(平凡社、二〇一五年)。

(22)柳田国男「一つ目小僧」「鹿の耳」(『定本柳田国男集』第五巻、筑摩書房、一九六八年)、西郷信綱「イケニヘについて」(『神話と国家』平凡社選書、一九七七年)など。

(23)前掲註(16)北條「説話の可能態」、金「牛の説話と渡来文化」、前掲註(20)小峯「牛になる人」など。

(24)五味文彦「序論 中世人の動物観」(五味・小野正敏・萩原三雄編『動物と中世―獲る・使う・食らう―』考古学と中世史6、高志書院、二〇〇九年)。

(25)網野善彦「牛【中世】」(『日本史大事典』第一巻、平凡社、一九九二年。のち『網野善彦著作集』第九巻、岩波書店、二〇〇八年)、西山良平「平安京の動物誌」(『都市平安京』京都大学出版会、二〇〇四年)、盛本昌広「牛馬の放牧と蒭の確保」(前掲註(24)小野・五味・萩原編『動物と中世』)。

(26)東京国立博物館・福岡市博物館・大阪市立美術館『天神さまの美術』(NHK・東京新聞、二〇〇一年)。

(27) 前掲註(24)五味「序論　中世人の動物観」。
(28) 前掲註(25)網野「牛【中世】」。
(29) 同右。
(30) 拙稿「歴史のなかの動物たち」(前掲註(8)中澤克昭編『人と動物の日本史〈2〉歴史のなかの動物たち』)。
(31) 『国史大辞典』(吉川弘文館)の「閻魔王(えんまおう)」(佐和隆研執筆)。
(32) 『中右記』寛治八年(一〇九四)正月十日条の「今日依当吉日、始炎魔天念誦」など。
(33) 東京国立博物館・総本山醍醐寺『国宝　醍醐寺展』(日本経済新聞社、二〇〇一年)。
(34) サントリー美術館『動物表現の系譜』(一九九八年)、京都国立博物館『百獣の楽園―美術にすむ動物たち―』(二〇一一年)。
(35) 東京国立博物館『空海と密教美術展』(読売新聞社・NHK、二〇一一年)。
(36) 前掲註(33)『国宝　醍醐寺展』。
(37) 京都国立博物館『王朝の仏画と儀礼―善をつくし美をつくす―』(一九九八年)、根津美術館学芸部『仏教の聖画―十二世紀を中心とする平安仏画の精髄―』(根津美術館、一九九六年)、前掲註(33)『国宝　醍醐寺展』など。
(38) 『扶桑略記』天慶三年正月廿二日条「将門を降伏せんがため、延暦寺首楞厳院に於て、三七日を期して大威徳の法を修す」、『平家物語』八(名虎)「恵亮和尚大威徳の法を修せられける」、『太平記』一二(神泉苑事)「東寺に炉壇を構へ、大威徳明王の法を修し給ふ」など、それを示す文献は多い。
(39) 笠井昌昭『天神縁起の歴史』(雄山閣出版、一九七三年)、前掲註(16)服部「牛に乗る神と牛飼舎人」など。

(40) 竹居明男「天神信仰の歴史―怨霊から「天満大自在天神」へ―」(『国文学・解釈と鑑賞』六七-四、二〇〇二年)、山本五月「『道賢上人冥途記』に見る道真像―太政威徳天の姿―」(『国文学・解釈と鑑賞』六七-四、二〇〇二年)。

(41) 『国史大辞典』(吉川弘文館)の「大自在天(だいじざいてん)」(真鍋俊照執筆)。

(42) 前掲註(37)『仏教の聖画』。

(43) 前掲註(33)『国宝 醍醐寺展』。

(44) 『本朝文粋』一三(北野天神供御幣并種々物文)「右天満自在天神、或塩梅於天下、輔導一人、或日月於天上、照臨万民」、『太平記』一二(大内裏造営事)「是こそ菅丞相の変化の神、天満大自在天神よ」など。

(45) 伊東玉美「説話文学における牛」(鈴木健一編『鳥獣虫魚の文学史1 獣の巻』三弥井書店、二〇一一年)。

(46) 海老根聰郎「一山一寧賛 牧牛図」(『國華』一〇三〇、一九八〇年)、『国史大辞典』(吉川弘文館)の「十牛図(じゅうぎゅうず)」(鶴田武良執筆)など。

(47) 塚本学『江戸図屛風の動物たち』(国立歴史民俗博物館振興会、一九九八年)。

(48) 澁澤敬三・神奈川大学日本常民文化研究所編『絵巻物による日本常民生活絵引』第二巻〈一遍聖絵〉(平凡社、一九八四年)。

(49) 黒田日出男「旅と風景―信濃・陸奥・京都―」朝日百科日本の歴史別冊 歴史を読みなおす10『中世を旅する人々―『一遍聖絵』とともに―』(朝日新聞社、一九九三年)。なお、黒田氏は「市の光景」(『姿としぐさの中世史』一九八六年、平凡社)では、井原今朝男「信濃国伴野荘の交通と商業」(『信濃』三五-九、一九八三年)をふまえ、現地の放牧を描いた実景だと解釈していた。

(50) こうした『聖絵』をめぐる研究動向については、井原今朝男「書評・砂川博編『一遍聖絵の総合的研究』」(『時衆文化』七、二〇〇三年)、同「信濃国大井荘落合新善光寺と一遍(上)」(『時衆文化』一六、二〇〇七年）などに整理されている。
(51) 金井清光「『一遍聖絵』十二名画とその宗教的意味（三）」（『時衆文化』四、二〇〇一年）。
(52) 坂井衡平『善光寺史』（東京美術、一九六九年）。
(53) 徳田和夫「牛に引かれて善光寺参り譚の軌跡」（『絵解き研究』六、一九八八年）。のち「「牛に引かれて善光寺参り」譚の形成」と改題（『絵語りと物語り』平凡社、一九九〇年）。
(54) 砂川博「『一遍聖絵』巻一の詞と絵」（『時衆文化』一三、二〇〇六年）。
(55) 砂川博「『一遍聖絵』第四の詞と絵（下）」（『時衆文化』一八、二〇〇八年）。山内譲「『一遍聖絵』に描かれた信濃」（杉橋隆夫教授退職記念論集、『立命館文學』六二四、二〇一二年）も、黒田・金井の牧牛をめぐる議論について紹介している。
(56)『長野県史　通史編　第二巻　中世一』の「鎌倉時代の社会」（井原今朝男執筆）。
(57)『帝京大学山梨文化財研究所報』第五三号「特集　遺跡の中のウシ」（二〇一一年）および、山梨県考古学協会二〇一一年度研究集会資料集『牧の考古学―牛をめぐる諸問題―』（山梨県考古学協会、二〇一一年）が最新の考古学的知見を紹介している。
(58) 長野県埋蔵文化財センター『上信越自動車道埋蔵文化財発掘調査報告書26　更埴条里遺跡・屋代遺跡群　古代1編』、同『上信越自動車道埋蔵文化財発掘調査報告書27　更埴条里遺跡・屋代遺跡群　古代2・中世・近世編』（二〇〇〇年）。
(59) 長野県埋蔵文化財センター『上信越自動車道埋蔵文化財発掘調査報告書6　松原遺跡　古代・中世編』（二〇〇〇年）。
(60) 市川隆之「古代遺跡出土の鉄鏃」（井原今朝男・牛山佳幸編『論集　東国信濃の古代中世史』岩田書院、二〇〇八年）。

（61）『日本絵巻物集成』第二二巻（雄山閣、一九三二年）、林屋辰三郎「法眼圓伊について」（『畫説』六三、一九四二年。のち『中世文化の基調』東京大学出版会、一九五三年）。

（62）『日本歴史地名大系』（平凡社）や『国史大辞典』などによれば、歓喜光寺は天正年間に寺町錦小路に移され、明治四十年（一九〇七）東山五条の法国寺と合併して同地に移転、昭和四十九年（一九七四）現在地の山科区大宅奥山田に移転した。中京区中之町の錦天満神社は、明治五年（一八七二）に歓喜光寺から分離したものだという。

（63）前掲註（61）林屋「法眼圓伊について」、砂川博「『開山弥阿上人行状』考」（『時衆文化』五、二〇〇二年。のち『一遍聖絵研究』岩田書院、二〇〇三年）など。

（64）前掲註（26）『天神さまの美術』。

（65）川瀬一馬「五山版十牛図考」（『田山方南先生華甲記念論文集』田山方南先生華甲記念会、一九六三年）、同『五山版の研究』（日本古書籍商協会、一九七〇年）、村木敬子「和刻本「十牛図」の展開」（『アジア遊学』一四二、勉誠出版、二〇一一年）などを参照。絶海筆十牛頌・伝周文筆十牛図は、東京国立博物館・九州国立博物館・日本経済新聞社『京都五山 禅の文化展』（日本経済新聞社、二〇〇七年）。

（66）真保亨「新出の弘安本十牛図巻」（『仏教芸術』九六、一九七四年）。

（67）前掲註（46）海老根「一山一寧賛 牧牛図」、奈良国立博物館の収蔵品データベース（http://www.narahaku.go.jp/collection/1178-0.html）参照。

（68）『長野県史 通史編 第二巻 中世二』の「鎌倉時代の文化」（小林計一郎執筆）。

（69）前掲註（46）海老根「一山一寧賛 牧牛図」、前掲註（67）奈良国立博物館の収蔵品データベース。

（70）前掲註（34）『百獣の楽園』。

（71）『国史大事典』（吉川弘文館）の「駿牛図（しゅんぎゅうず）」（宮次男執筆）。

(72)『群書解題』の「国牛十図（こくぎうじふず）」（木内一執筆）。
(73) 白石虎月編『東福寺誌』（東福禅寺、一九三〇年）。
(74) 岡部篤子「歓喜光寺本『一遍聖絵』の制作後援者「一人」について」（『古美術』八五、一九八八年）、水野僚子「『一遍聖絵』の制作背景に関する一考察」（『美術史』五一―二〈通号一五二〉、美術史學會、二〇〇二年）、佐々木哲「『一遍聖絵』後援者「一人」と『遊行上人縁起絵』作者平宗俊―久我家所領問題と池家―」（『時衆文化』二〇、金井清光先生追悼号、二〇〇九年）など。
(75) 五味文彦「『一遍聖絵』と中世社会」（五味・小野正敏・萩原三雄編『一遍聖絵を歩く―中世の景観を読む―』高志書院、二〇一二年）。
(76) 桜井景雄編『南禅寺史』（大本山南禅寺、一九四〇年）。
(77) 前掲註（25）網野「牛【中世】」。
(78) 丹生谷哲一「中世における寺院の童について」（『身分・差別と中世社会』塙書房、二〇〇五年）。
(79) 池田昭『天皇制と八瀬童子』（東方出版、一九九一年）、宇野日出生『八瀬童子―歴史と文化―』（思文閣出版、二〇〇七年）。
(80) 高橋昌明『酒呑童子の誕生―もうひとつの日本文化―』（中央公論社、一九九二年）。
(81) 丹生谷哲一「中世牛飼童の存在形態―『看聞日記』を中心に―」前掲註（78）『身分・差別と中世社会』。
(82) 前掲註（4）加茂『家畜文化史』、在来家畜研究会編『アジアの在来家畜』。
(83) 山口健児『鶏』（法政大学出版局、一九八三年）。
(84) 前掲註（81）丹生谷「中世牛飼童の存在形態」。
(85) 加須屋誠「金戒光明寺所蔵地獄極楽図屏風試論―その図様構成と主題の問題―」（『仏教説話画の構造と機能―此岸と彼岸のイコノロジー―』中央公論美術出版、二〇〇三年）。

(86) 同右。
(87) 黒田智「ニワトリ―神意を告げる霊鳥―」前掲註(8)中澤編『人と動物の日本史〈2〉歴史のなかの動物たち』。
(88) 榎原雅治・清水克行編『室町幕府将軍列伝』(戎光祥出版、二〇一七年)。
(89) 平林章仁『神々と肉食の古代史』(吉川弘文館、二〇〇七年)。
(90) 設楽博己編『十二支になった動物たちの考古学』(新泉社、二〇一五年)。
(91) 小林祥次郎『日本古典博物事典 動物篇』(勉誠出版、二〇〇九年)。
(92) 原田信男『江戸の料理史―料理本と料理文化―』(中公新書、一九八九年)、同『江戸の食生活』(岩波書店、二〇〇三年。岩波現代文庫、二〇〇九年)。

第四章　殺生・肉食の正当化

仏教は僧侶に肉食を禁じたが、それがすぐに神祇祭祀《じんぎさいし》や俗人の日常生活にまで影響したわけではなかった。しかし、殺生禁断や肉食忌避の思潮はしだいに祭祀や世俗社会にまで影響するようになる。平安王朝において、肉食穢《けが》れ観は肥大化するが、その後も肉を口にする人々がいたこと、そこに身分偏差があったことは、第二章で確認したとおりである。

古代の神祇祭祀においては、必ずしも肉が忌避されていなかった。しかし、いわゆる神仏習合が進展し、「日本の神々は、仏菩薩がこの世に仮の姿としてあらわれたもの」という本地垂迹《ほんじすいじゃく》の考え方が一般化し、祭神に本地仏が設定されるようになると、神＝仏に肉を供えることが問題になる。神が仏であるならば、生類の供犠《くぎ》は殺生である以上、神はそれをよろこぶはずがなく、それを食すこともないはずだ、ということになるからである。

八幡社は早くから殺生禁断と放生《ほうじょう》をすすめ、魚鳥の供祭《ぐさい》を拒絶し、参拝者に肉食の禁忌を求めたが、多くの神社は中世を迎えても贄《にえ》の献上を必要とした。賀茂社・厳島《いつくしま》社・伊勢神宮など、魚鳥の供祭を続けた神社は少なくなかったし、諏訪《すわ》（諏方）社のように猪鹿の供犠を存続させた神社もあった。神に供える贄の狩猟・漁撈は殺生禁断令から除外されていたが、仏教の殺生罪業《ざいごう》観が強まるなかで、「本地が仏菩薩であるはずの神が、なぜ狩猟・漁撈を許容するのか」、「なぜ神が生類の肉を求めるのか」という疑問が強まる。中世の人々は、この問題をどのように処理しようとしたのだろうか。

本章では、こうした殺生罪業観や肉食忌避に向き合い、それを乗り越えようとした思想について確認する。ひとつは、法然《ほうねん》・親鸞に代表される専修《せんじゅ》念仏である。もうひとつは、殺生・肉食を功徳《くどく》あるいは善行《ぜんぎょう》として正当化する言説である。こうした論理がどのように生み出されたのか、この論理によって、殺生罪業観や肉食穢れ観は社会から消え去ったのか。人々の葛藤の軌跡をたどる。

1 専修念仏と肉食

戒律の拡散

世俗と切り離された寺院で僧侶が厳しい戒律《かいりつ》を遵守《じゅんしゅ》する、というのが仏教の本来的な姿だと言ってよいだろう。ところが、日本の中世はそれとは異なっていた。世俗社会にまで仏教が大きな影響を与えるようになり、寺院と世俗社会の境界が曖昧になった。一方、僧侶の間では肉食や妻帯がめずらしくなくなるから、寺院内部では戒律の拘束力が緩む傾向にあったと言ってよいだろうが、逆に社会全体は戒律への関心を高めたとみてよい。いわば戒律の拡散である。

たとえば、第二章でもみた六斎日《ろくさいにち》の精進は、毎月八日、十四日、十五日、二十三日、二十九日、三十日の六斎日に八斎戒《はっさいかい》を遵守するもので、八斎戒は殺生、盗み、性交、虚言、飲酒、歌舞の視聴や化粧、昼以後の食事などの禁を守るものであった。なかでも特に重視されたのが、殺生の禁と昼以降の断食（持斎《じさい》）である。これを月に六回守ることが求められるわけだが、個人の自発的な遵守にとどまらず、朝廷や幕府も六斎日の殺生禁断を頻繁に命じた。

斎戒や殺生禁断には、罪の浄化力があると考えられており、罪業が浄化されれば、往生が期待できる。個人のそれ以上に重要なのは社会的な機能で、六斎日の精進によって、共同体も浄化され、神々がその威力を回復すると考えられていた。神が世の中の平和と繁栄を保障しているとされていた中世には、六斎日の精進は平和と繁栄を維持する上で大きな効果があると考えられていたのである。そのため、斎戒や殺生禁断を怠ることは、社会の安寧を乱す行為ということになった。一個人の破戒が社会全体に災厄をもたらす可能性があるとされたからこそ、六斎日の殺生禁断がくり返し命じられたのである(1)。

そうした斎戒を守り、日常的に作善《さぜん》をおこなうことが当然視され、それらを主体的に実践できるのが貴族であると考えられていた。一方、「罪業」あるいは「穢《え》」とされた殺生・肉食を実践する者は「悪人」とされたが、それに対し専修念仏は、そのような斎戒や作善に意味はなく、そもそも誰もが皆、「悪人」であると説く。それは、社会規範を揺るがす思想として弾圧されることになった。

法然の登場

平安王朝において浄土思想が高まると、念仏者は肉食の禁忌を犯しても許されるという考え方があらわれる。『今昔物語集』にみえる餌取法師《えとりほうし》の往生譚はその典型で、妻帯と肉食をしながら、一方で熱心に念仏を唱えるという生活をしていたところ、最終的には往生を遂げたという話になっている。肉食の禁忌を犯しても、念仏を一心に唱えることが往生を保証するという思想があった。菩提の障害になるのは心、内面であって、何を食べるかというような外面、形式というようなものは、往生の障害にはならないと考えられており、肉食・妻帯という破戒生活を送っても念仏往生は可能であるという思想は、必ずしも異端ではなかったことが指摘されている。(2)

そうした念仏による肉食のタブーの相対化は、法然の登場でひとつの画期を迎える。

法然坊源空《げんくう》は、長承《ちょうしょう》二年（一一三三）、美作国《みまさかのくに》（岡山県）の漆間時国《うるまときくに》という有力武士の子として生まれたが、久安《きゅうあん》三年（一一四七）、比叡山《ひえいざん》に登り、やがて源信《げんしん》の『往生要集』が念仏を勧めているのに導かれ、他の行を捨て、専修念仏に帰着した。(3) 法然は、念仏往生は全ての者に平等であると説き、「悪人」のための教えを人間全ての教えに転換しようとした。

斎戒や作善に意味は無く、そうしたタブーを無視しても神罰はあたらないと説く法然の教えが広まれば、社会の規範を揺るがしかねないから、体制仏教である顕密《けんみつ》の大寺院から敵視される。また、法然門下であっても、法然の真意が理解できない者は少なくなかったようで、元久《げんきゅう》元年（一二〇四）には弟子たちに『七箇条制誡《しちかじょうせいかい》』を示した。その頃の人々が、五辛《ごしん》・宍肉《ししにく》の穢れをはじめとするタブーと専修念仏との関係をめぐってどのように葛藤していたか、また、それに対して法然がどのように専修念仏の立場を説いていたかを伝えるテキストが『一百四十五箇条問答《いっぴゃくしじゅうごかじょうもんどう》』である。

図4–1 『法然上人行状絵図』（14世紀、知恩院蔵）女人に往生を説く法然

『一百四十五箇条問答』

『一百四十五箇条問答』は、法然がおそらく宮中の女房たちの質問に対して答えた内容をこと細かに一四五条にわたって記録したものである。[4] その第一四〇問答（以下、問答の番号を〔一四〇〕と示す）に、「建仁元年十二月十四日、けざん《見参》にいりて、とひ《問》まいらする事」という記述があるので、建仁《けんにん》元年（一二〇一）からさほど降らない時期にまとめられたものとみられる。

あげられているのは、念仏はもちろん、祭祀や神仏への祈願、読経《どきょう》にかかわる禁忌など、様々だが、いずれも女性貴族からの問いとみてよい。習俗・作法のひとつひとつが、功徳・利益《りやく》となるのか、あるいは根拠が無く、気にしなくてよいことなのか、さらには罪業・悪行なのか、ということが問われている。例えば、〔一五〕は次のような問答である。

一つ、六斎《ろくさい》に、斎《とき》をし候はんには、かねて精進《しょうじん》をし、いかけをし、よき物をきてし候べきか。
答う。かならずさ候はずとも候なん。

六斎日の斎《とき》（時、食事）は、かねてから精進し、「いかけ」＝沃懸け（沐浴）をして身体を清め、浄《じょう》衣《え》を着て設けるべきでしょうか、と問われた法然は、「必ずしもそのようにしなくてもよい」と答えている。ここから、斎の食物は、不浄であってはならず、身体を清く保つようにしなければならないという通念があったことがわかると同時に、法然はそれには沐浴も精進も必要ではないと考えていたことがわかる。
〔一二二〕は、「時し候は功徳にて候やらん。かならずすべき事にて候やらん」、すなわち僧や法会の参会者などに出す食事は功徳があるかという質問で、それに対して次のようなやや長文の回答が述べられている。

答う。時は功徳うる事にて候也。六斎の御時《おんとき》ぞさも候ひぬべき。又御大事《おんだいじ》にて御《おん》やまひなんどもおこらせおはしましぬべく候はば、さなくとも、ただ御念仏だにもよくよく候はば、それにて生死をはなれ、浄土にも往生せさせおはしまさんずる事は、これによるべく候。

斎には功徳があり、特に六斎の折の斎の功徳は本当にあるという。また、斎が病に罹《かか》っている際になされ、その功徳によって治病や往生が期待されていたらしいこともわかるが、このことについて法然は、斎はせずとも、念仏さえしていれば生死を離れることができると述べている。往生は、斎の功徳などによるのではなく、念仏によるとするのが法然の考えであった。

服薬をめぐって

〔九七〕も、六斎日における食物に関する質問である。

一つ、六斎に、にら・ひる、いかに。

答う。めさざらんはよく候。

六斎日には、韮《にら》や蒜《ひる》などは食べない方が良いと答えている。この『一百四十五箇条問答』のうち、全体の二割近くが斎や服薬など、飲食に関する問いである。治療・養生のために、日限をきめて五辛や肉を食する薬食《くすりぐ》いに関する問答も多い。〔一六〕は、次のような問答である。

一つ、一七日《いちしちにち》・二七日《にしちにち》なんど服薬《ふくやく》し候はんに、六斎の日にあたりて候はんをば、いかがし候べき。

答う。それちからおよばぬ事にて候。さればとて罪にては候まじ。

「七日間あるいは十四日間と決められた服薬をしている際、六斎日に当たった場合には、どうしたらよいでしょうか」という問いに対して、法然は、「服薬を止めるわけにいかないだろうが、それだからといって罪になるものでもない」と答えている。

また、〔三八〕は、「尼の服薬し候は、わろく候か」という質問で、尼の薬食いそのものの是非が問われている。それに対して法然は、「やまひにくふはくるしからず、ただはあし」、つまり、「病気の時に服するのは良いが、普通の時には良くない」と答えている。〔九五〕では、「服薬のずすは、あらひ候べきか」、すなわち「服薬の期間に持っていた数珠は洗い清める必要があるか」と問われ、「あらひあらはず、くるしからず」、「洗っても洗わなくても、どちらでも良い」としている。

〔一一二〕では、「酒のいみ、七日と申候は、ま事にて候か」と問われ、「さにて候。されどもやまひには、ゆるされて候」と答えている。「飲酒はたしかに七日の忌みだが、病の時に薬として用いるのはゆるされる」というのである。五辛・肉・酒などが、薬として多用されていたからこそ、このような質問が続出するのだろう。

肉食をめぐって

〔一四〕は次のような問答である。

一つ。にら・き・ひる・ししをくひて、かうせ《香失》候はずとも、つねに念仏は申候べきやらん。
答う。念仏はなにゝもさはらぬ事にて候。

「五辛や宍（肉）を食べて、その香りが失せないうちに念仏をしてもよいものでしょうか」という質問である。五辛だけでなく肉についても、食後の臭いが問題とされていたらしい。これに対して法然は、「念仏というのはそのような禁忌には関わりがない」と答えており、肉の臭いも全く問題にしていない。この、「念仏は何も障《さわ》りが無い」というのが法然の考え方の基本であった。〔一二二〕

では、肉食と往生の関係が問われている。

一つ。ひる・ししくひて、三年がうちに死候へば、往生せずと申候は、ま事にて候やらむ。
答う。これ又きわめたるひが事にて候。臨終に五辛くひたる物《者》をばよせずと申たる事は候へども、三年までいむ事はおほかた候はぬ也。

「蒜や宍を食べてから三年以内に死んだ場合、往生できないと聞きますが、本当でしょうか」と問われ、即座に「たいへんな間違いだ」と否定し、「臨終の場に五辛を口にした者を近付けないということはあるが、三年も忌《い》むなどということはない」と、肉食が往生に影響することはないという。

この『一百四十五箇条問答』のなかでも、最もよく知られているのが、次にあげる〔五七〕と〔五八〕であろう。

一つ。さけのむは、つみにて候か。
答う。ま事にはのむべくもなけれども、この世のならひ。
一つ。魚・鳥・鹿は、かはり候か。
答う。ただおなじ。

「酒を飲むのは罪業か」と問われた法然は、「本当は飲んではいけないけれども、この世の習いだから（まあ、いいだろう）」と、きわめて現実的な回答をしている。続けて、「魚・鳥・鹿の肉はどうか」と問われると、「ただ同じ」すなわち、やはり本当は食べてはいけないが、この世の習いであるから（適宜食べてもよい）と答えている。〔七七〕も興味深い。

一つ。ひる・ししは、いづれも七日《しちにち》にて候か。又しし《宍》のひ《干》たるは、いみ《忌》ふかしと申候は、いかに。
答う。ひるも香《か》うせなば、はばかりなし。ししのひたるによりて、いみふかしといふ事はひが事。

「五辛の蒜や肉食の穢れは七日の忌みでしょうか、また、干し肉は忌みが深いと言うのは本当でしょうか」と問われ、「蒜も臭いが消えたら問題なく、干し肉は穢れが深いというようなことは誤りです」と明言している。さらに、〔一一三〕では、読経と肉食の関係が取り上げられている。

一つ。魚鳥《いをとり》くひては、いかけして、経はよみ候べきか。

答う。いかけしてよむ本体《ほんたい》にて候。せでよむは、功徳と罪と、ともに候。ただしいかけせでも、よまぬよりは、よむはよく候。

「魚鳥を食べた場合、沐浴をして体を清浄にしてから読経すべきでしょうか」という問いが出され、それに対して「湯浴みをして読むのが本当であるが、もし湯浴みをしないで読むのだったら功罪相半ば（罪にもなるし、徳にもなる）。ただし湯浴みをしないでも、読まないよりは読んだ方が良いでしょう」という。湯浴みをしない穢汚《えお》の罪、忌みの罪というよりも読経の功徳の方がより大きいのだという。

中村生雄は、読経と念仏とが対比されていることに注意を促している。〔一五〕でも説かれていたように、念仏は沃懸《いか》けをする必要はない。経を読む場合、それは功罪半ばということになるのだけれども、読経の功徳の方が大きいという。つまり読経の場合には、そういう斎戒・禁忌というものが影響する。しかし、念仏というものは、そのようなタブーとは関係なく効力を持っている、というのが法然の考え方であった。(5)

専修念仏

念仏往生は全ての者に平等であると説き、「悪人」のための教えを、人間全ての教えに転換しようとした法然の思想において、当時の貴族社会で一般的な肉食の禁忌は完全に乗り越えられている。禁忌を無視しても神罰はあたらないし、斎戒と念仏とは関係が無いという考え方は危険視された。朝廷は、建永《けんえい》二年（一二〇七）に専修念仏禁止令を発して、法然・親鸞らを流罪に処す。その時の宣《せん》旨《じ》では専修念仏を、「天魔障遮《しょうしゃ》の結構」、「仏教弘通《ぐずう》の怨讐《おんしゅう》」としている。つまり法然らの教えは仏法ではなく、むしろ仏法の敵であると朝廷が認定していたということで、幕府もその考えに同調する。

専修念仏を弾圧すべき理由として、肉食が多用された。例えば、貞応《じょうおう》三年（一二二四）の延暦寺の訴えでは、専修念仏の悪行が次のように指弾されている（『鎌倉遺文』三二三四号）。

凶徒の行儀を聞くに、肉味を食して以《もっ》て霊神の瑞籬《みずがき》に交わり、穢気《えき》に触れて以て垂迹《すいじゃく》の社壇に行く。即ち是れ、十悪五逆はなお弥陀の引接に預かる。神明神道は争《いか》でか極楽の往生を妨げんやと云々。

ここで「凶徒」と称されているのは専修念仏の人々である。彼らが、肉食の穢を帯びたまま神社に出入りしていることを非難している。

鎌倉幕府もたびたび念仏者を弾圧していた。その弾圧令をみると、やはり念仏者の肉食を問題にしている。例えば、文暦《ぶんりゃく》二年（一二三五）七月十四日に発令された念仏者取締令は以下のようなものであった（『中世法制史料集』第一巻・追加法七五）。

一　念仏者事

道心堅固の輩に於いては、異儀に及ばず。しかるに或いは魚鳥を喰らい、女人を招き寄せ、或いは党類を結び、ほしいままに酒宴を好むの由、遍《あまね》く聞こえ有り。件《くだん》の家に於いては、保々の奉行人に仰せて、破却せしむべし。その身に至っては、鎌倉中を追却せらるべきなり。

専修念仏を弾圧するきわめて厳しい法で、当時、顕密の僧侶であっても魚鳥を口にすることや、女犯・酒宴はめずらしくなかったはずだが、そちらについては住宅破却のような厳罰は科されていない。平雅行が指摘するとおり、専修念仏という思想を弾圧しようとしていたことはあきらかで、(6) その口実の第一が肉食であった。

親鸞と悪人正因説

法然の教えを継承した親鸞は、「末代の衆生」は全て「悪人」、一切衆生は平等に「悪人」たらざるを得ないと考え、人は「穢悪《えお》の群生《ぐんじょう》」、「屠沽《とこ》の下類《げるい》」でしかありえないにもかかわらず、これに無自覚な「疑心の善人」を厳しく非難した。『唯信鈔文意《ゆいしんしょうもんい》』（専修寺本）によれば、親鸞は「よろずの煩悩にしばられたるわれら」「屠沽の下類」について次のように説いたという。

屠はよろずの生きたるもの殺し屠《ほふ》るものなり。これは猟師といふものなり。沽はよろずのものを売り買うものなり。これは商人なり。これらを下類といふなり。（中略）猟師・商人さまざまのものは、みな、いし・かわら・つぶてのごとくなるわれらなり。

さらに、親鸞の信仰の根本を伝えようとした唯円《ゆいえん》の著とされる『歎異抄《たんにしょう》』は、次のような言葉を伝えている。

うみ《海》かは《川》にあみ《網》をひき、つり《釣》をして、世をわたるものも、野やま《山》に、しゝ《鹿》をかり、とり《鳥》をとりて、いのちをつぐともがらも、あきなひ《商》をし、田畠をつくりてすぐるひとも、たゞおなじことなりと。さるべき業縁のもよほさば、いかなるふるまひもすべしとこそ、聖人はおほせさふらひしに……。

一般に「悪人正機説《あくにんしょうき》」で知られる親鸞の思想だが、平雅行らにより、「悪人正因説《しょういん》」とするのが適切だと指摘されている。(7)親鸞は、「他力の悪人」にプラス価値、「疑心の善人」にマイナス価値をおいた。「正因」とは、往生のための必須条件のことで、「機の深信《じんしん》」すなわち、「悪人」であることを自覚することが正因だと説いている。こうした思想は、殺生を穢悪の極と考えて、その禁断をおしすすめた体制仏教とは対照的である。

しかし、法然や親鸞の思想が、すぐにひろがりをもったわけではないし、法然の法流にある僧侶であっても、必ずしも法然の教えを忠実に伝えたわけではなかった。

2　殺生・肉食をめぐる質疑応答

『広疑瑞決集』を読む

法然の法孫に、敬西房信瑞《きょうさいぼうしんずい》という僧がいた。法然の有力な門弟信空《しんくう》の弟子である。その信瑞が建長八年（一二五六）にまとめた『広疑瑞決集《こうぎずいけつしゅう》』は、諏方氏一族である上原敦広の宗教的な疑問を信瑞が解決する問答集で、(8)二五条六〇問以上にわたって、仏道、特に念仏と神祇信仰に関する質問に答えている。鳥獣を殺して神前に捧げる武士が、殺生をめぐってどのような疑問を持っていたかがわかる稀有な史料だと言えよう。

上原敦広から、殺生と念仏の関係や、殺生の神を祭ることの是非に関する質問が続出する。例えば、第十疑とされる質問は、次のようなものである。

殺生をとゞめずしては、いかに念仏申とも往生はかなひ難く候歟《か》。又殺生はすとも念仏だに申候はゞ往生は遂ぐべく候歟と。

「殺生をやめなければ、どんなに念仏を称えても往生はかなわないものでしょうか。また、殺生をしても念仏を称えれば往生できるものでしょうか」と問う敦広に対して信瑞は、次のように答える。

殺生をとゞめずして、念仏申さん人は、後に改悔してむまれんをもしらず、当時の如きは、往生不定の人也。其故に三心具足して念仏する人をば仏光を以て摂取してすて玉はず。此光にあふ者は、三垢《さんく》消滅《しょうめつ》して、身意柔輭《にゅうなん》也と、けり。三垢とは貪瞋癡《とんじんち》也。殺生ほどの大罪のとゞまらず。しりぬ此人未だ摂収の光明にてらされぬと云事を、此故に当時の如きは、往生不定と云也。

殺生をやめずに念仏を称える者は往生が決まらない。往生を信じて念仏する人は仏の身から放たれる光によって救われる。この光を浴びた者は、三垢《さんく》すなわち貪欲《とんよく》・瞋恚《しんに》・愚痴《ぐち》の三煩悩が消え失せ、身心が柔らかく、物事を素直に受け入れられるようになる。殺生のような大罪をやめないのは、この光を浴びていないからで、往生は決まらない。このように説く信瑞に対し、敦広は次のように問う。

彼の唐家の鍾馗《しょうき》は、鶏を販を業とし、同き朝の養和は、牛を殺を能とし、本朝の頼義の朝臣、一生田猟をしわざとす。況《いわんや》征東の後、十余年ひとへに戦闘を事として、物の命をころす事、楚越《そえつ》の竹ども、かぞへ尽すべからず、然りと雖《いへど》も皆以往生を遂たり。此外に又悪人往生せる事、間々にきこゆ。何ぞ堅く不定の義を立つるや。

信瑞の回答を疑っている敦広は、「中国の鍾馗・養和も日本の源頼義も皆、殺生をしたが往生したという。このほかにも「悪人」であったが往生したという話をよく聞く。なぜ往生は決まらないと主張されるのか」と具体例をあげて問うている。敦広は、日本のみならず中国の古典についても知識があり、無知な田舎武士ではなかった。これに対して、信瑞は次のように答える。

上に引ところの悪人等は、初には殺生を業とすと雖も、後には改悔《かいげ》して往生を遂たり。全く念仏と殺生と、鼻を並べたる義に非ず。

「それらの「悪人」らは、初めは殺生をしていたが、後に悔いて往生を遂げたのであり、念仏と殺生を同列に考えることはできない」というのである。さらに信瑞はこれに続けて、「殺生は悪であるが、阿弥陀如来は殺生を悔い改める者を救う。悔い改めたら、重ねて殺生をするな」と説く。

蛇身の神

中世には、仏菩薩があえて凡夫と同じように苦しむ蛇身《じゃしん》＝神として垂迹《すいじゃく》するのだと考えられており、神のそのものが蛇の姿をしているとイメージされていた。(9) 信瑞も神々一般の本身は蛇身であって、それを信仰する者もまた蛇身を受けると説いている。法然の『一百四十五箇条問答』（八五）にも、「神のあたりの物くふは、くちなは（蛇）と申候は、いかに」という問いがあり、法然は「禰宜《ねぎ》・神主《かんぬし》は、ひとへにその身になるにこそ、さらぬがすこしくはんはおも（重）からじ」と答えていた。「神に供えられた物を口にする神職は蛇になるが、少しだけなら良いだろう」と言うわけで蛇になるというイメージそのものは法然も否定していない（図4－2）。

上原敦広にとって、この問題は深刻だった。敦広が奉仕している諏方の神は、やはり蛇の姿でイメージされおり、敦広はその神に生類を殺して供えていたからである。第二十四疑で敦広は次のように問うている。

仏の信施と、神の信施と、いづれがつみふかき事にて候。又いかなるもの蛇にはなり候やらんと。

「仏への施しと神への施し、どちらの罪が深いか」と訊ねた上で、単刀直入、「どのような者が蛇になるのか」と問うている。すでに敦広は「蛇道」についても知識があるのだろう。続けて次のように問う。

蛇身を受る業因《ごういん》の種々なる中に、且つ余業をば置く、世に廟神に事る一類ありて朝夕に胙《ひほろぎ》を食し、あくまで神恩にあづかる者は、鎮《とこしな》へに蛇道の業をつくる也。（中略）いかゞ用心して後悪報をまぬかれん。

図4–2「神道灌頂本尊図（麗気本尊）」（16世紀、仁和寺蔵）

敦広は、「蛇身におちる要因は、神々に朝夕、肉を供え、神々の加護をうけていることにある」と述べ、「どのようにすれば、蛇身を免れるか」と問う。これに対して、信瑞は次のように答えた。

天照太神、天の磐戸をおしひらき玉ひ

しより已来《このかた》、この国は神国也。神孫百王の今、田園の寄附多く神領にあり。彼の神領を管領して、身をたて世を渡らん人、正くは其の社の本地に帰し、傍らにはねんごろに弥陀の名号を唱へし。故はいかんとなれば、静かに吾朝の神明の本地を聞に、多は是れ釈迦、弥陀、観音、勢至、普賢、文殊、地蔵、龍樹等也。然るを釈迦は一代の諸教に、もはら弥陀を念じて、往生せよとすゝめ玉へり。

信瑞は、「アマテラスが天岩戸を押し開いてからこの国は神国であって、神の子孫とされる天皇の世である今、田園の多くは神社に寄付されてその庄園となっている」という現状認識を述べ、「その神領の管理人となって生計を立てている者は、神社の本地を忘れないようにして、あわせて念仏を唱えれば、蛇身を免れることができる」という。そのわけは、「我が国の神々の本地の多くは、釈迦・阿弥陀・観音などの仏・菩薩であり、釈迦は念仏により往生することをすすめているからだ」というのである。

日本では仏道の何たるかを理解し得ない衆生のために、仏菩薩は神という姿をとって顕現したというのが信瑞の基本的な考え方で、神への奉仕においても、本地を意識するか否かを問題にしている。そのため、殺生・肉食についても、そうした神仏習合の観点から否定しているのである。

殺生・肉食をめぐる不安

『広疑瑞決集』のなかで最も重要な問題だったのは、やはり殺生・肉食であった。最後の第二十五疑に、長大な回答が叙述されている。まず、敦広が次のように問う。

或る人、物の命を殺すことかぎりなく、神の信施のたかきこと心も及ばず候が、堂塔をも造立し、念仏をも申し、常には結縁にも入り、現世の為とて大般若をもかき、我身にも千体の観音を作り、又人をすゝめても、千体の地蔵をつくらせたる人の候はいかゞ候べきと。

「多くの生類を殺し、神への供物としているが、その一方で、堂塔を造立し、念仏をとなえ、写経にも勤しみ、仏像もつくる（すなわち多くの作善を積んでいる）人はどうなるだろうか」という問いである。これに対して、信瑞は次のように答えた。

彼の人、仏神値遇宿因甚だ深し、もとも随喜すべし。然れども物の命を殺すこと限なし。諸の地獄の報まぬがれ難し。又修する所の善根は、みな現世の為にして後生にはうけず。定て知ぬ、悪報をまねく殺生の心はつよく、善趣に生るべき功徳の力はよはし。当時の如きは、この度の出離は叶ひ難き歟。但し殺生は漸々にとゞまりて、念仏だにもねんごろに申さば、順次の往生何ぞ疑はん。

信瑞は、「殺生をしている以上、堕地獄はまぬがれない。堂塔建立・念仏・写経などの作善は現世のもので、後生には効力が無い」と厳しい。「殺生の心は強く、功徳の力は弱いから、今のままでは出離（＝解脱）はかなわないが、殺生をやめて念仏を称えれば、いずれ往生できるだろう」と、第十疑と同じ説明をくりかえしている。

これに続けて敦広は、「昔より已来《このかた》福を得ん為に、殺生神を祭ることあり。此の義然るべしや」と、ついに「殺生神」すなわち狩猟神事・動物供犠を必要とする祭祀の是非について問う。「昔よりこのかた、福を得んために」というところに、各地で続けられてきた伝統的な祭祀の重要性がうかがえる。これに対しても信瑞は、「甚《はなは》だしかるべからず」すなわち、「してはならないことだ」と断じて、次のように述べる。

> 当時我朝に、生をころして神をまつる所々の社司等が後生いかゞせん。おほよそ因果の道理は身と影との如し、身直《なほし》ければ影又なをし。身曲りぬれば影又まがる。此事は如何《いか》に愚なる者も親《まのあた》り見る所なり。若し爾《しから》ば今生已に殺生の身大きにまがれり、当来いかでか、善報の直影をみん。思べし。出る息の入をまたぬ身、邪見を信じて、多の生類をころして、神をまつりて、此殺生の悪報を、後の世にうけん時、手をすり膝をかゞめて、助けよとをめくとも、自業の得果なれば、仏力尚及ばざらんことを。今たつる道理を用ひて我にゆるす人あらば、願くば生をこ

ろして神をまつる、社々に詣でゝ、ながく殺生をとゞめて、香華菜飯、もしは音楽等をもちて、是をまつりてん。

生類を殺して神を祀る各地の神職らの後生（来世）について、「因果の道理」は「身と影」のようなもので、「殺生を重ねて神を祀り続け、後生で悪報うけた時に救いを求めても遅い。今から殺生をやめて、香・花・菜・飯または音楽などで神を祀りなさい」というのである。さらに、天竺（インド）・震旦（中国）・本朝（日本）、三国の例証をあげ、多くの字数を費やして説いており、この問が信瑞にとっても最重要課題であったことがうかがえる。しかし、その念の入った長大な回答でも、敦広は納得できなかったらしい。すぐに次のように問い直している。

たとひゆるす人ありとも、昔よりこのかた、久しくつとめ来れる殺生祭神の礼をそむきて、香華等を用ひば、神は非礼をうけざるが故に、まつらざるが如して、神恩にはあづからずして、汝かへつて神罰をかうぶるべし。かけまくも此義云ふことなかれ。

敦広は、「たとえゆるす人がいたとしても、昔から勤めてきた殺生祭神の祀り方に背いて香・華などを用いたのでは、祀っていないようなもので、神の罰をうけるだろう」と反論し、「そのようなことを言うべきではない」と信瑞を諌めようとしているかのようである。これに対して、またしても信瑞は長大な回答をくり出す。まずは、基本の本地垂迹説の確認である。

愚なる者は、仏道と神道との底、一つなるやうをしらずして、多くこの疑をいたすべし。今管見により、愚案に任せて、神慮に叶ふべき道理を立んと思ふ。

「愚かな者は、仏と神が通底し、一つであることを知らずに、よくこのような疑問をいだく」と敦広を見下す信瑞は、「神の思し召しにもかなう道理を述べよう」と宣言する。

これに続く信瑞の説明は、「生を殺して祭る所の神明をきくに、多く本地をあらはせり。其の本地とは、みな是れ深位の大士、果満の如来なり」というように、基本的にはこれまでに説いていた本地垂迹説のくりかえしである。しかし、信瑞はあわせて様々な例え話や説話を用いて、敦広を説得しようとする。そのひとつは、次のようなものである。

喩《たとへ》ば人ありて、一魚のために、狗の皮を着て、一切みな狗に同じてほへ、若は糞聚にちかづきて、食ふまねをばすとも、実には食べからざるが如し。是則本地人にして、もとより糞をにくむ故なり。神明又是の如し。利生のために光りを和て、一切みな凡夫に同じて、肉を食する由しをば現じ玉ふ。実には食し玉ふべからず。いかんとなれば、本地はみな慈悲広大の仏菩薩にして、生をあはれみ殺をにくみ玉ふ故也。

ある人が犬の皮を着て、すべて犬と同じようにしてほえ、糞に近づいて食うまねをするが、実際には食べないようなものだ。これは、本地が人で、本来糞は嫌いだからだ。神々もまたこれと同じだ。人々を救うために光を和らげ、すべて無知で愚かな人と同じようにして、肉を食べているような姿をとっていらっしゃるが、実は食べていらっしゃるわけではない。なぜならば、本地はみな慈悲広大な仏菩薩であって、生類を憐れみ殺生を憎んでいらっしゃるからだ、というのである。こんな例え話に効果があったとは思えないが、なかなか納得せず、執拗に質問をくりかえす敦広に対して、質よりも量の言説で圧倒しようとしたのかもしれない。

問答の行方

信瑞は、「殺生神だと思われている神々も、みな本地は仏菩薩なので、生類の肉を供えられたとしても、実は食べていない」という説明をくりかえす。その中に、三井寺（園城寺）創建説話で知られる教待和尚《きょうたいおしょう》のエピソードを引用しているのを見のがせないが、この説話については、次節であらためてとりあげることにして、さらに延々と続く信瑞の回答を確認しておこう。

唐室の白楽天は文殊の化身なり。世に邪見貪婪《どんらん》の人ありて、多の豚をころして潭《ふち》の辺りの石に岡の如くにつみ、そこばくの酒をしたして、廟のまへの草に雨の如くにそゝぎ、目に見へぬ神龍をまつりしことを大きにそしり玉へり。酒肉をば費やすといへども、親《まのあた》り神龍の来りて是を食するなし。只徒《いたづら》に林のねづみ、山のきつねのみ飲み酔い食ひ飽く。そしりても尚あまりあることなり。我が朝の祭礼又此の如し。備えるところの酒肉は多しといへども、神の為には一塵もをかされず。只是社司等が宴会なり。

中国唐の白楽天は、文殊菩薩の化身であったという。よこしまで欲の深い人が、多くの豚を殺して淵のあたりの石に岡の如くに積み、酒を廟の前の草に雨の如くに注ぎ、目に見えない神龍を祀っていることを、白楽天は大いに非難した。酒肉を費やしたが、神龍が来てそれらを飲食することは無く、ただいたずらに林のネズミ、山のキツネが飲んで酔い、飽食している。非難してもあまりあることだ。信瑞は、この中国の説話を引用した上で、「我が国でおこなわれている祭礼もこれと同じだ」というのである。さらに信瑞は、「供えている酒肉が大量であっても、全く神のためにはなっておらず、神職たちの宴会に過ぎない」と断じた。

このような厳しい見方を述べる信瑞だが、同時に次のような妥協策も提示した。

但しなほ神の誓限なくして、肉味をもちて祭ざらんに、若し其たゝりあらば、せめては三種の浄肉用るべき歟。三種浄肉と者、見、聞、疑、をはなれたる一切の肉是なり。見と者《は》わが為にころすと見ず。聞と者我がために殺すときかず。疑と者我が為にころしてもあるらんと云疑なき肉也。今案ずるに市町に買へる肉これ也。

「もし肉を供えなかったために祟りがあるようなら、「三種の浄肉」を用いなさい」という。「三種の浄肉」は中国で考案された説だが、この頃の日本では必ずしも一般的ではなかった。そのため、ここでも「三種の浄肉とは」と、解説されている。「見、聞、疑」すなわち、自分のために殺されるところを見ていない、自分のために殺されたと聞いていない、自分のために殺された疑いがない、そんな肉を用いよ、というわけだが、それは「市町で買へる肉」だと言う。いわば動物殺しの現場から隔離された消費が、ここでは殺生の罪業を軽減する方策として提案されている。

納得しない敦広

こうした信瑞の回答に、敦広は納得しない。逆にかなりの不信感を懐いたらしい。まとめて、次のように反論している。

立る所の道理実に然るべしといへども、此道理によりて、久しくつとめ来れる、殺生祭神の儀改まるべからず。然るをなんぞ上の清浄祭神の時に備ふる所の酒肉は多しといへども、神の為には一塵もおかされず。只是社司等が宴会なりと云荒言を吐て、諸社の社司等がにくまれを招くや。

敦広は、「おっしゃる道理はもっともかもしれないが、その道理によって、これまで永年勤めてきた殺生祭神の祀り方があらためられることはない。にもかかわらず、なぜ「神に供えられる酒・肉は少しも神の為にはなっておらず、神職らの宴会だ」などと大げさなことを言って、神職たちの憎しみを招こうとするのか」と信瑞の意図を問う。これをうけて信瑞は、次のように答えている。

諸社の殺生祭神の儀、忽《たちまち》にとゞまるべしと思ひて、此道理を立つるには非ず、又諸の社司等がにくまれをいたまず。不軽菩薩の往縁思ふべし。我れ今世の憚をわすれ、人のそしりを顧ずして、仏法の実義によりて、道理を立ることは一慮なきに非ず。所謂年さかりにして而も仏法の気分なからん者、当時正く神職に居んをば云にたらず。それをば且《しばら》く置く、或は当職にあらずして身衰老し、或は心賢《さかしく》因果をしれらん社司等が、本執いまだ改めず、いくばくもなき命をたのみて、猶神明を仰ぎて、仏法に帰せずして、空く一生を過して、永く三途にしづまんことを悲むが故に、道理をもて責伏する也。若道理にをれて、今もゆく末も、百千人が中に、若は一人たりとも、若は二人たりとも、昔のつみをくひ、当時の殺生をとゞめて、念仏を行じて往生を遂ば、莫大の功徳なり。往生の正業なり。

信瑞は、「諸社の殺生祭神の祀り方がすぐに廃止されると思ってこの道理を説いているのではない。

また、神職たちに憎まれることを苦痛だとは思わない」と開きなおり、仏法に帰依する気のない神職たちを憐れみ、「百千人のうち一人でも二人でも殺生をやめて、念仏を称えるようになればよいと思ってのことだ」と答えている。

敦広は、殺生祭神の祀り方だけでなく、親族の法事に際し、狩猟の獲物を料理して酒宴を催すことについても問うている。

当世田舎の法として、父母等の一周忌第三年等の追善に、堂をたて塔をくみ、仏を造り、経をかきて、仏事を修する時、親疎の俗客等多く来臨するに、彼等をもてなさんが為に、分々に随ひ、力に任て、先ず内々われも営み、人をも語らひて、猟漁して多の生類を殺して、堆《うづたかく》つみ置て酒宴遊楽をなすは、此義然るべしや。

「親族追善の堂塔建立・造仏・写経などの仏事に際して、俗人の客をもてなすために、狩猟によって多くの生類を殺して、その獲物を積み置いて酒宴を催すが、これはどうか」という問いである。「当世田舎の法」と前置きしているが、こうしたことは当時めずらしくなかったのだろう。信瑞の答えは、もちろん「其の事甚だ然るべからず」すなわち「あってはならないことだ」であった。さらに信瑞が、「子の悪行は、親にも影響する」と説くと、敦広はすかさず、次のように問い詰める。

図4–3　市庭で売られている魚鳥（『一遍聖絵』巻４、13世紀、清浄光寺〈遊行寺〉蔵）

　親子罷別にして彼此所異也。何によりてか娑婆にある子のつくる所の善悪の報を、冥途にありて不知親の必ず受るや。

「彼岸の親と此岸の子、居場所が異なるではないか。何故、娑婆にいる子の善悪の報いを、冥途にいてそれに関与していない親が受けるのか」と問う敦広に対しても、信瑞は「人の子は父母と同体」と言い、「同体の子の造らん善悪の果報を、同体の親がうける」ことは疑いないと断ずる。さらに、「国王大臣」でも寺社参詣の時には「清浄の備にして肉味をまじへず」として、「追善の日も又然べし」と寺社参詣と同様の清浄さが必要だという。ここでまたしても、「三種の浄肉」の妥協策を申し添えている。「但し、なをかたく肉味をもちて饗応すべくば、市町に売る三種の浄肉をもちゆべき歟」、すなわち「どうしても肉料理でもてなしたいのであれば、市町で売っている三種の浄肉をつかいなさい」というのである（図４－３）。

「安手の御都合主義」

最後に敦広は、「悪業無量なる中に、なんぞ強に殺生を禁断するや」すなわち、「悪業は様々あるにもかかわらず、何故それほどまでに殺生を強硬に禁断するのか」と問うている。これに対して信瑞は、中国の『法苑珠林《ほうおんじゅりん》』の引用に始まり、またしても長大な回答を用意して、「肝をぬき要を取て、十件を挙て、殺生をいましむべし」と、延々一〇項目の理由を列挙して、殺生を戒めているが、そこに目新しい論理は見当たらない。

神々が肉食の禁忌を犯しているように見えるのは仏道にみちびくために神仏がしめす方便だと説く信瑞は、神々の肉食行為を「実には食し玉ふべからず」と断じ、神前への生類供進《きょうしん》は、それを知らぬ神官たちの愚行にすぎないと切って捨てる。飲酒・肉食を「この世のならひ」、「念仏はなに、もさはらぬ事にて候」と許容した法然との差異は大きい。

信瑞が、殺生・肉食の現実とどのように向き合ったかと言えば、「三種の浄肉」という妥協策を提案したのみである。『諏方大明神画詞』に「饗膳アリ、禽獣ノ高モリ、魚類ノ調味美ヲ尽ス」と記された諏訪社の神事に奉仕し、その贄を調進するために狩場（神野）で鳥獣を逐う上原敦広にしてみれば、おそらく市町で「三種の浄肉」を購入することなど、すすめられたところで試そうとも思わなかったのではないだろうか。

中村生雄は、殺生肉食の現実を糊塗し、その罪業性の直視をまぬかれようとする『広疑瑞決集』

に、中世仏教を代表する浄土思想が、一面において人々の素朴な罪業の感覚から遊離していく過程を見ている。そして、信瑞の思弁は、「内省的な深み」が無く、「衆生の〈苦しみ〉の象徴としての肉食をめぐる葛藤を雲散霧消させ」てしまう「安手の御都合主義」だと手厳しく批判した(10)。たしかに、そのとおりだろう。しかし、信瑞によって繰り出されたような言説が大勢を占め続けたからこそ、殺生・肉食を「罪業」とする観念が根強く生き続けたのも、またたしかなことなのである。

3 その後の殺生・肉食をめぐる思想

転換期としての一二五〇年代

『広疑瑞決集』が成立した建長八年(一二五六)には、初期浄土真宗における大事件として知られる、いわゆる善鸞《ぜんらん》義絶《ぎぜつ》事件が起っている。東国で活動していた親鸞は、貞永《じょうえい》元年(一二三二)頃、京都に帰った。各地に数々の念仏者の集団が生まれていたが、その後、東国の親鸞門弟による造悪無《ぞうあくむ》碍《げ》、賢善精進《けんぜんしょうじん》、一念・多念、有念・無念などの異端が横行し、とりわけ建長年間(一二四九~五六)に造悪無碍が大問題となる。これに対応するため、親鸞は子の善鸞を派遣するが、事態はこの善鸞によって一段と紛糾することになったらしい。善鸞は親鸞の使として東国に下ったはずなのだが、異端者の先頭に立つようになったため、建長八年五月、親鸞は「義絶状」とされる書状で善鸞と親子の縁を切ったのである。

専修念仏と造悪無碍をめぐっては、これ以前から議論があった。ところが、この時はそれまでになく深刻で、ついに親鸞・善鸞親子の義絶という事態にまで発展してしまった。なぜ建長年間に造悪無碍をめぐる論争が東国門弟の間で沸き起こるようになったのか。かつてはこの問題を、東国教団内部の要因から考えようとしてきたが、研究が大きな進展を遂げたこともあって、近年では社会の変化、とりわけ幕府の変化からこの問題を考えようとする研究が増えている。(11) 一二五〇年代、鎌倉幕府の宗教政策は大きく転換した。そして、そのキーパーソンは若き執権北条時頼である。

北条時頼の宗教政策

将軍源実朝が暗殺されたあと、鎌倉幕府は京都から九条《くじょう》(藤原)頼経《よりつね》を将軍として迎えた。北条氏をはじめとする有力御家人たちは、頼経を将軍に迎えたものの、彼に権力を委ねるつもりはない。ところが、将軍頼経は成長するにつれて実権の掌握をめざすようになる。この思惑のズレが、北条一門内の対立や、有力御家人の主導権争い、さらに京都の九条家の分裂などと絡み合って、京都・鎌倉を巻き込んだ深刻な権力闘争が繰り広げられた。

執権北条経時は、頼経に迫って将軍の座を子の頼嗣《よりつぐ》に譲らせ、さらに出家させたが、頼経はなお声望を保っていたらしい。寛元《かんげん》四年(一二四六)、病の兄経時から家督と執権職を継いだ北条時頼は、同五月、前将軍の頼経と北条(名越《なごえ》)光時《みつとき》らの陰謀を探知し、頼経御所と鎌倉中を制圧して未然に抑え、直後に評定衆の将軍派有力御家人を罷免し、頼経を京都に追放した(宮騒動)。ついで同十月、頼経の父前摂政藤原(九条)道家《みちいえ》にかえて西園寺実氏《さいおんじさねうじ》を関東申次に任命するよう京都に要求し、朝廷政治も刷新させる。宝治《ほうじ》元年(一二四七)、三浦泰村《みうらやすむら》を滅ぼすと(三浦氏の乱)、重鎮の北条重時《しげとき》を連署《れんしょ》とし、執権政治を安定させた。そして建長四年(一二五二)、将軍藤原頼嗣を廃し、後嵯峨上皇の第一皇子宗尊《むねたか》親王を将軍に迎えたのである。

それまで、鎌倉の仏教界の整備は、将軍の主導によって推進されてきた。そのため、北条得宗《とくそう》家との権力争いでは、顕密僧の多くが将軍方となった。権力をにぎった時頼は、幕府の宗教政策を変える。彼はまず、鎌倉の仏教界のうち将軍頼経の主導で発展してきた顕密仏教を大きく削減した。そして時頼は、顕密仏教に代わる新たな仏教を保護・育成しようとする。選ばれたのは禅律僧であった(12)。

体制仏教としての臨済禅と真言律

北条時頼は、建長元年(一二四九)から建長寺の創建にとりかかり、同五年(一二五三)に落成。蘭《らん》渓道隆《けいどうりゅう》を開山に迎える。この建長寺は、臨済禅が権力に従順な護国仏教として幕府に受容されたことを象徴していた。

第二章でもふれた真言律宗の叡尊《えいそん》と弟子の忍性《にんしょう》が幕府に認められ、鎌倉の極楽寺を拠点として西《さい》大寺《だいじ》流の律宗が発展するようになったのも、この頃からである。忍性は、建長四年(一二五二)に関東に下り、まず常陸国三村《みむら》寺に入り、真言律宗を関東にひろめる足場を築く。弘長《こうちょう》元年（一二六一）には鎌倉へ入り、やがて極楽寺の常住《じょうじゅう》となるのであった。この忍性の尽力もあって、北条時頼の招きに応じた叡尊は、弘長二年（一二六二）、鎌倉へ入る。叡尊は、時頼の強い信頼と帰依をうけ、武家にも直接強い影響を与えた。律宗寺院となる極楽寺を再興したのは北条重時であった。重時は弘長元年に死去したが、重時の葬儀の導師をつとめたのは忍性であった。金沢称名《しょうみょうじ》寺などいくつもの寺院が律宗化され、極楽寺は幕府から様々な公的権限を与えられた。鎌倉後期における禅宗と律宗の爆発的な全国展開は、幕府の援助のもとになされたのである。

叡尊の真言律宗や臨済禅の僧侶をあわせて禅律僧というが、彼らの共通点は厳しい戒律の護持である。実態はともかく当時の禅律僧には、仏法興隆のために戒律を遵守するというイメージがあった。そのため、禅律僧は朝廷や幕府から財源を預けられ、顕密寺院や諸国国分寺の修造、架橋・作道や灯台・港湾施設の整備といった様々な公共事業を担った(13)。

六斎日などの精進を当然視する雰囲気が幕府首脳や御家人の間にも強まってゆく。第二章でみた、親王将軍の供奉人《ぐぶにん》たちの精進が厳格化されたのも、北条重時が殺生を避け、六斎日の精進を遵守するよう家訓に記したのも、実はこの頃のことだった。

持戒念仏へ

北条時頼の宗教政策の転換をきっかけにして、建長年間（一二四九～五六）から鎌倉で禅律僧が急

図4–4 『法然上人行状絵図』(14世紀、知恩院蔵)に描かれた北条時頼の臨終

速に勢力を伸ばす。彼らの共通項は戒律で、戒律や斎戒を重視する僧侶が幕府の支持を得ていた。こうした変化は、親鸞の門流にも影響を及ぼしたはずで、建長年間に親鸞門流の中で念仏や造悪無碍をめぐる論争が活発になるのはその表れであろうと考えられている。戒律が重視され、持戒念仏がブームとなってくるなか、親鸞門徒は否応なく、それへの対応を迫られた。精進が当然視され、それを拒否する者は造悪無碍の徒と非難され、迫害される。[14]

法然・親鸞らの専修念仏の教えは、その理想は高いが、反面、社会的にはきわめてラディカルで、その門流にある人々は弾圧をうけ、不安定だった。しかし、鎌倉幕府が禅律を保護する政策へと転換したことで、戒律護持の風潮が強まると、戒律を遵守する持戒《じかい》念仏という形をとれば、念仏の教えを安定して布教することができるようになった。法然門下の大勢は、この流れに乗ったと見られている。[15]

信瑞が『広疑瑞決集』をまとめたのはこうした時代で、信瑞もまさに持戒念仏の立場で敦広の疑問に答えていたのだった。そして信瑞も、幕府要人に接近して戒律重視の波に乗ろうとしたらしい。弘長二年（一二六二）、鎌倉に下向した信瑞は、北条時頼に法然坊源空の伝記『黒谷上人伝《くろだにしょうにんでん》』一巻（散逸）を贈っている。これに対して時頼は、信瑞に念仏について尋ねており、翌三年、時頼が三七歳の若さで没すると、時頼の近臣であった諏方入道蓮仏が書状でその模様を信瑞に報じているから、信瑞は時頼に接近することに成功していたとみてよいだろう。

親鸞の教えはひろまったか

親鸞の没後、京都では親鸞の曾孫で本願寺第三世となる覚如《かくにょ》が本願寺を中心に真宗教団の統一をはかり、永仁《えいにん》二年（一二九四）に『報恩講式《ほうおんこうしき》』、翌年に『本願寺聖人親鸞伝絵《でんね》』を著した。この最初の親鸞伝は、親鸞の貴族的な出自を強調し、如来の化身とするなど、教団の統一をめざす覚如の、祖師神格化の意図が強くあらわれているものの、後世、教団で語られる親鸞像の基礎となる。しかし、それによって悪人正因説がひろめられたということはなく、覚如によって親鸞の悪人正因説は歪曲されたことが指摘されている。

親鸞の信仰を伝えようとした唯円の『歎異抄』からは、親鸞が「（疑心の）善人」にはマイナス価値、「（他力の）悪人」にはプラス価値をおいていたことがわかる。それこそが、法然の思想を継承し、他力の信心を極限まで推し進めて純化した親鸞の思想だった。ところが、覚如は『口伝鈔《くでんしょう》』で「本願寺の聖人」すなわち親鸞が、「黒谷の先徳」すなわち法然から相承《そうじょう》した教えについて、次のように述べている。

悪凡夫を本として、善凡夫をかたわらに兼ねたり。かるが故に傍機たる善凡夫なほ往生せば、もつはら正機たる悪凡夫いかでか往生せざらん。しかれば善人なほもて往生す、いかにいはんや悪人をやといふべし。

この『口伝鈔』では、「善人」と「悪人」が一般的な「善い人」(プラス価値)と一般的な「悪い人」(マイナス価値)にすりかわってしまっている。覚如は、社会を根底から揺るがしかねない親鸞の思想が、世の中にひろまることはないと判断したのだろう。(16)

その後も真宗教団が肉食のタブーを全面的に否定し続けたかというと、そうではなく、基本的には覚如が敷いた路線を歩んでいく。近世には、「肉食妻帯」が浄土真宗の独自性を示すスローガンとなるが、同時に仏教の戒律を背景とする通俗的な禁忌の習俗も是認している。(17) 親鸞の悪人正因説が社会にひろまることはなかったし、殺生罪業観や肉食穢れ観が消し去られることもなかった。

4　殺生正当化言説の出現

殺生を功徳とする論理

殺生・肉食を正当化する論理としてよく知られているのが、「諏訪の勘文《かんもん》」である。「業尽有情《ごうじんうじょう》、雖《すい》放不生《ほうふしょう》、故宿人身《こしゅくじんしん》、同証仏果《どうしょうぶっか》」という唱え言で、「業の尽きてしまった有情（＝動物）は、放っても生きられない。だから人身に宿してやって（つまり殺して食べてやれば）、人と一緒に成仏できる」という意味である。

第二章でみたように、盛大な狩猟神事と動物供犠をおこなっていたことで知られる諏訪社が、そうした殺生・肉食を正当化する論理を形成し、それが流布したものと見られ、殺生罪業観を相対化するこうした論理を、「殺生仏果《ぶっか》観」あるいは「殺生功徳《くどく》論」と称している。人間が食べることで、生類が成仏できる。こうした論理をもちいることで、殺生・肉食の罪業は免責されることになり、近世にはよく流布していたことが知られているものの、(18) そうした論理がどのように形成されたかについては未解明の問題が少なくない。

『広疑瑞決集』がまとめられた建長年間（一二四九～五六）に、この「業尽有情、雖放不生、故宿人身、同証仏果」という殺生・肉食を正当化する論理が成立していたかどうか、上原敦広がこうした論理を知っていたかどうかについても議論がある。平雅行や金光哲は信瑞が殺生を功徳とする論理を前提にしながらも殺生祭神を批判しているとみるが、[19]祢津宗伸は上原敦広が殺生肯定論理に言及していないのは、中世諏訪の殺生肯定論理が未成立であったことを示すとみる。[20]

確かに、『広疑瑞決集』の中に「業尽有情、雖放不生、故宿人身、同証仏果」という神文は見えない。しかし、「殺生は生類を仏道に結縁させる功徳である」という論理のプロトタイプとでも言うべき説話が引用されていることを見逃すわけにはいかないだろう。それは、三井寺の教待和尚の説話である。

教待和尚の説話

信瑞が『広疑瑞決集』の中でどのように教待和尚の説話を引用しているか確認しておこう。

三井寺の教待和尚は弥勒の後身也。世人見るところ魚にあらざれば食せず。酒にあらざればのまず。常に湖の辺りに遊行して、魚鼈《ぎょべつ》をとりて斎食の菜とす。然るを和尚行年百六十二にして忽に隠れ去り。又大衆悲嘆してその住坊をみれば、年来つもりて魚鼈の骨と見へし物は、みな蓮花となりぬと云々。園城寺の北の院に亀岳と号するはこの跡なり。是則権者のふるまい也。肉眼の見たる所をもて、教待和尚実にかの魚鼈を食し玉へりとは思ふべからず。況や弥勒をや。

三井寺（園城寺）の教待和尚は、弥勒菩薩の生まれ変わりだった。人々が見るところ、教待和尚は、魚のみを食べ、酒のみを飲んでいる。いつも琵琶湖の辺りで魚やスッポンを獲って斎食の菜としているようだった。和尚は一六二歳で亡くなったが、その後、人々がその住坊を見てみたら、それまで和尚が食べた魚やスッポンの骨に見えていたものが全て蓮華であったということだ。これこそが、仏菩薩が衆生を救うために仮に姿を現した「権者」のふるまいである。肉眼で見えているからといって、教待和尚が本当に魚やスッポンを食べていたと思ってはならない。まして弥勒菩薩であればそのようなものを食べるはずがない、という。この説話に続けて、さらに信瑞は次のように述べている。

弥勒は此には慈氏と翻す。むかし国王として、人民を慈育せし因にこたへて、今慈心三昧を得玉へるが故に、慈氏菩薩と名く。若爾ば利生の為に権に世にあらはれ玉へる、慈氏菩薩の後身の教待和尚、あに殺生肉食の義あらんや。本地をきゝて今のふるまひを思ふに、只是等覚の菩薩、観機三昧の眼をもちて、湖中浮沈の果報転じがたき魚鼈の或は自死、或は只今命つきたるをみつめ玉ひて、自是を取りて食まねして、和光同塵のいさゝかの結縁を初として、八相成道のをはりに、皆悉く済度せんとなり。

慈悲深い弥勒菩薩は「慈氏《じし》菩薩」と称された。殺生肉食などするわけがない。その本地を知って今のふるまいを考えてみれば、湖中で浮き沈みしているだけで生まれ変わることもできない魚やスッポンが、ただ死んでしまうのを見て、獲って食べるまねをして、生死の苦海から救って、悟りの彼岸に導こうとしているのである、という。そして、神々も同じだと続ける。

余の一同の和光神明の義、亦復是の如し。所謂かの神明等、跡をたれ居をしめ玉ひし初め、愚痴闇鈍にして、畜生の報改めがたき鹿鳥等の或は自死、或は命尽たるを照見して、実には食することなしといへども、教待和尚のごとくに、縁をむすばしめんが為に、この神明等もしは示現し、もしは託宣して、自《おの》社《が》壇にそなへたりけるなるべし。

神々は、前世の報いをあらためることもできない鹿や鳥などが、ただ死んでしまうところを見て、本当に食べるわけではないが、教待和尚のように縁を結んで救うために、姿を示したりお告げをくだしたりして、社壇に生類を供えさせているのだ。このように述べた上で、それが理解できていない神職をくりかえし非難する。

一定仏菩薩の権化たらん神明はこと更に殺生食肉の儀有べからず。其義さきにのぶるが如し。然るを愚痴邪見の社司等ありて、かれを例として神慮の底をしらず。肉味をこのみ玉ふよと思ひて、観機三昧も得ざる肉眼を以て、各一社の祭りに、物の命をたつこと幾千万と云ことをしらず。此ことを執り行ふ仁の来報いかゞせん。目に見へぬ神の為に、情ある物をころして祭ること、邪見とも云ばかりなし。

仏菩薩の権化である神々は殺生肉食などするわけがない。ところが、「愚痴邪見」の神職らは神の深意を知らずに、肉を好まれるのだと思って、神事祭礼に際して多数の生類を殺している、と批判。そして最後に、こんなことをおこなっている人の来世の報いはどのようになるだろうか、と脅迫している。

典拠は十二世紀

教待は、天台宗寺門派総本山である園城寺の創立説話に登場することで知られる。貞観《じょうがん》元年（八五九）、伽藍建立の適地をもとめていた智証大師円珍《ちしょうだいしえんちん》をまちうけ、寺の再興を委嘱し、姿を消したと伝えられ、その説話は十二世紀初めの『今昔物語集』や『打聞集《うちぎきしゅう》』などにみえる。信瑞が引用しているのは、それらとほぼ同話であるが、『今昔物語集』の「智證大師初めて門徒三井寺を立つる語」（巻一一第二八話）での語られ方を確認しておこう。

円珍が園城寺を訪れると、荒れ果てた僧房があり、老いた僧が一人いた。見ると魚の鱗や骨などが食い散らかしてあって臭い。円珍が別の僧に、この老僧は何者か尋ねると、「長年この湖の鮒をとって食べています」とのこと。やがて、この老僧が姿を消したので、不審に思った円珍が別の人に「今のは、どなたか」と尋ねると、「三尾《みお》明神です」という。そこで、僧房に戻って見ると、はじめは臭かったのに、今度はひどく香ばしく、鮒の鱗や骨に見えていたのは、蓮華を食い散らかしたものだった。そして別の僧から、「あれは教待和尚です。ある人の夢に弥勒菩薩のお姿で現れたそうです」と聞く。やはりそうであったかと、円珍は経典を運び、多数の弟子を引き連れてこの寺に移り、仏法をひろめた、という。

教待が食べていたように見えていた魚(鮒)が蓮華であったということ、そして教待が弥勒菩薩だということも、信瑞はそのまま引用しているが、『今昔物語集』によれば、姿を消した教待は、園城寺の地主神である三尾明神の化身であった。「結縁」や「済度」といった文言が無いものの、地主神の化身とされていることから、神前に供えられることで結縁する、という殺生を正当化する基本的な話形になっていると考えられよう。『広疑瑞決集』では、「殺生肉食」ではなく、「死んでしまう生類を結縁させるために社壇に供えるのだ」と説くことが重要だったため、その部分が強調されているのだろうが、十二世紀の初めには、すでに「仏菩薩の権化である神は、殺生食肉をするわけがない、神が食べているように見えるのは、結縁して救うためだ」という説話が語られていた。(21)

鯉の恨みごと

十三世紀を迎えると、生類を「済度」すなわち衆生を生死の苦海から救って、悟りの境地すなわち彼岸に導いてやるのだ、という説話が続出する。建暦《けんりやく》二〜健保《けんぽう》四年（一二一二〜一六）頃成立の鴨長明編『発心集《ほっしんしゅう》』第八（一三）に「ある上人、生ける神供の鯉を放ち、夢中に怨みらるる事」という説話がある。

ある聖、船に乗りて近江の湖を過ぎける程に、網船に大きなる鯉をとりて、もて行きけるが、いまだ生きてふためきけるを哀みて、着たりける小袖を脱ぎて、買ひ取りて、放ちけり。いみじき功徳つくりつと思ふ程に、その夜の夢に、白狩衣きたる翁ひとり、我を尋ねて来たり、いみじふ恨みたる気色なるを、あやしくて問ひければ、「我は、昼、網に引かれて命おはらんとしつる鯉なり。聖の御しわざの口惜く侍れば、その事申さむとてなり」といふ。聖云ふ様、「この事こそ心得ね。悦びこそいはるべきに、剰《あまさ》へ、恨らるらむ、いとあたらぬ事な」と云ふ。翁いはく、「しか侍り。されど、我、鱗《うろくづ》の身をうけて、得脱の期を知らず。この湖の底にて、多くの年をつめり。しかるを、またまた賀茂の供祭になりて、それを縁として苦患をまぬかれなんと仕りつるを、さかしき事をし給て、又、畜生の業を延べ給へるなり」と云ふとなむ、見たりける。

ある聖が、琵琶湖で網船が獲った鯉を買い取って海にかえした。すばらしい功徳をつくったと思っていると、その夜、夢に鯉があらわれて、愁《うれ》えて言う。「賀茂社の供祭になって得脱《とくだつ》（＝解脱を得ることと）ができるとおもったのに、つまらない同情をかけられたために出離《しゅつり》（＝迷いの世界や煩悩の束縛から離れること）の縁を失ってしまった。かなしい」と。神前に供えることが動物のためであるという殺生功徳論が前提になっている。

なげくハマグリ

建長六年（一二五四）成立の『古今著聞集《ここんちょもんじゅう》』巻第二〇「東大寺春豪房幷びに主計頭師員、蛤を海に放ち夢に愁訴を受くる事」に次のような話がある（第六九二話）。

東大寺の上人春豪房、伊勢の海いちしの浦にて、海士はまぐりをとりけるを見給ひて、あはれみをなして、みな買ひとりて海に入れられにけり。ゆゆしき功徳つくりぬと思ひて臥し給ひたる夜の夢に、はまぐりおほくあつまりて、うれへて云ふやう、「われ畜生の身をうけて出離の期を知らず。たまたま二宮の御前に参りて、すでに得脱すべかりつるを、上人よしなきあはれみをなし給ひて、また重苦の身となりて出離の縁を失ひ侍りぬる、かなしきかなや、かなしきかなや」といふと見て、夢さめにけり。上人、涕泣し給ふこと限りなかりけり。（下略）

東大寺の春豪房という上人が、伊勢の海で海士がとったハマグリを買い取って海にかえした。すばらしい功徳をつくったと思っていると、その夜、夢にハマグリがあらわれて、愁えて言う。「二宮（内宮と外宮すなわち伊勢神宮）の御前にて得脱ができるとおもったのに、つまらない同情をかけられたために出離の縁を失ってしまった。かなしい」と。これもあきらかに、神前に供えることが動物のためであるという殺生功徳論が前提になっている。このように、十三世紀にはいくつものテキストに殺生功徳論が姿をあらわしており、信瑞もこうした説話を学んでいたことはまちがいない。

無住の疑問

『沙石集』をまとめた無住《むじゅう》は、嘉禄《かろく》二年（一二二六）、鎌倉に生まれ、暦仁《りゃくにん》元年（一二三八）には寿福寺《じゅふくじ》に入り、寛元《かんげん》元年（一二四三）に常陸国法音寺で出家している。諸宗を学んだが、建長三年（一二五二）には住房を律院にしたという。南都で学んだ律宗および真言宗は彼に多大な影響を与えたらしい。そして、弘長二年（一二六二）、尾張国長母寺《ちょうぼじ》へ向かう。その後、約五〇年をここで過ごし、その間に『沙石集』を書き上げている。

禅宗や律宗を学んだ無住が様々な説話に取材し、教理を説く『沙石集』は、後の補筆もあるようだが、多くはモンゴル襲来直後の弘安六年に成ったとみられる。(22)もちろん殺生を戒《いまし》め、その報いを説く話があり、例えば巻七（七）「人を殺して酬たる事」では、「訴える者がいないからといって、殺生を恐れないのは全くもって愚かである。（中略）生ある物を苦しめ殺してはならない。仏は重く殺生を戒めている」と語り、巻二（六）の「地蔵菩薩種々利益の事」には、「耕作して、多くの虫を殺す者を、敵として誡める」、つまり農耕を殺生として戒める話まである。

ところが、神社の供犠という現実が無住を悩ませた。巻一（八）「生類を神明に供ずる不審の事」に、次のような説話が語られる。

安芸の厳嶋は、菩提心祈請の為に、人多く参詣する由申し伝へたり。（中略）ある上人参籠して、社頭の様なんど見ければ、海中の鱗いくらといふ事も無く祭供しけり。和光の本地は仏菩薩なり。慈悲を先とし、人にも殺生を戒め給ふべきに、この様大きに不審なりければ、取りわきこの事を先づ祈請申しけり。示現に蒙りけるは、「誠に不審なるべし。これは因果の理も知らず、徒らに物の命を殺して、浮ひがたき物、我に供ぜんと思ふ心にて、とがを我にゆづりて彼は罪軽ろく、殺さるる生類は報命尽きて、何となく徒らに捨つべき命を、我に供ずる因縁によりて、仏道に入る方便をなす。よつて我が力にて、報命尽たる鱗を、かりよせてとらするなり」と示し給ひければ、不審晴れにけり。

信州の諏方・下野の宇都の宮、狩を宗として、鹿鳥なんどをたむくるもこの由にや。

ある上人が厳島神社で無数の魚が供えられているのをみて疑問に思った。「神の本地は仏菩薩である。仏菩薩は慈悲を施し、殺生を戒めているはずなのに、何故か」。神はこう答える。「因果の理も知らず、生き物の命を殺す者たちが、神に供えようと思う心によって罪を神に譲り、罪を軽くする。一方、殺される生き物たちは定まった命が尽きて無駄に死んでしまうところを、神に供えられることによって、仏道に入る方便とする」と。

「動物たちを成仏させてやる方便」という論理は、『古今著聞集』のハマグリの話と全く同じである。続けて、「信州諏方や下野宇都宮などで狩猟をおこない鹿や鳥を手向けているのも、こうした理由によるのだろう」と述べられているが、これについては次章でふれることにしよう。

『沙石集』拾遺

こうした殺生＝功徳とする説話への関心は高かったようで、『沙石集』の写本である神宮文庫本や慶長古活字十二行本に、次のような説話が書写されている。神宮文庫本の場合、巻末「裏書之條々」の中の「生類ヲ神明ニ供スル不審事」の条に記載されており、「『沙石集』拾遺」と称されている。

江州ノ湖ニ、大ナル鯉ヲ浦人トリテ、殺サントシケルヲ、山僧、直ヲトラセテ湖ヘ入ニケリ。其夜ノ夢ニ、老翁一人来テ云ク、今日我命ヲ助ケ給事、大ニ無本意侍也。其故ハ、徒ニ海中ニシテ死セバ、出離ノ縁カクベシ。賀茂ノ贄ニナリテ、和光ノ方便ニテ、出離スベク候ナルニ、命ノビ候ヌト、恨タル色ニテ云ケルト、古物語ニアリ。（日本古典文学大系『沙石集』拾遺五－一）

琵琶湖で浦人が鯉をとって殺そうとしたところ、比叡山の僧侶が買い取って湖にかえした。その夜、老人（鯉の変化《へんげ》）が夢にあらわれてこういった。「いたずらに海中で死ねば、出離の縁を欠いてしまう。賀茂社の贄になって、和光の方便（仏・菩薩が神の姿となって救ってくれること）で出離できるところだったのに」と恨んでいる様子で言った、という。いうまでもなく、先にみた『発心集』と同話である。

こうした殺生＝功徳とする説話には、登場人物や獲物を異にするいくつものヴァリアントがあった。『沙石集』拾遺の（二二）は、次のような話である。[23]

江州ノ湖ヲ行ニ、鮒ノ船ニ飛入タル事有ケルニ、一説ニ山法師、一説ニハ寺法師、昔ヨリ未定也。此鮒ヲ取テ説法シケルハ、汝放マジケレバ不可生。タトヒ生共不可久。生アル者ハ必死ス。汝身ハ我腹ニ入バ、我心ハ汝ガ身ニ入レリ。入我々入ノ故ニ、我行業、汝ガ行業ト成テ必可出離ス。然バ汝ヲ食テ、汝ガ菩提ヲ訪フベシトテ、打殺テケリ。マコトニ慈悲和光ノ心ニテ有ケルニヤ、又只ホシサニ殺シケルニヤ。オボツカナシ。

比叡山あるいは園城寺の僧が、琵琶湖で船に飛び込んで来た鮒に説法をする。「おまえは放ってやっても死んでしまう。おまえの身が私の腹に入れば、私の心はおまえの身に入る。だから、私の行業はおまえの行業ともなって、必ず出離できる。だからおまえを喰って菩提をとむらってやる」と言って、その鮒を打ち殺したという。「業尽有情、雖放不生、故宿人身、同証仏果」と全く同じ論理と言ってよいだろう。

十二世紀の教待和尚の説話では、教待＝弥勒菩薩＝三尾明神であったし、十三世紀前半に成立したことが確実な『発心集』や『古今著聞集』では、人が魚貝を食べるという表現が無かった。しかし、ここには明確に、「食べてやるのが生類のためだ」という言説が登場している。

入我我入

「入我我入」とは、密教の観法（観念操作法）のひとつで、本尊と行者の同一性を観ずる法である。本尊が我が身中に入ったと観ずるのが「入我」、我が身が本尊の中に入ったと観ずるのが「我入」であるが、(24) 諏訪の殺生功徳論の原型は、こうした密教の観法にあるのかもしれない。この「入我我入」の論理を、諏訪社の殺生・肉食の正当化に応用したとして、それはいつどこで誰が始めたのだろうか。今のところ、それはよくわからない。そもそも、この「入我我入」の説話がみえる『沙石集』拾遺がいつ成立したかについても検討の余地がある。

この拾遺（二一）で、もうひとつ興味深いのは「マコトニ慈悲和光ノ心ニテ有ケルニヤ、又只ホシサニ殺シケルニヤ。オボツカナシ」と書き添えられていることである。こうした正当化をともなった殺生が、本当に「慈悲和光の心」でおこなわれたことなのか、それとも「ただ欲しさに殺し」たのか、わからないという。後世の人々も「入我我入」の論理で肉食を正当化することに、こうした疑念をいだいていた。殺して食べてやるのが動物のためだということになれば、際限の無い殺生を許すことになる。そうしたことも、中世の人々はわかっていたにちがいない。それでもこうした論理が流布したことをどのように考えればよいのだろうか。それは、殺生・肉食を正当化する言説の本丸というべき諏訪の神文について探ってから、あらためて考えてみたい。

註

（1）平雅行「殺生禁断と殺生罪業観」（脇田晴子／M・コルカット／平雅行編『周縁文化と身分制』思文閣出版、二〇〇五年）。

（2）中村生雄『肉食妻帯考―日本仏教の発生―』（青土社、二〇一一年）。

（3）田村圓澄『法然』（吉川弘文館、一九五九年）。

（4）伊藤唯真「法然浄土教と民俗信仰―『一百四十五箇條問答』を中心として―」竹中信常編『法然浄土教の綜合的研究』（山喜房佛書林、一九八四年）、川内教彰「『一百四十五箇条問答』の「罪」をめぐって」（仏教大学『仏教学部論集』第一〇一号、二〇一七年）。

（5）中村生雄『日本の神と王権』（法蔵館、一九九四年）。

（6）平雅行『歴史のなかに見る親鸞』（法蔵館、二〇一一年）。

（7）同右。悪人正機説は、法然・親鸞以前からあったことが指摘されている。「正機」とは、救済の中心対象、まず救われるべき人という意味であり、法然・親鸞以前に悪人正機説と言うべき説があったと言わざるをえない。実は、法然・親鸞はこの悪人正機説の克服をめざしたのであった。法然房源空は、選択本願念仏説で、念仏往生は全ての者に平等であると説き、「悪人」のための教えを、人間全ての教えに転換しようとした。こうした姿勢を継承した親鸞の思想は、悪人正因説と言うべきものとなる。

（8）書名は、敦広の疑問を信瑞が解決することから。『国文東方仏教叢書』所収。『広疑瑞決集』については、祢津宗伸「中世諏訪信仰成立史料としての『広疑瑞決集』とその意義」（『中世地域社会と仏教文化』法藏館、二〇〇九年）から多くを学んだ。
（9）前掲註（5）中村『日本の神と王権』。
（10）同右。
（11）松尾剛次『親鸞再考』（NHK出版、二〇一〇年）、前掲註（6）平『歴史のなかに見る親鸞』。
（12）平雅行「鎌倉における顕密仏教の展開」（『日本仏教の形成と展開』法藏館、二〇〇二年）、同『鎌倉仏教と専修念仏』（法藏館、二〇一七年）。
（13）馬淵和雄『鎌倉大仏の中世史』（新人物往来社、一九九八年）。
（14）前掲註（6）平『歴史のなかに見る親鸞』。
（15）前掲註（12）平『鎌倉仏教と専修念仏』。
（16）前掲註（6）平『歴史のなかに見る親鸞』。
（17）前掲註（2）中村『肉食妻帯考』。
（18）千葉徳爾『狩猟伝承研究』（風間書房、一九六九年）、河田光夫「殺生・肉食を善とする説話の成立」（『説話文学研究』21、一九八六年。のち『中世被差別民の装い』所収、明石書店、一九九五年）、前掲註（5）中村『日本の神と王権』ほか。
（19）平雅行「殺生堕地獄観と動物供犠」（部落問題研究所編『部落史史料選集』第一巻、部落問題研究所出版部、一九八八年）、金光哲「殺生と和光同塵と諏訪大明神と神功皇后と」（『中近世における朝鮮観の創出』校倉書房、一九九九年）。
（20）前掲註（8）祢津「中世諏訪信仰成立史料としての『広疑瑞決集』とその意義」。

(21) 現在も金堂の傍らに教待堂があり、十一月十一日に教待会がおこなわれている。
(22) 小島孝之「解説」(『新編 日本古典文学全集52・沙石集』小学館、二〇〇一年)。
(23) 神宮文庫本の書写は、江戸時代の初期とみられており、この裏書もそれに近い時期のものかもしれない。
(24) 岩波『仏教辞典』(岩波書店、一九八九年)。

第五章　諏訪信仰と殺生・肉食

肉食を正当化する言説として知られているのが、「業尽有情《ごうじんうじょう》、雖放不生《すいほうふしょう》、故宿人身《こしゅくじんしん》、同証仏果《どうしょうぶっか》」と唱える「諏訪の勘文《かんもん》」である。業が尽きて人に捕らえられる生類は、ふたたび野に放っておいても長くは生きられないし、成仏もできない。それゆえ人が食べて、その人の身に宿せば、その人が成仏するのにともなって、それらの動物も同じく成仏できる。この論理を凝縮した四句で、「諏訪の文」あるいは「諏訪の偈《げ》」などとも称されてきた。これによれば、殺して食べてやるのが生類のため、ということになるわけで、殺生功徳《くどく》論（殺生仏果観）・肉食肯定論の極致、「極北」の思想とも評されている[1]。

諏訪社は、伊勢（神明）・八幡などに次いで分社が多く、その数は五千社を超える。摂社や小さな祠なども数えれば二万以上という説もあるほどで[2]、東日本はもちろん、西日本でも地域によっては身近な神社のひとつだと言ってよいだろう。そして、「殺生祭神は主として諏訪信仰をめぐる問題である」と評されるように、中世に発達した殺生・肉食を肯定する思想について考える際、「諏訪の勘文」をもつ諏訪信仰は最大の焦点とされている[3]。

なぜ諏訪なのか。前章でみたとおり、諏訪社以外にも殺生祭神すなわち動物供犠《くぎ》をおこなっていた神社は

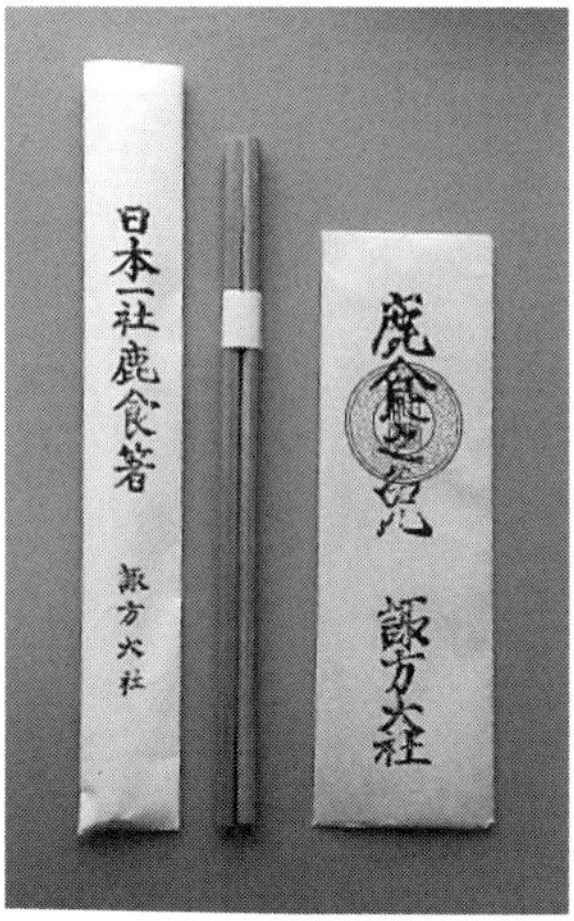

図5–1　現在の鹿食免・鹿食箸

あった。殺生・肉食を正当化する論理も、諏訪社の専売特許では無かった。にもかかわらず、なぜ「諏訪の勘文」のように発達した殺生・肉食肯定論が成立し、よく流布したのか。

本章では、まずこれまでの研究をふりかえり、中世の諏訪信仰をめぐる問題の所在を確認しよう。次に、諏訪の殺生・肉食を正当化する言説の生成過程をたどり、どのような言説が、いつどのように生成されたのか考えてみたい。

1 諏訪信仰と殺生・肉食の正当化

「諏訪の勘文」の研究史

「諏訪の勘文」については、歴史学のみならず民俗学や文学、宗教学など様々な学問分野で論及されてきたが、その先駆は千葉徳爾《とくじ》の「狩猟信仰としての諏訪神道」であった。千葉によれば、武士の信仰が発展し、武技としての狩猟が盛行するに伴って、諏訪の祭儀としての狩猟が重視され、狩猟神としての諏訪信仰が発生したという。諏訪の神の託宣とされる四句の偈によってひろめられ、全国に知られるようになったのは、これによって武士や狩人の殺生に対する不安が緩められたからで、諏訪の信仰をひろめる神人たちは各地に旅して、ある者は土着して語りものを語り、守り札を発行し、また獣肉を食べても穢《けが》れないとする箸（鹿食箸《かじきばし》）を出してその教義をひろめた。伊賀、紀伊、

京都などにそうした系統の家が知られ、近世末までに及んでいることも報告されている。(4)

歴史学の分野では、まず桜井好朗《よしろう》、ついで伊藤喜良《きよし》や今堀太逸《いまぼりたいつ》らが諏訪信仰に論及した。桜井は、寺社縁起の構造を研究する中で諏訪の縁起も分析し、殺生を罪業《ざいごう》とする仏教の観念的規制を拒否する意志が諏訪の神への信仰で表象されており、そうした諏訪の民間伝承が縁起に取り込まれた結果、諏訪の神話は殺生を忌避する観念的な規制に対抗しうる普遍的な論理となり、その論理はさらに民間信仰に受容されたとみた。(5)

伊藤は、猟師・漁夫などの殺生観を題材にして中世の生活や意識を考察し、殺生罪業観を強めた西国に対し、東国は殺生禁断・触穢《しょくえ》思想とは無縁で、殺生仏果の思想は諏訪信仰圏の社会意識の反映だという。しかも、そうした殺生観の相違は、東国の領主制、西国の荘園制という地域的な支配形態に由来する意識の差異だと説明した。(6) 今堀は、諏訪の神が「生身の仏」でありながら殺生祭神を要求する神であることにより、武士や狩猟を生業とする人々の鎮守・氏神として全国に勧請されたものとみた。(7)

称揚される「諏訪の勘文」

「諏訪の勘文」を高く評価したのが、差別と戦い、被差別民や親鸞の研究で成果をのこした河田光夫であった。「殺生・肉食善根論」すなわち殺生功徳論は、理論としては「稚拙で便宜的なこじつけ」だが、殺生罪業論も「同様に稚拙で不合理きわまりない」と断じて、次のように述べる。

殺生をし、その肉を食い、皮や骨などによる製品を使っているのは人類である。それにもかかわらず、その直接生産者のみを、けがれだ悪だとして差別したのが、中世社会における殺生罪業論であった。それは単に不合理なだけでなく、一部の人々を差別して打ちのめす観念である。諏訪説話は、明るく生き生きと、そうした観念を克服し、殺生・肉食善根論を打ち出したのである。

諏訪の殺生・肉食功徳論は、殺生罪業論を「明るく生き生きと」克服するものとみる河田は、『神道集』に語られる「諏訪説話」を確認した上で、それを次のように称揚した。

殺生・肉食善根論には、単に殺生の業に携わる自分だけでなく、犠牲になる動物もともに救われたいという猟漁民の、やさしく敬虔《けいけん》な願いがこもっていることを見落としてはならない。このような発想は、最も動物と親しむ猟漁民の中から生まれるものである。

諏訪の殺生・肉食功徳論に「猟漁民の、やさしく敬虔な願い」を見る河田は、さらに、「食われた動物が、食った人間とともに成仏するという諏訪説話の幻想は、間違いなく動物との一体感を持つ猟漁民の願いに根ざしたものである」と、この論理が猟師や漁民によって打ち出されたものだとい

うことを強調している。(8)

河田のように、狩猟・漁撈を生業とする人々の中から生み出されたとは言わないまでも、これまで多くの研究者が「諏訪の勘文」は殺生を生業とする山野河海に生きた人々を救済する論理である、という見方を前提として論じてきた。例えば、宗教学者の中村生雄も主著『祭祀と供犠』で次のように述べている。

> 中世の諏訪信仰に典型を見るごとく、仏教の殺生罪業観によるかぎり仏の救いからは見離された存在である狩猟・漁撈の民にとって、こんな取ってつけたような理屈によってではあれ、自分たちが日々犯している殺生の業が、当の動物たちにたいしては諏訪神の仲立ちによって出離の道をしめし、最終的には仏果にいたらせる慈悲行でもあると教えられたことは、計り知れない意味をもったのである。そこには、中世日本の神仏習合的観念が現実の生活者に向けて提示した最重要の救済の論理がしめされている。

「教えられた」あるいは「提示した」とあるように、中村は諏訪信仰にみられる殺生功徳論を「中世日本の神仏習合的観念」を発達させた宗教者から発信されたもので、「狩猟・漁撈の民」にとって「最重要の救済の論理」であったと見ている。

中世の狩猟民・漁撈民にかぎらず、一般に日常的に殺生をなりわいとして生を送るほかない山野河海の民にとって、このような殺生肯定の論理が体制仏教たる顕密諸派が云々する堕地獄の恐怖からみずからを解放してくれる唯一の道だったことは想像にかたくない。(9)

この中村のような見方は多くの研究者に共有されているもので、私もかつてこうした認識を前提として駄文を草したことがある。(10)

通説の見直し

ところが、中世において「諏訪の勘文は殺生を生業とする山野河海に生きた人々を救済する論理」であったと言えるかどうかについては、異論がある。吉原健雄は、嘉禎《かてい》四年(一二三八)の奥書をもつ『諏方上社物忌令《ぶっきりょう》』や、十四世紀の中頃に成立したとみられる『諏方大明神講式』などの史料を参照しながら、『諏方大明神画詞《えことば》』を読み解いて、次の三点を指摘した。

①殺生仏果観は狩猟民ではなく諏訪神による畜類救済の行為として説明されている。

②殺生仏果観は基本的には殺生祭神儀礼に対する仏教的罪悪視の解消の目的で成立した。

③諏訪大社に罪業観と仏果観をともに含む殺生観が成立した理由は、贄《にえ》の合理化と社領支配の実現という二つの課題への対応として説明できる。

そして、『神道集』所収の「諏訪縁起」巻末にみえる寛提《かんてい》僧正の説話や諏訪社以外の殺生仏果観にも言及する『沙石集』や『古今著聞集《ここんちょもんじゅう》』等にみえる説話は、「すべて殺生祭神儀礼の合理化を目的として成立している」と指摘して、次のように述べる。

　これらの説話を狩猟民の殺生・肉食の合理化を目的として成立したと解釈するのは、短絡的な理解であろう。つまり、諏訪大社は神による殺生のみは救済の名のもとに正当化し、人による殺生は罪業として否定したのである。[11]

吉原の説には説得力がある。これによれば、殺生功徳論は狩猟・漁撈を生業とする人々が殺生罪業観を克服するために打ち出した、といった見方は成り立たない。

中村も、「いったん贄として神に献じられた生きものが、じつはその神の本地たる仏の広大な力によって悟りにみちびかれる」という解釈は、「古来の日本の神祀りと、殺生を極悪と見なしひたすら慈悲行を推奨する仏教倫理との矛盾相剋を回避する論法として、大いに活用された」と述べ、殺生功徳論が殺生祭神儀礼と仏教的罪悪観との矛盾解消の目的で成立したことは前提としていた。しかし、中村もかつての私も、「諏訪の勘文」成立の事情とそれが狩猟・漁撈を生業とする人々に受容されたこととを、どこまでわけて論じていただろうか。狩猟・漁撈の民が殺生功徳論を受容したとしても、それを果たして中世の出来事として良いのかが問われている。

流布をめぐって

吉原も、近世には諏訪の神が狩猟民の殺生を正当化する神として信仰されていたことを認めている。「おそらく、個々の狩猟の場で獲物を諏訪神に供御すると狩猟民が観念していたためではないであろうか」と見通し、「諏訪大社において殺生祭神儀礼の合理化という限定された目的で成立した説話が、狩猟民によって日常の罪悪感を解消する論理として受容されていたと考えられる」と、成立と受容の差異を指摘した。ただし、「このような狩猟民側の殺生観がいつ、どこで成立したのかという問題」は今後の検討課題としている。(12)

さらに、「諏訪信仰が拡大した理由は、『画詞』にみられる諏訪大社側の説とは異質な殺生観が布教・受容されたためではないだろうか」という吉原の予想をうけて、中世・近世の肉食と「諏訪の勘文」の関係を考察したのが三浦（塚本）寿美子であった。三浦は、狩猟民の「諏訪の勘文」は諏訪大社から直接伝わったのではなく、かつて桜井や伊藤・今堀らも論及し、伝承文学研究でも注目されてきた『神道集』にみえる甲賀三郎物語を介して伝わったとみて、次のように指摘している。

〈狩猟を肯定する〉と言っても、殺生戒と共存を図り神事における狩猟だけを許す場合と、狩猟民の行う日常の狩猟をも肯定する場合とがあり、また諏訪大社内部でも近世になると〈日常の肉食を許す〉と解釈されるようになったりと、諏訪の勘文にも様々な側面があった。

吉原と同様、「中世諏訪大社と狩猟民とでは解釈が異なっていた」とみている。受容のされ方が多様で、「諏訪の勘文にも様々な側面があった」という指摘は重要だろう。

さらに「諏訪の勘文」の伝播について検討を続けた三浦寿美子は、神事における狩猟を合理化するだけのものだった「諏訪の勘文」を、神事以外の狩猟をも肯定するものと拡大解釈し殺生を生業とする人々へ伝えたのは、「庶民レベルで活動していた諏訪神人」だったと、千葉徳爾らに近い見解を述べている。[13]

中世・近世における肉食と「諏訪の勘文」との関係には、再考すべき点が少なくない。そもそもなぜ諏訪なのか。吉原も三浦も、「諏訪の勘文」を成立させたのが「諏訪大社」だったと見ているようだが、本当に信州の「諏訪大社」が「諏訪の勘文」を成立させ、発信したのだろうか。そこから問いなおす必要がある。

2　なぜ諏訪社は分祀されたのか

なぜ諏訪社は勧請されるのか?

全国各地、五千社以上もあると言われる諏訪社の分社（分祠）だが、諏訪社の分祀（勧請）が多かったのは、諏訪社が狩猟・肉食の神であり、それらを正当化する論理をもっていたことが影響していたとする説がある。例えば、『諏訪市史』は「全国各地で、武士らは諏訪神社を勧請して、その御《み》贄狩《にえがり》だとして鷹狩を実施しようとした」という。[14] 諏訪が狩猟・肉食を正当化してくれる神だから、各地の武士たちがみずからの所領に分祀（勧請）したのだというのである。そうだとすれば、殺生正当化の論理（殺生仏果観）によって諏訪信仰が全国的に発展したことになるわけだが、まずはこの説について検討しておこう。

諏訪社の分社（分祀）については、すでに戦前の『諏訪史』や伊藤富雄によって研究されていたが、それらをふまえて整理したのが宮坂光昭である。宮坂によれば、諏訪の分社は次の七パターンに分類できるという。[15]

①原始信仰ミシャグジの伝播の上に成立した分社。中部・関東・東海地方に多い。土地精霊的性格をもつミシャグジ信仰。例としては、富士吉田浅間神社。

②戦場に移住した農民兵が武神として分社。古代の越後・東北地方にみられる分社。移住させられた信濃の農民兵による勧請。

③（御射山《みさやま》御狩の祭日と同一祭日をもつ神社は）御射山の頭人たちによる分社。鎌倉時代に御射山御狩の頭役を勤仕した地頭・御家人による分社。例としては、島津氏の鹿児島諏訪神社。

④御神体とする薙鎌（図5－2）を布教者である諏訪神人・御師たちが配布し創建。薩摩・大隅・日向地方に多い。例としては、薩摩国伊佐郡原田村諏方神社、日置郡伊集院谷口村諏訪上下神社

など。

⑤風神として海岸地方に分社。

⑥甲賀三郎物語の唱導と鹿食免《かじきめん》（箸）の布教。常陸・北陸・甲賀・伊賀・九州南部に分布。土地の特徴としては、山間地で畑作中心。狩猟を兼業。

⑦政治的な利用。円忠や上原氏による京都諏訪社、近世初頭に作られた長崎諏訪神社など。

この分類は、複雑な諏訪信仰の様相を考える上で参考になる整理だが、宮坂も「分社のパターンは時代的に重層性をもっている」と述べているとおり、実際には①〜⑦のように整然とは分類できず、いくつもの性格を併せ持つ分社が多い。

図5–2　諏訪の薙鎌（神長官守矢史料館〈茅野市〉）

重層的な分社パターン

宮坂分類の①は文献史料であとづけることが困難である。②も多くは伝承であって、確実な史料で論証できる事例がない[16]。例えば、東京都立川市柴崎町の諏訪神社は、社伝によると弘仁《こうにん》二年（八一一）信州から勧請されたというが[17]、そうした分祀の経緯を証明する古代の史料があるわけではない。新発田《しばた》祭で知られる新潟県新発田市諏訪町の諏訪神社も、古代にコシ（越）のクニに移住させられた信濃の柵戸《さくこ》が勧請したという伝承がある。(18) 同様の伝承をもつ諏訪神社は東北地方にもあるが、そうした古代の対「蝦夷」戦争にかかわる分祀伝承の多くは、中世以降に流布した「諏訪の神が坂上田村麻呂《さかのうえのたむらまろ》をみちびいて蝦夷を平定した」という説話の影響をうけて成立した可能性が高い。

十四世紀に成立し、その後の諏訪信仰に大きな影響を与えた『諏方大明神画詞』によれば、坂上田村麻呂は延暦《えんりゃく》二十年（八〇一）、陸奥の安倍高丸追討の勅命を受け、東国第一の軍神諏訪大明神に祈願した。東山道を奥州に下る途中、信州伊那郡・諏訪郡の境において穀葉《かじのは》（諏方の紋）の藍摺《あいずり》の水《すい》干《かん》を着た兵に出会い、この兵を先陣とする。堅固な城に籠る高丸に田村麻呂の軍が苦戦すると、信濃の兵は海上で流鏑馬《やぶさめ》を始めた。流鏑馬の矢が尽きたと思って顔を出した高丸に、兵が残してあった鏑矢《かぶらや》を投げると、矢が目に刺さり、高丸は討ち取られた。この兵は、諏訪明神の化身であったという。中世神話の一類型で、こうした田村麻呂の高丸追討説話が、中世にはよく流布していた。それが諏訪社の分社と結び付けて語られることが少なくなかったのだろう。

信憑性の高い史料によって分祀やその神事が確認できるのはパターン③である。例えば、新発田山祭の式日は七月二十七日・二十八日（現在は八月二十七〜二十九日）で、鎌倉時代が最盛期だった御射山祭を伝えていると考えられる。このことをふまえれば、同社は中世、その地を支配していた佐々木加地氏によって勧請された可能性が高い。④や⑥とされる諏訪社のなかにも、③の地頭御家人による分社を起源とするものが少なからず含まれていると思われる。

福島県会津若松市本町の諏訪神社は、社宝に「永仁《えいにん》二年（一二九四）八月日 神主佐久祝本願」の銘文をもつ鉄製の注連《しめ》がある。(19)『新編会津風土記』所載の社伝によれば、永仁元年（一二九三）、蘆名《あしな》盛宗《もりむね》が諏訪の神官の加護により勝利を得ることができたので、翌年、信州諏訪社から黒川の現在地へ勧請して社殿を造営し、社領を寄進したという。やはり祭礼は七月二十七日である。

このように、御射山タイプの神事を伝えている分社には、鎌倉時代に地頭・御家人によって分祀されたものが多いのだろう。

図5–3 『一遍聖絵』（13世紀、清浄光寺〈遊行寺〉蔵）に描かれた武士の家の鷹

鷹狩禁止令にみる幕府と諏訪社

狩猟を必要とする御射山の神事とともに分祀された③が多いとすれば、やはり諏訪が狩猟・肉食を正当化してくれる神だから、みずからの所領に分祀（勧請）したのだろうか。

「諏訪神社を勧請して、その御贄狩だとして鷹狩を実施しようとした」という説の根拠とされる史料は、鎌倉幕府が発した鷹狩禁止令である。幕府は、鷹狩を禁止する法令を諸国にくりかえし発令したが、諏訪社については、次のようにその禁止対象から除外していた。

（ア）『吾妻鏡』建暦《けんりゃく》二年（一二一二）八月十九日条

鷹狩を禁断すべき由、守護・地頭等に仰せらる。但し、信濃国諏訪大明神御贄鷹においては、これを免ぜらる。

幕府が諸国の守護・地頭に鷹狩を禁止するよう通達した際、諏訪大明神の御贄鷹すなわち神に献げる鳥獣を獲るための鷹狩は免許している。

次の史料は、発布年月日がわからないものの、「度々厳制の処」とあることからも、鎌倉後期に通達された幕府法とみられる。

（イ）年代未詳　鎌倉幕府追加法（『中世法制史料集』第一巻・七三七）

一　鷹狩の事

度々厳制の処、普く違犯の由、其の聞え有り。露顕せしむるの輩は、所領を分け召されるべき也、且、敵対の有無を謂わず、地頭御家人相互これを差し申すに就き、其の沙汰有るべし。次いで供祭の鷹の事、神領たりと雖も、社司の外、固くこれを停止すべし。但し諏方社の御射山・五月会の頭人の事、他に異なるの間、信濃国に於ては制の限りに非ず。他国に至りてはこれを

禁制すべし。（下略）

「供祭の鷹」すなわち供物となる鳥獣を捕獲するため鷹狩について、神社の領内であっても神職以外の者がおこなうことを禁じているが、その際、諏訪社の御射山・五月会《さつきえ》の頭人については他社とは異なるから禁止しない、としている。諏訪社の贄狩のための鷹狩は禁止対象外だった。

しかし、（ア）や（イ）で、「武士は諏訪神社を勧請して、その御贄狩だとして鷹狩を実施しようとした」という説は成り立たない。まず、（ア）も（イ）も「信濃国」と明記している。つまり、この免許の対象は、信濃国の諏訪社とその神事に奉仕する頭人（信濃国内に所領をもつ武士から選出された役）に限定されているのであって、（イ）には明確に「他国に至りてはこれを禁制すべし」とある。諏訪社の狩猟の特別扱いが、信濃以外の国に勧請された分社にも適用されたわけではなかったのである。

鎌倉幕府の鷹狩禁止令

そもそも幕府は、諏訪社でなくとも、原則として神社の供物のための鷹狩は全国的に許可していた。つまり、神社の供物のための狩猟であれば、それを許可してもらうために諏訪社を勧請する必要など無かったのである。鎌倉幕府の鷹狩禁止令を総覧してみよう。

（ウ）『吾妻鏡』建久《けんきゅう》六年（一一九五）九月廿九日条
鷹狩を停止すべきの旨、諸国御家人に仰せらる。厳制に違犯の輩に於ては、其の科有るべし。

但し神社の供税贄鷹の事は御制の限りに非ず、てへり。
（エ）『吾妻鏡』建保《けんぽう》一年（一二一三）十二月七日条
鷹狩を停止すべきの旨、諸国守護人等に仰せらる。比事度々厳命有りと雖も、放逸の輩、動もすれば違犯有るの旨、聞食し及ぶに依りて、此の如しと云々。但し所処の神社の貢税の事に於ては、制の限りに非ずと云々。
（オ）『吾妻鏡』仁治《にんじ》一年（延応《えんおう》二、一二四〇）三月十八日条
一　鷹狩の事
社領の内、例有る供祭の外、これを停止すべし。
（カ）仁治二年（一二四一）正月十五日　新御成敗状
一　鷹狩の事
右、関東の新制を守り、神領の内、例の供祭の外、停止せしむべし。
（キ）a　『吾妻鏡』寛元《かんげん》三年（一二四五）十一月十日条
鷹狩を停止せらる。限り有る神社の供税の事、子細に及ばざるの由、今日普く触れ仰せらるべきの由、これを定めらる。
（キ）b　新編追加一六〇

一　鷹狩の事、ことに御禁制の処、近年甲乙人等、代々御下知に背き、国々といひ鎌倉中といひ、多く狩を好むの由、その聞えあり。はなはだ濫吹なり。すでに自科を招くものか。永く停止せしむべし。自今以後、なほ違犯せしめば、後悔あるべきなり。ただし神社の供祭の鷹に於ては、制の限りにあらず。この旨をもって普く相触れらるべきの条、仰せによって執達件のごとし。

寛元三年十二月十六日　　武蔵守　判（北条経時）

（ク）『吾妻鏡』建長《けんちょう》二年（一二五〇）十一月廿九日条

鷹鶻《たかはしたか》の事

右、右大将家の御時より、諸社の贄鷹の外禁断の処、近年諸人好み仕しむと云々、甚だ然るべからず、自今以後に於いては、所々の供祭の外、大小鷹一向これを停止せらる。此の旨を存じ、当国中聞き及ぶに随い、制止を加えらるべし。若し承引せざるの輩出来せば、早く注申すべし。殊に御沙汰有るべき也。てへれば仰せによって執達件の如し。

建長二年十一月廿九日　　相模守（北条時頼）
　　陸奥守（北条重時）

（ケ）式目追加條々・『吾妻鏡』弘長《こうちょう》元年（一二六一）二月廿九日条

一　鷹狩の事

神領の供祭の外、停止すべきの由、御下知先畢んぬ。固く此の制禁を守り、違犯すべからず。

（中略）

弘長元年二月卅日

武蔵守平朝臣　判（北条長時）

相模守平朝臣　判（北条政村）

（コ）『吾妻鏡』文永《ぶんえい》三年（一二六六）三月廿八日条

一　鷹狩の事

供祭の外禁制先畢んぬ、よって供祭に備えると雖も、其の社領に非ず、其の社領たりと雖も、其の社官にあらざれば、一切狩を仕るべからざるの由、其の国中に相触れしむべし。若し違犯の輩有らば、慥に交名を注申すべきの状、仰せによって執達件のごとし。

文永三年三月廿八日

相模守　判（北条時宗）

左京権大夫　同（北条政村）

（ウ）に「右大将家の御時より」すなわち頼朝の時代から禁じられてきたとあるとおり、十二世紀の末からくりかえし鷹狩は禁止されてきたが、「但し神社の供税贄鷹の事は御制の限りに非ず」、「神領の供祭の外、停止」というように、（ア）～（コ）、いずれも神社の供物のための鷹狩は除外している。第二章でもみたように、狩猟神事や動物供犠が諏訪社にしかなかったかと言えば、そうではなく、かつては各地の神社で動物供犠がおこなわれていたのであり、幕府は原則としてそのための狩猟を公認していた。

許されていた贄の狩猟

同様の通達が、このように多数のこっていることからも、幕府は鷹狩の禁止と神社の贄鷹の免許、その両方とも遵守させようとしていたのだと考えられる。しかし、実際には違反者が後を絶たなかったのだろう。『吾妻鏡』寛元四年（一二四六）三月三十日条に、次のような記事がある。

甲斐国一宮の権祝《ごんのほうり》守村申す、鷹狩を停止せらるにより、人々供税鳥を対捍するの由の事、沙汰を経らる。供祭の事は、免許せらるの旨、仰せ出さる。

この日、甲斐国一宮すなわち浅間神社の権祝（神職）が幕府に訴え出た。鷹狩が禁止されたため、人々が納めるべき鳥を納めない、と言うのである。そこで幕府は、祭礼の供物は免除されている、と通達した。

諏訪社以外の神社でも、供物のための狩猟は許されていたとすれば、逆になぜ（ア）や（イ）は、諏訪社を特筆していたのであろうか。それは、（イ）や（コ）のように、「供祭に備えると雖も、其の社領に非ず、其の社領たりと雖も、其の社官にあらざれば、一切狩を仕るべからず」、すなわち供物のためであっても、その神社の所領内でのみ許可。その所領内であっても、その神社の職員でなければ一切狩りをしてはならない、というように規制が強化される傾向にあったことによる。

第二章でもみたように、諏訪社の五月会・御射山祭は、「社官」（神職）だけではなく、信濃国内の地頭・御家人から選ばれた頭人も狩猟をくりひろげた。それが重要な神事の一部なのであって、「社官（神職）でなければ狩猟をしてはならない」と規制してしまうと、頭人による狩猟神事ができなくなる。そのため、（イ）のように「但し諏方社の御射山・五月会の頭人の事、他に異なるの間、信濃国に於ては制の限りに非ず」と、祭礼の名称まであげて、信濃国に限定し、「社官」以外の狩猟を特別に認めているのであろう。

では、なぜ鎌倉幕府はこれほどまでに諏訪社の神事・祭礼を重視し、その維持に熱心だったのだろうか。それは、宮坂による分類③が、諏訪社の分祀の中でいかに大きな割合を占めているかを考える前提にもなるだろうし、諏訪社の分社が多いのはなぜか、という問題の核心にかかわる。鎌倉幕府と諏訪社の関係を確認しておこう。

鎌倉幕府と諏訪社

鎌倉幕府は、その草創期から諏訪社を重視しなければならなかった。源頼朝にとって、ライバル木曾義仲にしたがった信濃武士たちをどのように統御するかが重要な問題だったからである。信濃一国をあげて挙行される諏訪社の祭祀組織は、信濃の武士を統御する手段としてきわめて有効であった。諏訪社の最高位で現人神ともされた大祝《おおほうり》の動きが、他の信濃武士に与える影響も小さくなかったのだろう。文治二年（一一八六）、諏方大祝が幕府に対し、諏訪社領における御狩を抑留し、拝殿の造営を防げる武士を訴えると、諏方大祝の権威を認め、大祝の下知《げち》に従い、神役を勤めるよう命じている（『吾妻鏡』同年十一月八日条）。

二代将軍頼家《よりいえ》の近臣には、信濃武士の「狩猟の達人」が選ばれていたが、頼家が抹殺されると、北条氏一門が信濃の武士たちとつながりを深めていく。承久《じょうきゅう》の乱に際しては、諏訪社上社大祝の盛重《もりしげ》が戦勝を社前に祈り、巻数《かんじゅ》を幕府に献じており（『吾妻鏡』承久三年六月八日条）、乱後には戦勝報賽《ほうさい》として伊勢内宮・外宮、鶴岡八幡宮、そして諏訪社に所領が寄進された（同年八月七日条）。幕府にとって諏訪は伊勢・八幡とならぶ存在になっていたことがわかる。

北条氏と諏訪との関係を決定的にしたのは、北条時頼と諏方盛重（蓮仏）との親密な主従関係であった。[20]その後も諏方氏には得宗《とくそう》家の被官となる者が多く、幕政において重要な役割をはたす。得宗は諏訪社の神事にも積極的にかかわり、嘉暦《かりゃく》四年（一三二九）三月には北条高時が諏訪上社の祭礼頭役十四番を編成し、通達している（守矢文書、鎌倉幕府下知状案）。幕府滅亡時、高時の遺児時行が諏訪にかくまわれ、その後、幕府再興を期して挙兵したのも（中先代《なかせんだい》の乱）、得宗家と諏方氏との特別な関係があったからにほかならない。

金沢文庫古文書のなかには、北条氏一族も熱心に諏訪社の神事の頭役を奉仕していたことを伝える文書がのこされている。執権もつとめた金沢貞顕《さだあき》が、同じ北条一族の塩田国時《しおたくにとき》にあてた手紙によれば、国時は、元弘《げんこう》元年（一三三一）の諏訪社七月会（御射山祭）の頭役を勤めるため、信濃へ向かう前に貞顕のところへ挨拶に来たらしい。貞顕はその書状で、国時が生涯のうちに数度も頭役を勤め

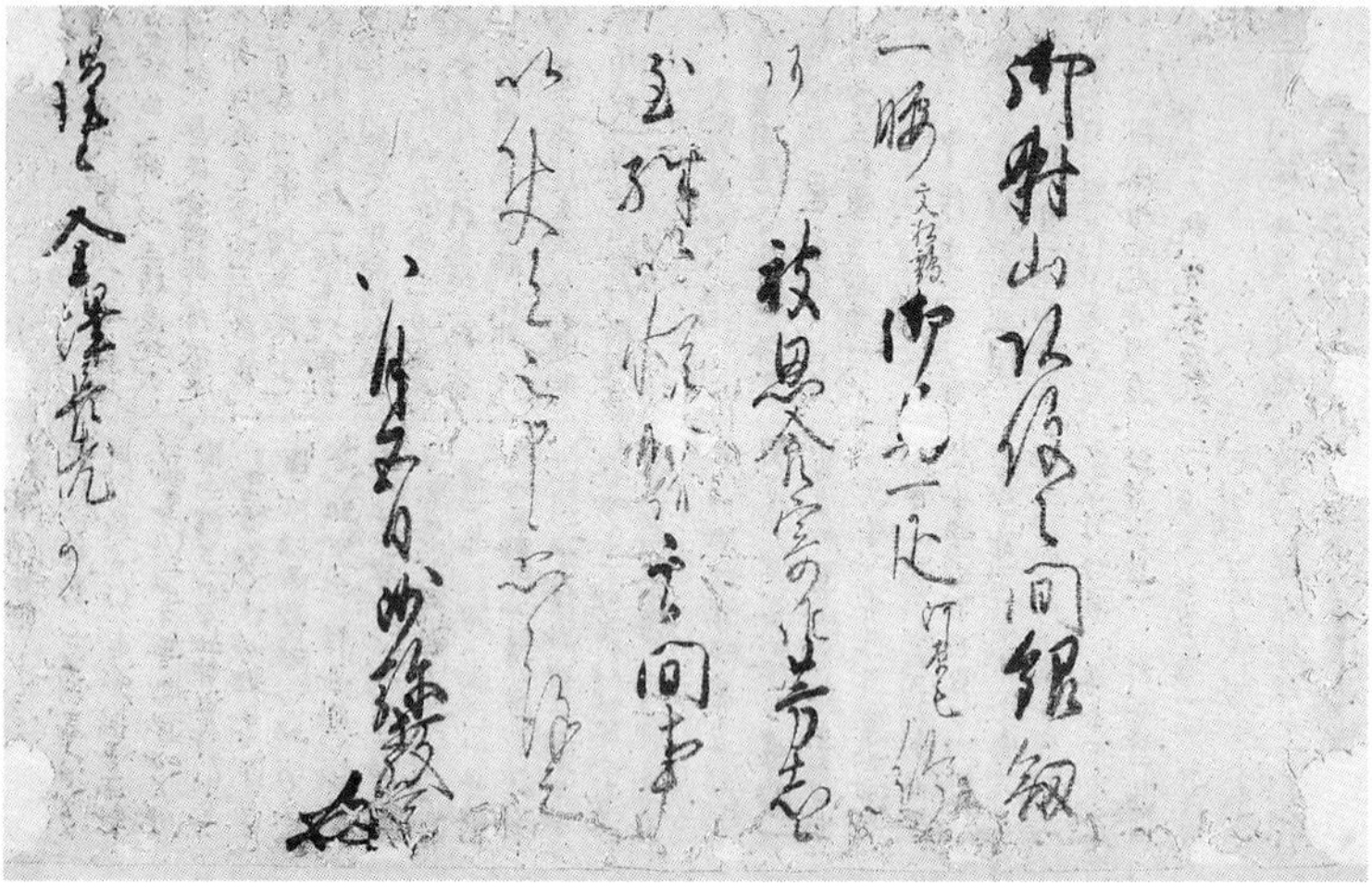

図5–4　金沢文庫の古文書にみえる御射山頭役（称名寺蔵・神奈川県立金沢文庫管理）

たのは信心が深いためだろう、と感心している。

その塩田国時が金沢称名寺《しょうみょうじ》の長老へ送った書状ものこっている。出家して沙弥《しゃみ》教覚《きょうかく》と名乗るようになった国時が、諏訪社の御射山祭の頭役を勤めることになったところ、称名寺の長老から御祝に銀剣と馬が贈られた。その礼状である。諏訪社の頭役勤仕が北条氏一族の人々にとっても名誉であり、周囲から祝儀を贈られるほどであったことがわかる（図5–4）。

頭役を勤仕する武士たち

諏訪社の祭祀（五月会、御射山）への奉仕は、公事（公的な負担・課役）と同格またはそれ以上に大切な役目だと考えられていた。頭人にあたった武士は、饗応の準備など経済的負担も大きかったが、いくつもの特権が認められており、『諏方大明神画詞』には、それに関する説話もみられる。

例えば、五月会・御射山祭の頭役にあたった武士は、国司がおこなう初任検注《しょにんけんちゅう》を免除されることになっていたらしい。国司の検注は「国検《こくけん》」ともいわれ、年貢を賦課するための田がどれくらいあるか測量して年貢を算出するものであり、開発した新田が摘発されて増税されることもあって、これが免除されることは大きな特権であった。また、『画詞』には、「当社ノ頭役人謀反八逆免許ノ先規ナリ」とあり、頭役にあたった御家人が罪科で裁判にかけられていたとしても免罪されたという。

信濃の最北、信越国境の志久見《しくみ》を本拠としていた市河氏が伝えた文書の中には、諏訪の頭役が重要視されていたことを雄弁に物語るものがある。元亨《げんこう》元年（一三二一）十月廿四日付の市河盛房自筆置文をみてみよう。

定め置く御公事《みくうじ》以下の事

（中略）

一　御公事の分限の事、譲状《ゆずりじょう》に書き置き候上、加様に定め置き候をそむきて、そえ無き物などに勧められて、煩《わずら》いを致し、兄弟仲違うべからず。諏方御頭あらん時は、皆うち連れ、身の大事と捌《さば》くるべし。御頭当たらん時は六郎頭元として捌くるべし。

盛房が、子たちに対して、公事や年貢の負担、所領の知行、遺物・所従の相続などについて記した覚書である。諏訪の頭役についても惣領六郎（助房）を中心に団結し、「身の大事と」思って勤め

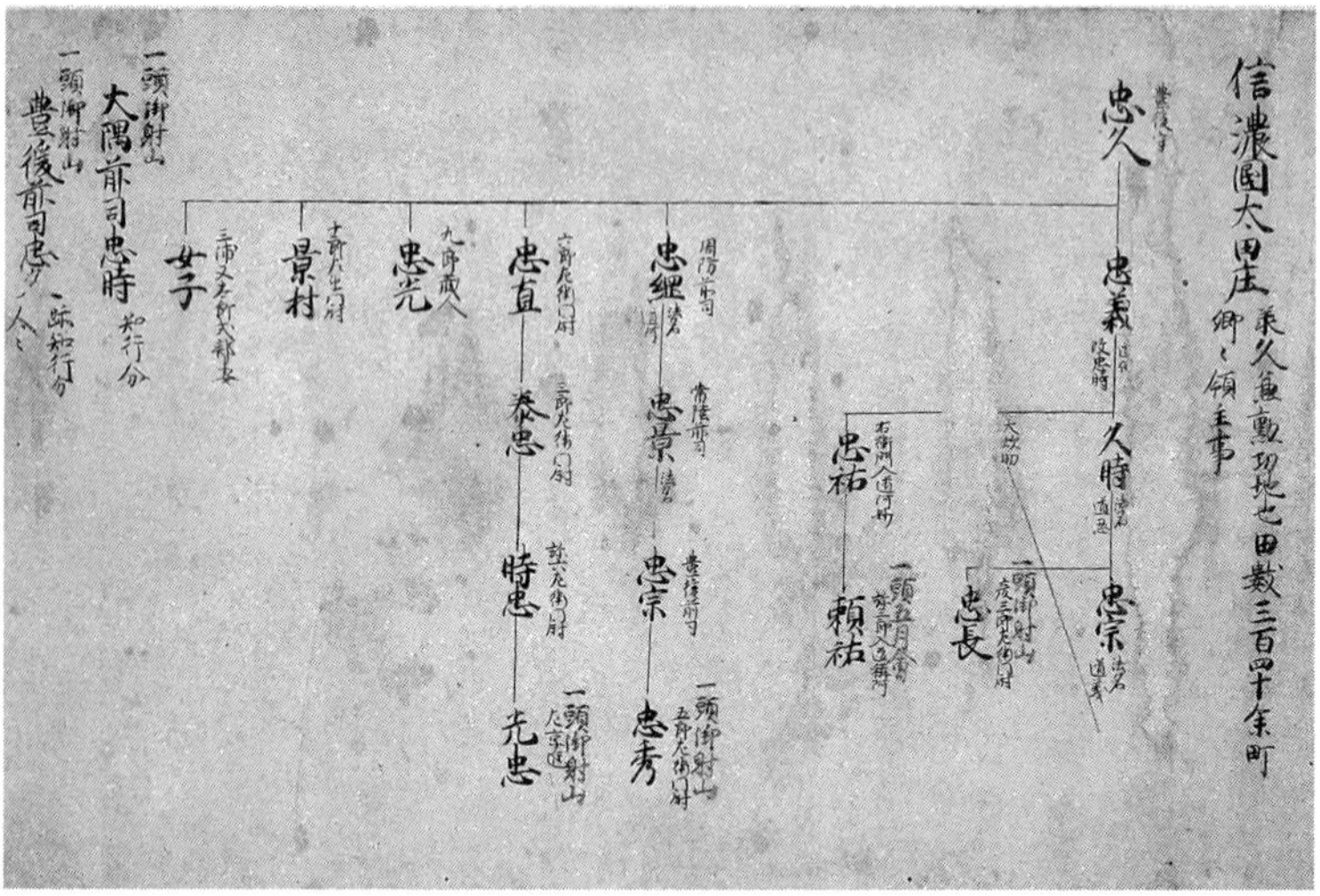

図5–5　御射山頭役の注記がみえる太田庄相伝系図（島津家文書、東京大学史料編纂所蔵）

るように、と記されている。

島津氏の初代忠久が、信濃国の塩田庄・太田庄の地頭職に補任されたことにより、その子孫には信濃国に居住する者がいた。文永四年（一二六七）、島津忠時の譲状で太田庄石村南郷などを与えられている大炊助《おおいのすけ》高久（長久）も、信州に居住していたとみられる。島津家文書の太田庄相伝系図に、御射山・五月会頭役を勤める者の注記があり、伊作《いざく》家《け》の久長（忠長）、越前島津家の忠秀の名もみえる。薩摩国山門院《やまといん》の諏訪社をはじめとして、島津氏の所領には諏訪社（南方社）が多い。頭役を勤めた武士たちの多くは、信濃から遠く離れた所領にも、諏訪社を分祀した（図5－5）。

各地の分社

中世における神事の様子や本社との関係が判明する末社（分社）として知られているのが、福井県

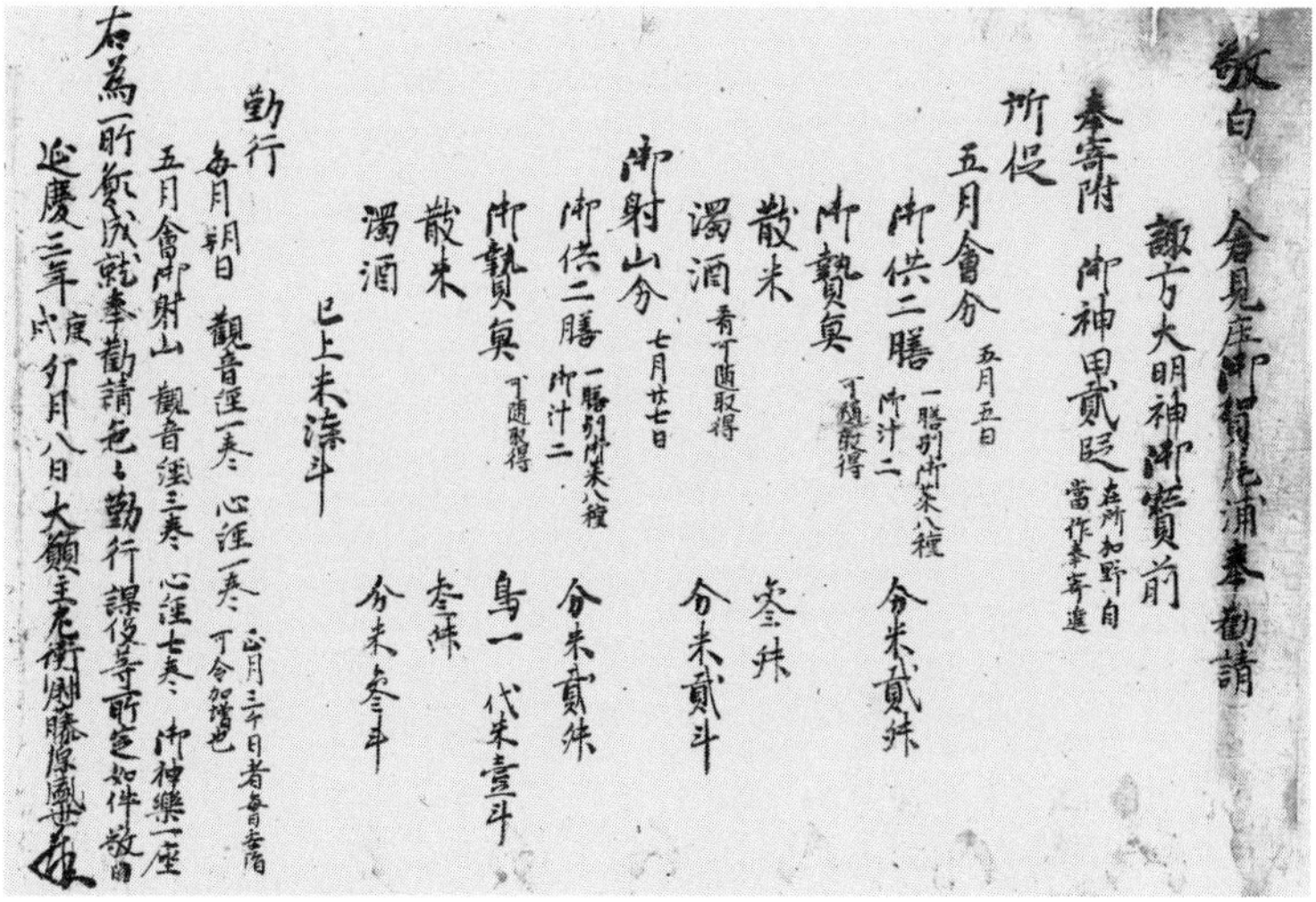
敬白 倉見庄御賀尾浦奉勧請
諏方大明神御贄前
奉寄附 御神田弐段 在所加野自 当作奉寄進
所役
五月會分 五月五日
御供二膳 一膳別御菜八種 御汁二 分米弐斗
御贄負 可随取得
散米 参斗
濁酒 有可随取得 分米弐斗
御射山分 七月廿七日
御供二膳 一膳別御菜八種 御汁二 分米貳斗
御贄負 可随取得 鳥一 代米壹斗
散米 参斗
濁酒 分米参斗
已上米漆斗
勤行
毎月朔日 観音経一巻 心経一巻 正月三ケ日者毎日安居 可令加増也
五月會御射山 観音経三巻 心経七巻 御神楽一座
右為一所繁成就奉勧請也、勤行課役等所定如件敬白
延慶三年庚戌卯月八日 大願主左衛門尉藤原盛世 在判

図5–6　大音家文書（個人蔵）にみえる御賀尾浦諏訪社の五月会・御射山

若狭町三方《みかた》の神子《みこ》、旧若狭国倉見庄《くらみのしょう》御賀尾浦《みかおうら》の諏訪社である。ここには、『大音家《おおとけ》文書』という文書群が伝来し、そのなかの延慶《えんきょう》三年（一三一〇）の藤原盛世寄進状案は、御賀尾浦に勧請されていた諏訪社に、鎌倉幕府の有力御家人二階堂氏とみられる藤原盛世が神田二段を寄進した際の寄進状である。それによれば、神田の年貢料七斗が五月会と御射山、毎月一日の神前読経などにあてられていた。地方に勧請された分社でも、五月会・御射山が営まれていたのである[21]（図5－6）。

また、正和《しょうわ》五年（一三一六）の二階堂氏袖判《そではん》下知状によれば、御賀尾浦の諏訪社では毎年御贄狩が実施され、捕った魚を潔斎した御贄屋に干しておき、毎年一度信濃の諏訪下社まで運送・奉納していたが、浦の百姓らはその苦難を領主に訴え、諏訪下社への運送は三、四年に一度にしてほしいと要求している。十四世紀、諏訪の本社は大きな力をもち、末社が本社の神事に奉仕する体制を構築していたらしい。

高野山文書に含まれている元応《げんおう》二年（一三二〇）の藤原貞親請文《うけぶみ》により、紀伊国の南部庄《みなべのしょう》も諏訪の御射山役を奉仕していたことがわかる。南部庄は紀伊国日高郡、現在の和歌山県日高郡南部町・南部川村の南部川下流域平野部を領域とした庄園で、十三世紀初頭から高野山蓮華乗院《れんげじょういん》の支配下となっていたが、承久の乱後は下司跡に補任された地頭の佐原・二階堂・名越各氏の代官が年貢の進納を請け負っていた。この文書に署判《しょはん》している「貞親」は二階堂氏と考えられる。正和三年（一三一四）分の年貢未納が問題になった元応二年、南部庄は諏訪下社の御射山役を負担することになったため、「諸御公事をさしおかれ候」すなわち御射山役以外の諸公事は保留するのだという。やはり、諏訪社の神事役は他の公事に優先されていたこと、信濃から遠く離れた高野山膝下の庄園でも諏訪の御射山役が賦課されていたことがわかる。

十三世紀末から十四世紀にかけて、陸奥から薩摩まで、実に多数の諏訪社が分祀されていた。末社が本社に神事役を納めているのは、朝廷と結び付いた大寺院や大社と同様で、この時期、諏訪社は幕府と結び付いた東国の権門大社になったのだと言えよう。

軍神として

なぜ、この時期に、これほど諏訪社が分祀されたのだろうか。それは、諏訪の神が軍神として篤く崇拝されるようになっていたからだと考えられる。

十二世紀に今様《いまよう》(流行歌)をあつめた『梁塵秘抄《りょうじんひしょう》』巻二には、次のように逢坂の関で東西にわけて軍神を列挙する歌謡がある。

(二四八)関より東の軍神　鹿島香取諏訪の宮　また比良の明神
安房の洲滝の口や小鷹明神　熱田に八剣　伊勢には多度の宮
(二四九)関より西なる軍神　一品中山　安芸なる厳島　備中なる吉備津宮
播磨に広峰惣三所　淡路の岩屋には住吉西宮

「比良の明神」は白髭《しらひげ》神社(滋賀県高島市)、「安房の洲」は洲宮《すのみや》神社(千葉県館山市)、「滝の口」は小鷹《こたか》神社(千葉県南房総市白浜町)と考えられ、この頃の諏方はそれらや鹿島・香取など多くの神々とならぶ軍神のひとつに過ぎなかった。

しかし、治承《じしょう》・寿永《じゅえい》の内乱そして承久の乱をくぐりぬけた諏訪社は、先ほどみたように伊勢・八幡にならぶ信仰の対象となっており、東国を代表する軍神になったらしい。十三世紀後半に成立した『平家物語』には、神功皇后《じんぐうこうごう》を助ける軍神として住吉と諏訪が登場する。平氏追討のために判官《ほうがん》義経が出発すると、住吉社の神主が「住吉社の社殿から鏑矢が音を発しながら西へ飛び去りました」と報告し、後白河院を感動させた。それに続けて、次のように語る(巻一一「志度合戦」)。

むかし神功皇后、新羅を攻め給ひし時、伊勢大神宮より二神のあらみさきをさしそへさせ給ひけり。二神、御舟のともへに立って、新羅をやすく攻め落とされぬ。帰朝の後、一神は摂津国住吉のこほりにとゞまり給ふ。住吉の大明神の御事也。いま一神は、信濃国諏防のこほりに跡を垂る。諏防の大明神是也。昔の征伐の事をおぼしめし忘れず、いまも朝の怨敵をほろぼし給べきにやと君も臣もたのもしうぞおぼしめされける。

昔、神功皇后が新羅を攻撃した際、伊勢神宮から軍の先頭に立って戦う二神を派遣した。二神は、舟の舳先《へさき》と艫《とも》に立って、新羅をたやすく攻め落とした。帰国後、一神は摂津国住吉にとどまった。住吉明神である。一神は信濃国諏防（諏訪）にあらわれた。諏訪明神である。今も、朝廷の敵をほろぼしてくれるものと皆たのもしく思っている、という。中世によく語られた、いわゆる「神功皇后の三韓征伐」の物語だが、諏訪社が西の住吉とならび称される、東日本を代表する軍神となっていたことを明確に示している。(22)

諏訪が軍神としていかに重視されていたかは、当時の日本図にも見ることができる。中世には神仏習合を前提とする密教的な世界観によって日本の国土も理解されており、例えば大日如来《だいにちにょらい》は天照大神《あまてらすおおみかみ》であるとされ、「大日本国」を「大日」の「本国」とする解釈などもあった。日本の国土は、独鈷《とっこ》（密教で使用する武器型仏具）の形であるとイメージされ、十四世紀の百科事典『渓嵐拾葉集《けいらんしゅうようしゅう》』にみえる日本図によると、独鈷の先端部分にあって敵から日本を守るのは、東は「諏訪」、西は

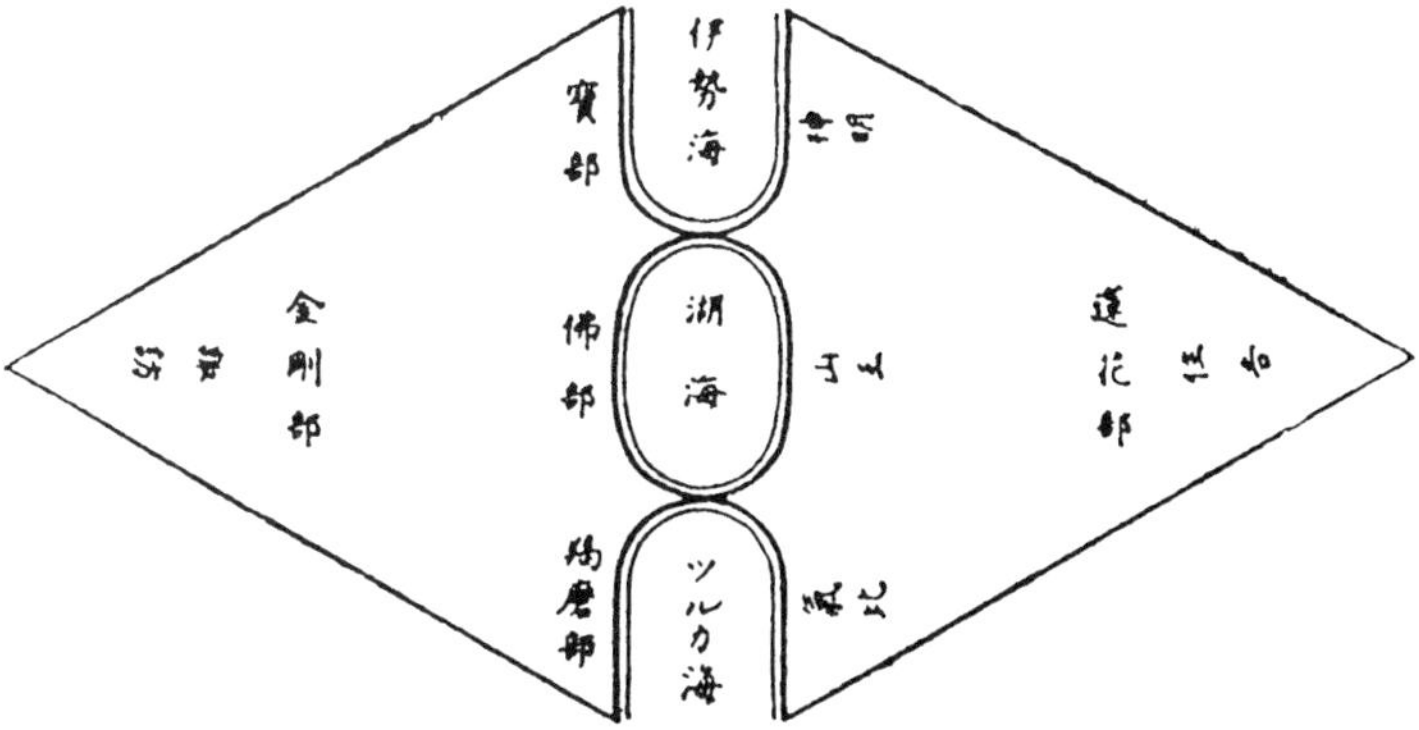

図5–7　『渓嵐拾葉集』の独鈷型日本図（14世紀、大正新脩大蔵経『渓嵐拾葉集』）

「住吉」となっている[23]（図5−7）。『平家物語』の記述は単なる昔話として語られていたわけではなく、当時の人々は確かに諏訪と住吉が日本を守る軍神だとイメージしていた。

もうひとつの転換期

前章で、一二五〇年代に宗教政策の大転換があったことを確認したが、もうひとつ大きな転換期があった。モンゴルの襲来である。文永十一年（一二七四）・弘安《こうあん》四年（一二八一）のモンゴル襲来は、日本にとって未曾有の危機であったと言ってよく、幕府もその指揮下で戦った武士たちもたいへんな恐怖を感じていた。異国警固番役や石築地《いしついじ》（防塁）構築といった物理的な防衛策だけでなく、神仏にもともに戦ってもらうこと、すなわち「異国（敵国）降伏」の祈禱も盛んにおこなわれたことを見逃せない。

モンゴルに備えて祈禱体制を充実させたことがきっかけとなって、鎌倉の顕密仏教が発展する。祈禱の信頼性において、禅は顕密仏教にかなわなかった。しかも、禅の母国である南宋がモンゴルによって滅ぼされている。日本がモンゴルの侵攻を退け、国を護ることができたのは、顕密仏教が説く日本の神々の力によるとされ、顕密仏教をさらに振興して、神々の威力を増すことが必要だと説かれた。[24]その結果、神仏、特に神に対する信仰が高まり、日本＝「神国」とする考え方も一般化した。もちろん『諏方大明神画詞』にも、モンゴル襲来に際し、諏訪の神が竜の姿で西の彼方へ飛翔し、モンゴル軍を撃退してくれた、というエピソードが記されている。

神の重要性が高まり、なかでも軍神が重要視されたこの時代、東国を代表する軍神諏訪は、地頭・御家人によって各地に分祀され、末社・摂社が爆発的に増えた。この時期に分祀されたのは、殺生・肉食を正当化してくれる論理をもっていたからではなく、東国を代表する軍神としてであった。諏訪社の狩猟は、軍神にふさわしい神事として続けられるが、その一方で前章で見たように殺生罪業観や穢れ観が強まっていたため、狩猟神事の正当化がそれまで以上に必要になったのであろう。

3　狩猟神事の正当化

「諏訪信重解状」をめぐって

鎌倉時代の諏訪信仰を考える際に避けて通れないのが、「諏訪信重解状《げじょう》」である。[25]奥に宝治《ほうじ》三年（一二四九）と記されているが、原本は伝わっておらず、近世の写本のみが知られている。上社と下社の間でいずれが本宮であるかを争った際、上社大祝の諏訪信重から幕府に提出された訴状とされ、「当社本宮たるの条々」として、「守屋山麓御垂迹《すいじゃく》の事」「当社五月会・御射山の濫觴《らんしょう》の事」「大祝を以て御体となすの事」「大奉幣勲行の事」「春秋二季御祭の事」「御造宮時上下官御宝殿其外造営の事」の六カ条にわたって、諏訪社の由緒や祭祀について述べている。

十四世紀に成立した『神道集』や『諏方大明神画詞』に先行する史料とされてきたもので、諏訪社を「日本第一の軍神」とする記述もみえる。信重は、承久の乱で父の大祝敦信（盛重）に代って従軍した人物で、大祝に就任したのは暦仁《りゃくにん》元年＝嘉禎《かてい》四年（一二三八）だったという。

この「諏訪信重解状」をめぐっては、本当に宝治三年の文書とみてよいか、それとも後世に偽作されたものか、議論がある。『諏訪史』第三巻（一九五四年）がこれを史料として取り上げなかったのは、執筆者の渡邊世佑らが史料的な価値を疑っていたからだろう。[26]

それに対して、地元諏訪を代表する研究者伊藤富雄は、鎌倉時代の史料として重視し、「諏訪上社の磐坐《いわくら》信仰と大祝職儀式」などの論考で、この「解状」の記述をもとにして諏訪の祭祀の古態を論じた。[27]石井進も『諏訪市史研究紀要』に掲載された論考で、この解状を鎌倉時代のものと認め、伊藤の説に賛同している。[28]近年では、井原今朝男も、鎌倉期の諏訪神社関係史料を再検討する中で鎌倉時代の諏訪信仰を物語る貴重な史料とした。[29]

先述したとおり、宝治の原本は見当たらず、近世以降の写本しか知られていないのだが、それにしても内容や形式に不可解な点が多い。これまでにも問題とされてきたように、この解状の宛所（提出先）は「御奉行所」である。しかし、宝治の頃に、「御奉行所」を宛所とする訴状は他に例が無い。また、箇条書きで祭祀の由来を書き上げる訴状（解）の例も見当たらず、その説明の饒舌《じょうぜつ》さは鎌倉時代の訴状としてきわめて不自然である。

また、説明されている内容が、『諏方大明神画詞』など十四世紀以降の史料と一致する部分が多いのも気になる。大祝家の自称だとしても、諏訪を「日本第一の軍神」とするのも早すぎるだろう。「解状」は「宝治」のものではなく、後世、おそらく『諏方大明神画詞』や『諏方大明神講式』が成立した後、それらを参照して偽作された可能性が高い。上社と下社が熾烈な抗争をくりひろげた室町・戦国期、上社の優位性を主張する根拠として偽作されたとすれば、その時代の上社の主張を知ることのできる史料としては価値がある。

しかし、この解状の原本や十四世紀以前にさかのぼる古い写本でも発見されない限り、現段階では「諏訪信重解状」を宝治三年の史料として用いることはできない。

『諏方上社物忌令』と『広疑瑞決集』

「信重解状」に先行する「嘉禎《かてい》四年」、一二三八年の奥書をもつ『諏方上社物忌令』にもふれておきたい。『諏方上社物忌令』は、嘉禎三年に幕府が諏訪社の五月会神事などを沙汰し、将軍藤原頼経《よりつね》の諮問により、伊豆山の別当・衆徒らが制定したとされるもので、翌年、北条氏によって諏訪社に伝達されたと述べられている。狩猟について、「当社の御頭にあたらん人は、何れにも御狩を本として、御贄鷹をもつかい、御贄をかけらるべし」、「御贄狩をもせざらん御頭人は、神慮に背くべきものなり」とあって、諏訪の贄懸は「慈悲の御殺生、業尽有情のゆえなり」と説明しており、「業尽有情」の初見史料とされている。(30)

しかし、これが本当に「嘉禎三年」のものかどうかも検討が必要である。現状は最奥に「嘉禎」の年次と神官の署判があって、全体が嘉禎のものであるかのような体裁になっているが、当初からこうだったとは考えられない。後世の写本しか伝わっていないのだが、全体を見ると、途中に文保《ぶんぽう》元年(一三一七)三月十五日、諏方信時の二男盛重の代に、諏方宮内の令に不審があり、その異なるものを焼き棄て、この物忌令を用いるよう、御判を据えられたものだ、という事情が記述されている。加筆あるいは合成を経て、現在のかたちになったものとみるべきで、嘉禎に成立した部分を含んでいるのかもしれないが、現在伝わっている全体が整えられたのは、文保元年以降のことだと考えられる。

もし、この『諏方上社物忌令』が嘉禎四年、一二三八年に本社に伝達されていたならば、そしてその内容が、実際に諏訪社の神事に奉仕する諏方一族に伝わっていたなら、建長八年(一二五六)成立の『広疑瑞決集』で、上原敦広は「慈悲の御殺生」、「業尽有情」の論理を持ち出して、信瑞に質問をぶつけたのではないか。しかし、前章でみたように、そうした問答は無い。信瑞がくりだす説話や「三種の浄肉」説に対して、あれだけ執拗に質問をくりかえし、時には抵抗している敦広が、「慈悲の御殺生」、「業尽有情」も、それに類似する殺生・肉食を正当化する論理も口にしていないのである。たとえ、『物忌令』の一部分が嘉禎年間(一二三五〜三八)に成立したものだったとしても、その段階では、「業尽有情」にはじまる「諏訪の勘文」は成立していなかった可能性が高いだろう。

「三斎山」説と隆弁

「信重解状」と『諏方上社物忌令』を、鎌倉時代の諏訪信仰の史料とすることを保留した場合、諏訪の殺生・肉食を正当化する言説は、いつ頃、どのように出現したと考えられるだろうか。

神奈川県立金沢文庫には、北条氏の一族金沢氏ゆかりの称名寺に伝来した聖教や古文書が所蔵されている。その中に、諏訪信仰の注釈書『陬波御記文《すわおんしるしぶみ》』と『陬波私注《すわしちゅう》』があり、どちらも延慶三年(一三一〇)前後に書写されたものとみられる。[31]『陬波御記文』には、諏訪の狩猟神事を仏教的に解説した部分がある。まずは、「鳥鹿を殺して、自ら贄祭に用ふること、懺悔して浄土に帰する善巧なり」と、前章でみた『発心集』や『古今著聞集』にあった殺生功徳論と同様の論理を説く。

注目したいのは、狩猟神事をおこなう御射山について、「三業の作罪を断ちて尽くすが故に、此の蜜会を三斎山と名づく」と述べていることである。三業《さんごう》とは、身・口・意の働き、すなわち身体の動作、口で言うこと、心で思うこと、後の報いの因となる人間のすべての行為をいう。狩猟を行う御射山は、この「三業の作罪を断ち尽すが故」に「三斎山」だというのである。

十四世紀の初めに書写された『陬波御記文』にみえるということは、御射山を「三斎山」として正当化する説は、それ以前に成立していたはずである。その成立事情を考える際に想起しなければ

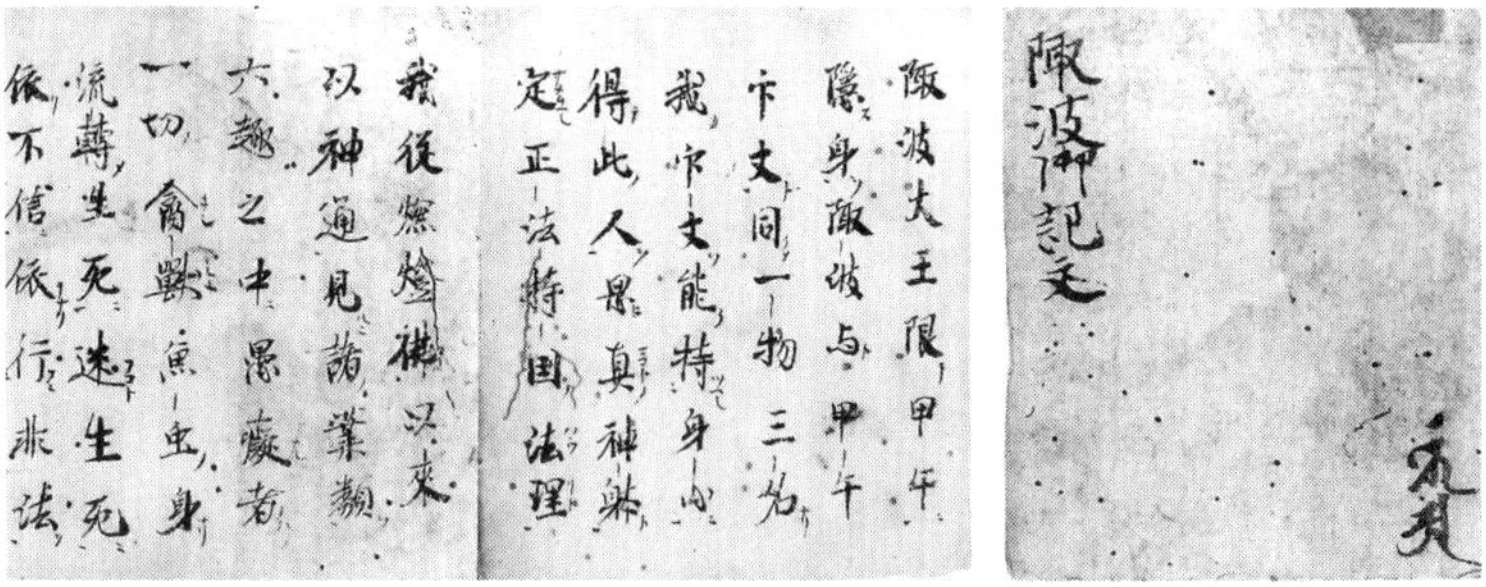

図5–8　陬波御記文（称名寺蔵、神奈川県立金沢文庫管理）

ならないのは隆弁《りゅうべん》である。金沢文庫にのこる諏訪社関係史料は、隆弁の諏訪信仰に関連するものとみられており、「御射山＝三斎山」説も隆弁か彼の周辺で成立していた可能性が高い。

隆弁は、寺門派《じもんは》（園城寺）の僧であったが、文暦《ぶんりゃく》元年（一二三四）に園城寺から鎌倉に下向し、宝治合戦の際、北条時頼が祈禱を依頼した唯一の僧侶であり、絶大な信頼を寄せていたという。[32] 隆弁は、宝治元年（一二四七）六月に鶴岡八幡宮別当に就任し、弘安六年（一二八三）に死去するまで別当の地位にあった。また、園城寺の長吏となって同寺を興隆した。文永八年（一二七一）には善光寺再建供養の導師をつとめ、信濃にも下向している。時頼の被官である諏訪盛重とも親しかった。そもそも、隆弁の兄の隆衡《たかひら》・隆仲は信濃の知行国主・国務であって、隆弁が信濃の善光寺や諏訪社と深く結び付いたことも、兄たちの立場と無関係ではないだろう。

のちに諏方円忠は、『諏方大明神画詞』編纂に際して、『隆弁私記』すわなち隆弁が書きのこした記録を参照している。円忠の諮問について記す洞院公賢《とういんきんかた》の日記『園太暦《えんたいりゃく》』延文《えんぶん》元年（一三五六）八月三日条を見ると、「神功皇后、異朝を攻めるの時、兵船に残り海を鯢《げい》する事」および「明神旅客に変わり、田村麿将軍を伴い、安倍高丸を誅罰す」の二件について、「隆弁」によると註記されている。すでに見たように、神功皇后の三韓征伐と田村麻呂の安倍高丸征伐は、どちらも諏方の神を軍神として語る時に不可欠な説話だが、その両方とも隆弁がのこした記録を参照したという。隆弁の影響力の大きさがよくわかる。(33)

『諏方大明神画詞』も巻第一で「御射山」を「三斎山」と記している。天竺波提国の王が七月二十七日から三十日まで鹿野苑で狩をおこなった時、美教という乱臣が軍を率いて王を害しようとした。その時、王が金の鈴を振って「狩る所の畜類は全く自欲の為にあらず。仏道を成せしめむが為也。是若天意にかなはば梵天我をすくひ給へ」と叫んだので、梵天は四天王に勅して群党を誅した。「三斎山の儀」(=御射山の御狩)はこれを移したものだと述べている。

『諏方大明神画詞』だけでなく、同じ頃に成立したとみられる『諏方大明神講式』にも「三斎山」が見える。その後も、「三斎山」は散見され、例えば、天文《てんぶん》二十二年(一五五三)の「武田晴信(信玄)寄進状」(小池文書)によれば、晴信が伊那郡攻略の際に「三斎山大明神」に祈願し、神領七貫二〇〇文を寄進した。近世の『上社社例記』も、御射山を「三斎山」と記している。

「三才」という地名

三業の作罪を断ち尽すが故に「御射山=三斎山」である、という説は十三世紀の末には成立しており、それが十四世紀初めの『陬波御記文』にも記載されたものであろう。のちにあらわれる「諏訪の勘文」の存在があまりにも大きく、忘れ去られてしまった感があるものの、「業尽有情」の「諏訪の勘文」成立以前に、この御射山の狩猟神事を「三斎山」として正当化する説がよく流布していたらしい。十三世紀から十四世紀に分祀された分社にも「三斎山」説が伝播していたようで、御射山＝「三斎山」説を伝える地名が各地にのこっている。「三斎山」の「三斎」が、「三才」あるいは「三財」と表記され、それが地名としてのこったものである。

長野県松本市に「三才山《みさやま》」という地名がある。浅間峠の下に位置する山間部で、『信府統記《しんぷとうき》』は、この「三才山村」について、次のように説明した。「此所一説御射山ト云フ、是諏訪御射山ヲ勧請セリ」。その「御射山大明神」の説明には「諏訪御射山勧請ノ由、年歴知レズ」とあるが、浅間温泉地区の御射《みしゃ》神社（春宮）、三才山地区の御射山大明神（秋宮）が現存しており、「三才山」が、諏訪の御射山に由来する地名であることはあきらかであろう。

長野市北部に「三才《さんさい》」という地名がある（図5－9）。嘉暦四年（一三二九）の諏訪上社の「大宮御造栄之目録」に「外垣一間、三歳・狩箱」とみえ、すでに地名となっていたことがわかる。天正《てんしょう》六年（一五七八）の「上諏訪大宮造営清書帳」にも「外垣一間、〈しま津之内　同（奥）〉三歳・狩箱」とみえ、「狩箱」という隣村と一緒に、諏訪社の外垣一間の造営を負担する村でもあった。ここ三才地区にも諏訪神社がある。

また、三才地区に隣接する上駒沢地区にも諏訪神社、さらにその南隣の金箱《かねばこ》地区の金箱神社も、富竹《とみたけ》地区の冨建千引神社《とみたけちびきじんじゃ》も、タケミナカタすなわち諏訪の神を祀る神社であった。

「三才」という地名は、これらの村が御射山神事の費用の一部を負担していたか、あるいは御射山の費用を負担するための田畑を設定していたため、「御射山」と呼ばれ、のちに地名として定着したのだろう。隣接する「金箱」が、本来は「狩箱」という、あきらかに狩猟に関係する地名だったことから、あるいは御射山祭の狩猟をおこない、供物を捕獲した場所だったのかもしれない。

図5–9　三才駅（長野県長野市）

「三才」地名のひろがり

長野市三才の北方が豊野町である。ここは中世、太田庄の庄域で、地頭は島津氏であった。三才に隣接する豊野町南郷《みなみごう》地区の南郷神社も諏訪神社。その隣村の石にも諏訪社がある。中世には、太田庄内の村のほとんどが諏訪社の造営や神事の分担をしており、地頭島津氏一門は諏訪社の神事を勤めていた。

戦国期以降、島津氏の本拠地となった九州鹿児島には諏訪神社が多い。それらも島津氏が信州から諏訪社を分祀したことに始まる。そして、旧薩摩・大隅から日向南部にまで諏訪社が濃密に分布するが、日向南部にも「三才」「三財」といった地名が分布していた。千葉徳爾は、日向《ひゅうが》佐《さ》土《ど》原藩《わらはん》の狩りの記録に、しばしば「三財」という地名があらわれることを紹介している。(34)「三財」の語源は、

「三斎」であろう。

さらに、茨城県常陸太田市三才町の諏訪神社は、寛文《かんぶん》三年(一六六三)の開基帳および『新編常陸国誌』などによれば、康平《こうへい》五年(一〇六二)、源頼義の次男加茂次郎義綱が東北下向の途次、方忌をしてこの村に三年間滞留し、治暦《じりゃく》元年(一〇六五)に信州諏訪大明神を勧請して創建したという。これにより、村を「三歳《さんざい》」と呼ぶようになったと言い伝えられている。[35] 三年間で「三歳」という伝承は、本来の意味が忘れ去られてからのものであろう。この「三才」も御射山に由来することはあきらかで、関東北部でも「三斎山」説が受容されていたことを示唆する。

「諏訪の勘文」成立以前、「三斎山」説が流布していた。特に十三世紀から十四世紀には分社においても、「三斎山」説が受容されていたとみてよいだろう。諏訪社にともなってみえる「三才」地名は、そのことを雄弁に物語っている。

4 「諏訪の勘文」の成立

「諏訪の勘文」の出現

「業尽有情、雖放不生、故宿人身、同証仏果」がみえる確実な史料は、十四世紀中頃に成立した『神道集』と『諏方大明神画詞』である。『神道集』の巻十「諏方縁起事」には、次のように見える。

明神ハ維縵国ノ御狩ノ時ノ例ニテ、狩庭ヲ宗トシ給フ。去シ四条ノ院ノ御宇、嘉禎三年〈丁酉〉年ノ五月、長楽寺ノ長老、寛提僧正供物共ニ不審ヲ成シテ、大明神ニ祈請ヲ込メツ、権者実者ノ垂跡、倶ニ仏菩薩ノ化身トテ、衆生済度ヲ方取リ給ヘリ、而ルヲ何ソ強チニ必獣ヲハ多ク殺シ給フヤト申シテ伏シ給ヘリ、夢ニ御前ニ懸ケ置キタリケル鹿・鳥・魚等マテモ、皆金仏ト成リテ雲ノ上ニ登リ給ヘリ。其後大明神笏ヲ以テ御袖ヲ昇合セツヽ、野辺ニスムケタモノワレニエンナクハウカリシヤミニナヲマヨハマシトテ、雲ノ上ニ昇ル仏達ヲ指差シテ、業尽有情、雖放不生、故宿人天（ママ）、同証仏果ト言ヘリ。哀レナルカナ、業尽ナル有情ハ放ツト云ヘトモ助カラス、故ニ且ク人天ノ胎ニ宿シテ終ニ仏果ヲ証スルナリ。寛提僧正随喜ノ涙ニ声ヲ立テ、泣ク泣ク下向セラレケルハ哀ナリ。

諏訪大明神は維縵国で狩の習慣があったので、狩庭を大切にされる。嘉禎三年（一二三七）五月、上州長楽寺の長老である寛提僧正は、供物について不審に思い、大明神に「権実の垂迹は仏菩薩の化身として衆生を済度されるのに、何故多くの獣を殺すのか」と申し上げた。僧正の夢の中で、供物の鹿・鳥・魚などが金色の仏と成って雲の上に昇って行き、大明神が「野辺に住む獣我に縁無くば憂かりし闇になほ迷はまし」と詠まれ、雲上に昇る仏（もとは鹿・鳥・魚等）を指差して、「業尽有情、雖放不生、故宿人天（ママ）、同証仏果」と四句の偈を説いた。これを聞いた寛提僧正は随喜の涙を流したという。

『神道集』をめぐって

『神道集』は、延文三年（一三五八）頃に成立したとみられている唱導説話集である。全一〇巻五〇章からなり、大半は各地の神社の縁起だが、巻一冒頭「神道由来之事」と巻五「天神七代事」では伊勢神道と天台宗の色彩の強い神仏習合の教義がまとめられており、神道理論書というべき内容ももっている。全体の構成をあげておこう。

一巻　神道由来之事、宇佐八幡事、正八幡事、鳥居事、御正体事。
二巻　熊野権現事、二所権現事。
三巻　高座天王事、鹿島大明神事、香取大明神事、熱田大明神事、祇園大明神事、赤山大明神事、稲荷大明神事、武蔵六所明神事、上野国九ヶ所大明神事。
四巻　信濃鎮守諏訪大明神秋山祭事、諏訪大明神五月会事、越後矢射子大明神事、越中立山権現事、能登石動権現事、出羽羽黒権現事。
五巻　日光権現事、宇都宮大明神事、春日大明神事、御神楽事、天神七代事、地神五代事、女人月水神忌給事、仏前二王神明鳥居獅子駒犬之事、酒肉等備神前事。
六巻　吉野象王権現事、三島大明神事、上野国児持山事、白山権現事。

七巻　上野国一宮事、蟻通明神事、橋姫明神事、玉津島明神事、上野国勢多郡鎮守赤城大明神事、
　上野第三宮伊香保大明神事、摂津蘆刈明神事。
八巻　上野国赤城山三所明神内覚満大菩薩事、鏡宮事、釜神事、富士浅間大菩薩事、群馬郡桃井
　郷上村内八ヶ権現事、上野国那波八郎大明神事。
九巻　北野天神事。
十巻　諏訪縁起事。

十四世紀の原本は確認されていないが、二十本近い写本があり、それらは古本系統と流布本系統に分かれる。[36] 後世に改編されている可能性もあるが、すでに江戸時代の国学者小山田（高田）与清《ともきよ》が、『神道集』本文中に「今年」として「文和《ぶんな》三年（一三五四）」および「延文三年（一三五八）」が見えることを指摘しており、十四世紀の中頃に成立していたことは確実である。しかし、何を目的として編纂されたのか、実はよくわからない。

諸国の神社の本地仏《ほんじぶつ》の功徳と前生説話を述べているが、伊勢、宇佐八幡、正八幡（石清水八幡）、祇園、稲荷、春日、熱田など畿内を中心とした有力神社は北野以外、前生説話が語られていない。これに対し、熊野、二所権現（伊豆山と箱根）、三嶋、富士浅間、諏訪など東日本の神社は、詳細な前生説話を載せ、特に赤城、伊香保、児持山、那波八郎など、上野国の利根川西部の神々の物語が濃密である。東国の縁起が多数収録されていることから、東国の唱導僧、特に上野国の者の編ではな

いかといわれ、関東を基盤として成立したとみられる真名本『曾我物語』と共通の詞句が多いことも指摘されている。(37)

ところが、『神道集』はその内題に「安居院作《あぐい》」と記されていることもよく知られている。安居院は、比叡山竹林坊（竹林院）の里坊《さとぼう》で、上京区大宮通一条北大路にあった。十二世紀、ここに唱導に優れた澄憲《ちょうけん》・聖覚《しょうかく》父子が住み、その唱導は子孫に受け継がれ、彼らの唱導を安居院流というようになる。この安居院と上野国との関係を探る研究もあるが、内容からも、『神道集』が天台宗の強い影響のもとで成立したことは確実であろう。

『諏方大明神画詞』の成立

『神道集』成立と同じ頃、『諏方大明神画詞』も成立した。延文元年（一三五六）の奥書をもち、縁起五巻（うち二巻は後補）と祭七巻の全一二巻からなる。『諏方大明神縁起絵巻』とも称される絵巻物であったが、絵は早くに失われ、詞書の部分のみの写本が伝わっている。著者の諏方（小坂）円忠（一二九五〜一三六四）は、諏訪上社大祝の庶流小坂家の出身で、室町幕府の奉行人であった。洞院公賢の日記『園太暦』によれば、失われた『諏方社祭絵』の再興を意図したものであったという。

縁起の部分は、諏訪社についての記録や伝承をもとに、沿革や霊験について述べる。祭の部分は、御室神事、大御立座神事、たたえ神事、御射山神事など、上社を中心とした一年中の神事について詳述しており、中世の諏訪社のありさまを知る基本史料とされている。

祭絵の第一巻は、元旦の蛙狩神事から始まる。諏訪上社の境内を流れる御手洗川の氷の下から蛙をとり、小弓で射て神前に供える神事の説明に続けて、次のように諏訪社の狩猟と生贄について述べている。

およそ当社生贄の事、浅智の疑い殺生の罪、去りがたきに似たりと云ども、業尽有情、雖放不生、故宿人身、同証仏果の神勅を請け給われば、まことに慈悲深重の余りより出て、暫属結縁の方便を儲け給える事、神道の本懐、和光の深意、いよいよ信心をもよおすものなり。

ここに、「業尽有情、雖放不生、故宿人身、同証仏果の神勅」が見え、「結縁の方便」とも説かれている。

先に見たように、吉原健雄は、『諏方大明神画詞』を「諏訪大社側の史料」と称しているが、『画詞』は信濃の諏訪社ではなく、京都で成立したものだったことに注意が必要だろう。北条得宗家が牛耳った鎌倉幕府から足利家の室町幕府へと政権が移り変わっても、諏訪社に対する尊崇は受け継がれた。京都にも諏訪社が分祀されており、祭祀が挙行されている（図5-10、図5-11）。

故実書『笠掛記《かさがけき》』によると、貞和《じょうわ》四年（一三四八）、足利尊氏は諏訪社法楽御笠懸を開催し、みずからも射ていた（『群書類従』第二三輯）。室町幕府の将軍家が元服に際し、諸社にも神馬を奉納しており、義満の元服の記録『鹿苑院殿御元服記』によれば、応安《おうあん》元年（一三六八）四月二十七日、次の諸社に馬が奉納された（『群書類従』第二二輯）。

上七社〈伊勢内外、石清水、鞍馬、賀茂下上、以下馬計〉

北野、祇園、吉田、大原野、新熊野、諏訪、新八幡〈六条篠村御所鎮守〉、五霊社、

図 5–10　京都の尚徳諏訪神社

図 5–11　京都下京区諏訪開町の諏訪神社

北野、祇園、吉田、大原野、新熊野などはいずれも古代から王朝が祭り続けてきた諸社であり、また、源氏の氏神でもあった八幡が足利氏にとって特別な神であったことはいうまでもない。諏訪社がそうした権門諸社と肩を並べている。

『諏方大明神画詞』は、各巻に後光厳天皇筆の外題と足利尊氏の奥書をもち、絵・詞は当代一流の絵師・書家が腕をふるっており、円忠ひとりが諏訪社の復興を祈念しておこなった編纂事業とはいえない。それは、足利政権（北朝）の全面的な支援によって成立した一大絵巻であった[38]。信濃の本社に取材していることはあきらかなのだが、円忠は公武の貴人の眼を意識して叙述したにちがいないのである。

補強される「諏訪の勘文」

「諏訪の勘文」は、吉原が指摘したとおり、たしかに狩猟民ではなく諏訪神による畜類救済の行為として説明されているし、基本的には殺生祭神儀礼に対する仏教的罪悪視の解消の目的で成立したものとみてよいだろう。しかし、その目的が、「業尽有情、雖放不生、故宿人身、同証仏果」の「諏訪の勘文」で達成されたかと言えば、否である。

最終巻で「諏訪の勘文」を説く『神道集』だが、その冒頭の「神道由来之事」では、前章で見た説話と同様、神は実際には食べておらず、「結縁の方便」であると説く。さらに、「三種の浄肉」説も引用しており、殺生・肉食を許容する説がいわば二重三重に説かれている。もし、「業尽有情、雖放不生、故宿人天《ママ》、同証仏果」の論理が有効なら、「結縁の方便」も「三種の浄肉」も説く必要はないはずである。

同じことは、『画詞』についても指摘できる。先に見たとおり、正月の蛙狩神事の後に、「業尽有情、雖放不生、故宿人身、同証仏果」をあげると同時に、勝手な狩猟を戒めている。祭絵の巻第三(夏上)では、五月会の狩について説明し、「数百騎」の「堪能の輩」が狩猟をくりひろげるのだと、その盛大なことを誇っているが、「矢にあたる鹿は両三頭に過ぎず」、つまり鹿は二・三頭しか捕獲されないと記している。これも、『画詞』を見るであろう貴人たちに、諏方の狩猟神事が多数の鳥獣を殺すものではないと思ってほしかったからだろう。最も盛大な狩猟神事であった御射山の狩の由来について詳述する祭絵の第六巻(秋下)では、釈迦が初めて説法をしたと伝えられる聖地「鹿野苑」の説話が利用され、「狩る所の畜類は全く自欲のためにあらず。仏道を成せしめむが為也」という「結縁の方便」が語られ、御射山＝「三斎山」はこの鹿野苑の狩猟をうつしたものだと説き、「神明慈悲の畋猟は群類済度の方便」と、くりかえし狩猟が正当化されている。

さらに、御射山の狩の直後、八月十五日におこなわれた放生会について説明があり、それに続けて、「当社の放生の儀式ことに厳重なり。善巧方便の殺生は、凡慮の測るところにあらざるをや」と記す。半月ほどの間に、狩猟神事と放生会の両方を実施していたことも興味深いが、今ここで注目したいのは、またしても「善巧方便の殺生」が強調されていると同時に、その論理は一般には理解されがたいと認めていることである。

殺して食べてやるのが生類のため、という「諏訪の勘文」は、いわば最も発達した殺生・肉食功徳論として知られ、「極北」の思想などとも評されるが、円忠や『神道集』の編者たちは、「業尽有情、雖放不生、故宿人身、同証仏果」だけでは、正当化しきれないと考えていたのだろう。そのため、「結縁の方便」や「三種の浄肉」、あるいは放生会などとあわせて説くことで、少しでも殺生・肉食の正当化を補強しようとした。

「諏訪の勘文」の実像

先に見た『園太暦』延文元年（一三五六）八月三日条によれば、円忠は『隆弁私記』などに記されている説について、「関東境に於いて仰信、但し出所未詳」、すなわち関東において信じられている説だが、隆弁らが何を典拠にしていたのかはわからないとしている。先述のとおり、隆弁は信濃国と深くかかわっていたが、彼自身の主要な活動の場は、鎌倉であり、園城寺であった。『神道集』が、上野国に取材していることはあきらかで、「関東境」の「仰信」を伝えるものと言えようが、やはり信濃の諏訪社が直説関与していたとは考えられない。

前章で見たように、動物供犠を「結縁の方便」とする殺生功徳論は、それ以前から、賀茂社や伊勢社をはじめ、顕密諸宗、特に天台宗の影響下にあった諸社で発達していた。一二五〇年代、北条時頼によって幕府の宗教政策は転換し、禅宗や真言律宗が大きな影響力を持つようになり、戒律重視の傾向が強まった。一方で時頼は、諏方蓮仏を近臣とし、軍神としての崇敬を高めていた諏訪社との関係を深め、園城寺の隆弁を重用するようになる。

おそらく、諏訪社の狩猟神事・動物供犠の正当化は、この隆弁を中心として進んだのだろう。まずは、既存の殺生功徳論、結縁によって解脱できるという「結縁の方便」説を諏訪社にも応用したであろう。諏訪社に特有の論理として、御射山＝「三斎山」説を打ち出したのも隆弁だった可能性が高い。

そして、モンゴルの襲来である。軍神として崇敬され、得宗家とも深く結び付いていた諏訪社は各地に分祀され、その信仰圏を飛躍的に発展させた。諏訪社の場合、狩猟神事と動物供犠が欠かせない。一方、真言律宗に代表される戒律重視の傾向も強まっているので、神事のさらなる正当化が必要とされた。諏訪社が必要としたと言うよりも、国土の防衛を担う幕府が必要としていたと考えた方が良いのだろう。そして、「業尽有情、雖放不生、故宿人身、同証仏果」の論理が成立する。しかし、殺生罪業観・肉食穢れ観は強固で、「諏訪の勘文」で克服できるものではなかった。そのため、「結縁の方便」、「三種の浄肉」ばかりか、御射山＝「三斎山」説も流布し、それらは「諏訪の勘文」とあわせて用いられ続けた。

その後、どのように流布していったかは、史料も乏しくわからない点が多い。その解明は今後の課題であるが、神社（社家）の史料論が進展しており、[39] 中世後期の諏方氏および諏訪信仰に関する研究も深化しているから、[40] 新たな知見が期待できよう。

註

（1）苅米一志『殺生と往生のあいだ―中世仏教と民衆生活―』（吉川弘文館、二〇一五年）。
（2）宮坂光昭『諏訪大社の御柱と年中行事』（郷土出版社、一九九二年）
（3）伊藤聡『神道の形成と中世神話』（吉川弘文館、二〇一六年）
（4）千葉徳爾「狩猟信仰としての諏訪神道」（『狩猟伝承研究』風間書房、一九六九年）。
（5）桜井好朗『神々の変貌―社寺縁起の世界から―』（東京大学出版会、一九七六年。ちくま学芸文庫、二〇〇〇年）。
（6）伊藤喜良『日本中世の王権と権威』（思文閣出版、一九九三年）。表層的・図式的すぎる見方であって、成り立たないことはあきらかだが、それまで歴史学（日本中世史研究）がこうした問題についてほとんど議論してこなかったことをよく示している論考と言えよう。
（7）今堀太逸『神祇信仰の展開と仏教』（吉川弘文館、一九九〇年）。
（8）河田光夫「殺生・肉食を善とする説話の成立」（『説話文学研究』二一、一九八六年）。のち『中世被差別民の装い』（明石書店、一九九五年）所収。
（9）中村生雄『祭祀と供犠―日本人の自然観・動物観―』（法蔵館、二〇〇一年）。
（10）拙稿「狩猟神事と殺生観」（『中世の武力と城郭』吉川弘文館、一九九九年）、同「殺生と新制―狩猟と肉食をめぐる幕府の葛藤―」（赤坂憲雄編『東北学3』作品社、二〇〇〇年）。
（11）吉原健雄「「諏訪大明神画詞」試論―殺生観をめぐって―」（『日本思想史研究』二三、一九九一年）。
（12）同右。
（13）三浦寿美子「中世・近世の肉食に関する思想史的考察―諏訪の勘文の伝播を中心に―」（『岩手大学大学

院人文社会科学研究科研究紀要』一〇、二〇〇二年)。
(14)『諏訪市史』上巻(諏訪市、一九九五年)八三九頁など。
(15)同右「諏訪神社の古態」。
(16)中沢新一『精霊の王』(講談社、二〇〇三年)。
(17)『東京都の地名』(日本歴史地名大系13、平凡社、二〇〇二年)。
(18)『新潟県の地名』(日本歴史地名大系15、平凡社、一九八六年)。
(19)長野県立歴史館一九九八年度秋季企画展『諏訪信仰の祭りと文化』(一九九八年)。
(20)祢津宗伸「中世諏訪信仰成立史料としての『広疑瑞決集』とその意義」(『中世地域社会と仏教文化』法蔵館、二〇〇九年)。
(21)『福井県史』資料編2(福井県、一九八二年)。
(22)金光哲「殺生と和光同塵と諏訪大明神と神功皇后と」(『中近世における朝鮮観の創出』校倉書房、一九九九年)。
(23)黒田日出男『龍の棲む日本』(岩波書店、二〇〇三年)。
(24)平雅行「神仏と中世文化」(『日本史講座4 中世社会の構造』東京大学出版会、二〇〇四年)。
(25)前掲註(14)『諏訪市史』の口絵に全文の写真版が掲載されている。
(26)『諏訪史』第三巻(諏訪教育会、一九五四年)。
(27)伊藤富雄「諏訪上社の磐坐信仰と大祝職儀式」(『伊藤富雄著作集』第一巻所収、永井出版企画、一九七八年)。
(28)石井進「大祝信重解状のこと」(『諏訪市史研究紀要』第五号、一九九三年)。
(29)井原今朝男「鎌倉期の諏訪神社関係史料にみる神道と仏道―中世御記文の時代的特質について―」(『国

立歴史民俗博物館研究報告』一三九集、二〇〇八年)。
(30) 物忌令については、鈴木善幸「中世殺生観と諏訪信仰―殺生禁断社会における『諏方上社物忌令』の意義―」(『大谷大学大学院研究紀要』二一、二〇〇四年)も参照。
(31) 金井典美「金沢文庫古書『陬波御記文』と『陬波私注』」(『金沢文庫研究』一三八・一六一号、一九六七・六九年)によって紹介された史料。のち『諏訪信仰史』(名著出版、一九八二年)に収録。
(32) 平雅行『鎌倉仏教と専修念仏』(法藏館、二〇一七年)。
(33) 前掲註(29)井原「鎌倉期の諏訪神社関係史料にみる神道と仏道」。
(34) 前掲註(4)千葉『狩猟伝承研究』。
(35) 『茨城県の地名』(日本歴史地名大系8、平凡社、一九八二年)。
(36) 古本系統は、赤木文庫本(現天理図書館蔵)、真福寺本、天理図書館本など。流布本系統は東洋文庫本、旧豊宮崎文庫本・旧林崎文庫本(現神宮文庫蔵)、静嘉堂文庫本、無窮会本、河野省三旧蔵仮名本(現國學院大學蔵)など。
(37) 福田晃『神道集説話の成立』(三弥井書店、一九八四年)、同『安居院作「神道集」の成立』(三弥井書店、二〇一七年)。
(38) 前掲註(11)吉原「「諏訪大明神画詞」試論」、註(26)『諏訪史』第三巻。
(39) 前掲註(29)井原「鎌倉期の諏訪神社関係史料にみる神道と仏道」、同「神社史料の諸問題―諏訪神社関係史料を中心に―」(『国立歴史民俗博物館研究報告』一四八集、二〇〇八年)。
(40) 村石正行「室町幕府奉行人諏訪氏の基礎的考察」(『長野県立歴史館研究紀要』一一、二〇〇五年)、同「中世後期諏方氏の一族分業と諏訪信仰」(福田晃ほか編『諏訪信仰の中世』三弥井書店、二〇一五年)、石井裕一朗「中世後期京都における諏訪氏と諏訪信仰」(『武蔵大学人文学会雑誌』四一―二、二〇一〇年)など。

第六章　武士の覇権と殺生・肉食

十二世紀、王朝の貴族社会では鹿肉食を「穢《え》」とする観念が肥大化し、貴族の多くは四足の獣を狩ろうとはしなくなった。しかし、武士たちは、鷹狩はもちろん鹿や猪を獲物とする狩猟もいとわなかったし、仕留めた獲物の肉を食していた。政権を樹立し、為政者として成長していく武士たちは、殺生罪業《ざいごう》観や「穢」を忌避する文化と、どのように向き合い、折り合いをつけていくのだろうか。

こうした問題にいち早く言及したのも、原田信男であった。原田は、「農耕」対「狩猟」、「米」対「肉」という価値の対立を重視する立場から、次のように説明している。

南北朝の動乱を経る過程で、中世社会は室町期に大きな転換を遂げ、もともと狩猟民的な性格を有していた武士が、次第に勢力を増して権力の頂点を極めるに至った。しかし中世国家は、依然として農耕社会を基盤としており、その生産活動を完遂させるための神事は、村落レベルでも不可欠の要素であった。したがって旧来の社会的価値基準を踏襲した武家は、米を中心とする社会を志向する以上、狩猟民的な肉食を否定するという転身を、自ら遂げざるを得なかったのだ、と考えられる。[1]

武家は、「狩猟民的な肉食を否定するという転身」を遂げたが、それは武士が「天皇の宗教的権威を、根底から否定することはできなかった」ことを意味しており、「天皇制度の大枠のなかで、武家政権が実質的な権力を行使する、という江戸幕府にまで至る構図が、室町期において定着を見たのだろう」と、この問題が政権の構造とも関係していたことを指摘している。しかし、「転身」は「室町期」のことだったのだろうか。

差別と武士の関係を考察した服部英雄は、武士は「脱賤」したと説く。中世において武士団と被差別民とされる「河原の者・坂の者ら」とは「一体」で、「両者は分業の関係にあった」が、やがて「多数者」になり、「かつての仲間を切り離し、残酷な賤視のなかに投げやった」武士たちは、「「脱賤」に成功した」のだという。[2] その一方で服部は、武士のルーツは狩猟民であり、その性質は中世・近世の武士に一貫していたとも指摘している。「何代かごとに鷹狩りを愛好する徳川将軍があらわれたように」、「狩人たる本質は江戸時代になっても消えることはなかった」というのである。[3]

鷹狩を実践した将軍がいたことは確かだが、「狩人たる」武士たちは、四足の獣を狩ることもいとわなかったのではなかったのか。また、「生類憐《しょうるいあわれ》みの令《れい》」を命じた徳川綱吉も、将軍にほかならなかった。その極端な動物愛護政策は、綱吉個人の信条や性格による悪法・悪政とみなされがちだが、近年では、古代・中世の殺生禁断の歴史をふまえて「生類憐みの令」を再考しようとする研究が増えている。[4] 中世における武士の覇権と殺生・肉食とはいかなる関係にあったのか、彼らの狩猟を軸にして探ってみよう。

1 鎌倉武士の転機

源氏将軍の狩猟

関東にあらたな政権を樹立した源頼朝は、建久《けんきゅう》四年（一一九三）の三月から四月にかけて、下野の那須野、浅間山麓の三原野、五月には富士の裾野（藍沢）で大規模な巻狩《まきがり》を挙行した。曾我兄弟の仇討を描く『曾我物語』でひろく知られる富士の巻狩である。

頼朝は、この空前の規模の巻狩を、なぜこの時期に挙行したのか。文治《ぶんじ》五年（一一八九）の奥州合戦に勝利し、翌年入京して右近衛大将《うこのえのだいしょう》に任命された頼朝は、建久三年（一一九二）、念願の征夷大将《せいいたいしょう》軍《ぐん》に就く。千葉徳爾は、こうして名実ともに軍事政権の首長となった頼朝が、関東平野を見下ろすようにそびえる三つの火山の裾野をめぐる巡狩《じゅんしゅ》をおこなって神を祀り、統治者としての資格を神に問うたのではないか、と考えた(5)。

千葉の説を支持した石井進も、頼朝の嫡男頼家《よりいえ》がはじめて鹿を射とめるやいなや、その日の狩を終えたことは、頼家が軍事政権の首長の地位をうけつぐ資格をもつ者であることが神によって認められたという重大な意味があったからだと解釈している(6)。

頼朝の狩猟は、頼家に受け継がれていく。文治五年十一月、頼朝は鷹場をみるために大庭《おおば》へ出たことがあった（『吾妻鏡』同十七日条）。頼家も、正治《しょうじ》二年（一二〇〇）正月に大庭野へ出て、狩猟をおこなっている（同十八日条）。また、建仁《けんにん》二年（一二〇二）七月、征夷大将軍となった頼家は同年九月、数百騎をともない伊豆・駿河の狩倉《かりくら》で大規模な狩猟をくりひろげているが（同廿一日条）、これは頼朝が催した建久四年五月の富士野の巻狩を踏襲するものだろう。頼家は、頼朝の狩場を継承し、狩猟をくりひろげていたとみてよい。

騎射で鹿や猪と渡り合う頼朝と頼家の狩猟の様子は、京都にも伝えられたらしく、摂関家出身の天台座主慈円《じえん》が著した『愚管抄《ぐかんしょう》』（巻第五）は、頼朝と頼家について次のように記している。

頼朝ハ（中略）手ノキ、ザマ、狩ナドシケルニハ、大鹿ニハセナラビテ角ヲトリテ手ドリニモトリケリ。太郎頼家ハ又昔今フツニナキ程ノ手キ、ニテアリケリト、クモリナクキコエキ。

頼朝の力量が、「大鹿に馳せ並び、角をつかんで手捕りにする」と説明されており、それに続けて、嫡子頼家がまれにみる「手利き」すなわち武芸の達人であると述べられている。

執権政治へ

頼家の狩猟は、武断的な、暴力むきだしの政治の象徴とみなされたこともあった。(7) 元久元年（一二〇四）七月に頼家が殺害されると、同年十二月十五日には母の「尼将軍」政子が諸国地頭分の狩猟を停止する（『吾妻鏡』同日条）。この狩猟停止は、北条一族が武断政治から撫民《ぶみん》・仁政《じんせい》路線へ転換したことを示しているのではないか、と考えられたからである。たしかに、政子らに擁立された三代将軍の源実朝は、みずから狩場へ出て狩猟をおこなった形跡が無い。

しかし、武芸を好まない実朝は、下野の御家人長沼宗政《ながぬまむねまさ》から、「当代は、歌鞠《かきく》を以て業と為し、武芸廃《すた》るに似たり」（『吾妻鏡』建保《けんぽう》元年（一二一三）九月二十六日条）と批判されている。頼家死後に、幕府の狩猟に対する姿勢が大きく転換したわけではなかった。実朝も殺害されると、摂関家出身の藤原（九条）頼経《よりつね》を将軍とし、北条氏が有力御家人による合議の中心となり、北条泰時《やすとき》が執権政治を確立することになるが、幕府の歴史書『吾妻鏡』は、泰時が十一歳の時に「小鹿」を射獲っていたこと、泰時の後継者となる経時《つねとき》が何度も狩猟に出かけ、鹿や熊を射獲ったことを記録している。このふたりの狩猟の意味について考えておく必要があるだろう。

泰時は、評定衆を設置して合議を尊重し、御成敗式目《ごせいばいしきもく》を制定した名執権としてよく知られている。泰時にくらべるとあまり知られていない経時の生涯を確認しておこう。

元仁《げんにん》元年（一二二四）、泰時の嫡子時氏《ときうじ》（六波羅北方）と安達景盛女《あだちかげもり》（松下禅尼）の間に誕生した経時は、文暦《ぶんりゃく》元年（一二三四）三月に元服し、同年八月には小侍所別当、嘉禎《かてい》二年（一二三六）三月には左近将監《さこんのしょうげん》となるが、父時氏は早世した。やがて、執権政治は難しい問題に直面することになる。成長した藤原頼経が、嘉禄《かろく》二年（一二二六）に将軍に就任すると、将軍派の御家人たちが勢力をもちはじめ、延応《えんおう》元年（一二三九）には頼経に男子（のちの頼嗣《よりつぐ》）も誕生した。こうしたなか、仁治《にんじ》二年（一二四二）、経時は評定衆となり、翌年六月、泰時が死去すると、十九歳で執権に就任する。

将軍派と執権派の対立は深刻だったのだろう。経時は寛元《かんげん》二年（一二四四）四月に頼経を廃し、その子頼嗣を元服させて将軍とした。背後にどのような駆け引きがあったのかはよくわからないが、頼経は翌年七月に出家し、さらに経時は妹を頼嗣の御台所《みだいどころ》とする。そして、寛元四年（一二四六）三月、「深秘御沙汰《しんぴのごさた》」で執権を弟の時頼に譲り、閏四月に死去した（享年二十三）。この後、時頼を中心とする得宗専制体制が構築されていくのであり、経時は将軍派の台頭という難局を切り抜けた執権だったと言えよう。(8)

経時の狩猟

北条経時は、暦仁《りゃくにん》元年（一二三八）十二月に、三浦・下河辺・遠江《とおとうみ》・武田・小笠原といった有力御家人の射手を多数ともない「鳥立」を見るために「大庭野」に向かっている（『吾妻鏡』同三日条）。これは、頼朝の文治五年（一一八九）の大庭歴覧と頼家の正治二年（一二〇〇）の大庭野狩猟を想起させる。暦仁元年の一月から十月には将軍頼経が上洛しているから、そうした将軍の動きを意識し、牽制しようとしたものかもしれない。

仁治二年（一二四一）九月の狩猟も注目したい。経時は、甲斐・信濃の武士たちと猟師をともない、かつて頼朝・頼家が狩猟をくりひろげた藍沢へ向かっている。数日におよぶ狩猟で熊・猪・鹿などを多数捕獲しただけでなく、経時みずから引目（鏑矢《かぶらや》）で熊を射たという（『吾妻鏡』同年九月十四日・

同廿二日条)。この狩猟は建久四年(一一九三)の富士の巻狩、そして建仁二年(一二〇二)の征夷大将軍頼家がおこなった駿河の狩倉に匹敵しよう。

経時は、いわば源氏将軍なみの狩猟をおこなっていた。それは、将軍派との対立という難局を切り抜けた若き執権が、首長にふさわしい実力を備えていたことを示すものだった。北条氏の嫡流である得宗《とくそう》は事実上、武家政権の首長となるが、その基盤となる執権政治を確立した泰時・経時の狩猟は、幕府の歴史において重要な意味をもっていると考えられていたのだろう。

親王将軍の出現

執権北条時頼は、建長《けんちょう》三年(一二五一)、摂家将軍藤原頼嗣を京都へ送還し、翌年四月、後嵯峨上皇の第一皇子宗尊親王《むねたかしんのう》を征夷大将軍として鎌倉へ迎えた。朝廷と呼応しつつも、名実ともに全国を支配する統治権者になろうとする幕府にとって、将軍も「東夷」の首長ではすまなくなり、幕府はこの親王将軍を、父後嵯峨上皇とならぶ統治者に仕立て上げようとした。平雅行はこの親王将軍を重視し、次のように述べている。

鹿食禁忌は京都の貴族や神社のものであったが、一三世紀中葉に東国社会に上から強行的に導入された。その原因は将軍宗尊の存在にあるだろう。宗尊は鎌倉幕府が戴いた初めての親王将軍(後嵯峨院の子)であり、北条時頼が主導する鎌倉幕府と、京都の後嵯峨院政との親密な協調の象徴的存在であった。しかも宗尊は弘長元年に二〇歳を迎え、供奉人選定権を掌握して将軍への求心性を高めようとしている。こうしたなかで鹿食禁忌が東国に導入された(9)。

親王を将軍として鎌倉へ迎えてから、いわば鎌倉の京都化が進行したというのである。しかし、武士たちの多くは、狩猟や肉食を簡単にはやめなかったから、都市と地方、政権中枢部と在地社会の間には大きな差異が生じることになった。

第二章でもみたとおり、弘長《こうちょう》元年(一二六一)から、ある問題が続出するようになる。『吾妻鏡』同年八月二日条によれば、この日、有力御家人二階堂行綱《にかいどうゆきつな》が、息子頼綱は鶴岡八幡宮放生会《ほうじょうえ》の供奉人に加えられたが、鹿肉を食べてしまっていた。供奉人から外してもらえないだろうか、と申し出た。さらに、同月十三日になって、長井時秀・笠間時朝《かさまときとも》・宇都宮宗朝・大隅大炊助・佐々木長綱らも「鹿食の事あるにより」、供奉の辞退を願い出てきた。幕府は彼らの身勝手さに憤慨し、放生会後あらためて処分することとし、翌十四日には、二階堂頼綱と佐々木長綱の「鹿食の咎」による「御免」が確定した(『吾妻鏡』同日条)。

これまでも幕府は、八月一日から放生会までの殺生禁断を命じたことがあった(『吾妻鏡』建久五年八月一日条ほか)。しかし、今回のように供奉人の鹿食の「咎」すなわち違犯者を問題にしたことはなかった。これは、平雅行が指摘したとおり、この時期に幕府の鹿肉食忌避に変化があったことを物語っている。

とまどう武士たち

弘長二年（一二六二）は『吾妻鏡』を欠いており不明だが、翌年になると事態はさらに深刻になっていた。弘長三年正月二十日、将軍の二所《にしょ》（伊豆・箱根）御参詣に供奉する武士たちが注進されている。ところが二十三日になって、その供奉人のなかに差し障りのある者が多数含まれていることがわかったのである。とりわけ問題となったのは相模左近大夫将監（北条時村）以下八名の者たちであった（『吾妻鏡』同二十三日条）。

彼らは、鹿肉を食べていたにもかかわらず、辞退を申し出ず、直前になってそのことが発覚した。「禁制」のことを知らなかった、という陳謝からは、彼らのとまどいが伝わってくる。結局、このときの二所参詣は延期となり、奉幣使を派遣することになった。そして、幕府は供奉するはずだったものたちに対し、供奉人は「精進」すべきであったのだ、と伝達したという（『吾妻鏡』同二十五日条）。

同年七月、将軍が新造の御所へ移る際にも供奉人のうち、遠江（近江?）五郎左衛門尉・二階堂行頼・同行宗・大須賀為信の計四名が「鹿食」をしており、問題になっている（『吾妻鏡』弘長三年七月十三日条）。さらに、この年八月の放生会でも問題となった。第二章で薬食の史料としてあげた『吾妻鏡』弘長三年八月四日条である。この日、近江（遠江）五郎左衛門尉・大須賀為信・二階堂行宗に「鹿食の憚り」が発覚。同八日条によれば、後藤基秀・長井時秀・足立元氏らも鹿食による辞退を申請してきたという。四日条に記されている彼らの陳謝を聞いてみよう。近江五郎左衛門尉は、鹿食が禁じられていることを知らずに、病気を治すために服用したという。大須賀為信は、病気がおもわしくなく、医師が鹿食をすすめたので、禁止されていることを忘れて服用してしまったという。二階堂行宗は、先月上旬、ある会食で、ほかの料理と取り違えて鹿肉を食べてしまったという。こうした言い訳は、どこまで真相を語っているか判断が難しいところもあるが、この頃の鹿肉食をめぐる、いくつかの興味深い事柄を教えてくれる貴重な証言でもある。

幕府中枢の獣肉食忌避

平雅行は、これら一連の記事から、次のことを指摘している。第一に、御家人たちは鹿肉を宴会や在国中に食べたと語っており、東国武士の世界で鹿食が一般的だったことが窺える。第二に、二階堂行宗は七月上旬に鹿食をして八月十五日の放生会供奉人を辞退している。このことは幕府の鹿食触穢が三〇日以上であったことを示している。第三に、辞退者二〇名のうち九名は「鹿食禁制」を知らなかったと述べ、一人は忘れていたと発言している。これ以前の幕府関係史料に鹿食禁忌は登場しない。辞退者の数の多さや彼らの幕府内での地位を思えば、鹿食禁制は比較的新しく、弘長元年(一二六一)をさほど遡らないだろう。しかも、①鶴岡放生会や二所参詣がきわめて重要な幕府儀礼であったこと、②「鹿食禁制」「厳制」と表記していること、③病の者に将軍が「鹿食暇」を与えていることからすれば、この「鹿食禁制」は神社側ではなく、幕府の主導で制定されたと見るべきだろうという[10]。

平の考察は的確で、鹿食禁忌が東国に導入された原因のひとつが、将軍宗尊の存在にあったことはたしかだろう。ただ、宗尊が鎌倉に下向してから、鹿食の咎が問題になるまで、九年以上も経過している。この間に、宗尊が将軍への求心性を高めようとして供奉人選定権を掌握したのかもしれないが、本書第四章でみたように、一二五〇年代、鎌倉幕府はその宗教政策を転換し、戒律を重視する真言律宗を関東に受け入れていたことも忘れるわけにはいかない。

西大寺《さいだいじ》流律僧の忍性《にんしょう》は、建長四年（一二五二）に関東に下り、真言律宗を関東にひろめる足場を築き、弘長元年には鎌倉へ入り、極楽寺の常住となる。叡尊《えいそん》も、北条時頼の招きに応じて翌弘長二年に鎌倉へ入る。時頼の帰依をうけた叡尊は、武家社会に直接強い影響を与え、多くの御家人とその一族の人々が真言律宗に帰依し、所領での殺生禁断を実施した者も少なくない。

律宗寺院となる極楽寺を再興したのは北条重時であった。重時は、宝治《ほうじ》元年（一二四七）から幕府の連署として、女婿の時頼とともに幕政を指導している。すでにみたように（第二章一三六頁〜）、重時は一二五六〜一二六一年頃に執筆したとみられる『極楽寺殿御消息』で、「狩猟は罪業であるから避けよ」（第四五条）、「魚鳥は親子の肉だと言うから、好むべきではない」、「六斎日・十斎日には精進潔斎すべし」（第四六条）などと説いていた。魚・鳥の食用について戒《いまし》め、鹿や猪などの四足獣の食用にふれていないのは、すでに重時とその周辺には獣肉食のタブーが浸透していたことを物語る。

武家の殺生禁断令

幕府が発した殺生禁断令も見のがせない。供奉人の鹿食が問題化する前年の文応《ぶんおう》元年（一二六〇）、幕府は殺生禁断令を発令している（『吾妻鏡』正月二十三日条、「青方文書」一）。翌弘長元年二月三〇日、幕府は六一カ条におよぶ「関東新制条々」を発した。そのなかには、「六斎日ならびに二季彼岸の殺生禁断」を命じる次のような条文がある（『中世法制史料集』第一巻、追加法三四七）。

魚鼈《ぎょべつ》の類、禽獣の彙、命を重んずること山岳に逾え、身を愛すること人倫に同じ。これによって罪業の甚だしきは殺生に過ぐるはなし。これをもって仏教の禁戒これ重く、聖代の格式炳焉《へいえん》なり。しかれば則ち、件の日々、早く漁網を江海に禁じ、よろしく狩猟を山野に停むべきなり。自今以後、固くこの制法を守り、一切停止に随ふべし。もし禁遏に背き、違犯の輩あらば、科罰を加ふべきの由、諸国の守護人ならびに地頭等に仰せらるべし。但し、限り有る神社の供祭に至っては、制禁の限りにあらず。

殺生以上の「罪業」は無く、仏教はこれを戒めているし、朝廷も禁じてきた。「六斎日と春秋の彼岸には江海での漁網と山野での狩猟を停止せよ」と厳命している。

弘長三年（一二六三）八月、朝廷も四一カ条の新制を宣下する。それは明らかに前々年のこの「関東新制」に対応する「京都新制」であり、東西呼応して、諸国で続いていた飢饉の混乱を正し、政治を刷新すべく動いたのであった。弘長元年（一二六一）の武家新制は、新制という形式では公家法に倣ったものであったが、実質的には幕府法が優越していたとみられ、ここに全国的な統治者となった幕府の姿があらわれていたと言えよう。この弘長の武家新制と公家新制は、ともに鎌倉時代を通じて最も充実した内容をもち、広範な問題について規定しており、これまでの諸法令を集成したものとして、のちの新制の基準ともなった。そして、この両新制においてめだつのは、以前から発令されてきた禁止条項であっても、より具体的に対象が特定され、より強く禁止されていることで、それは特に殺生禁断令において顕著である。

幕府が、六斎日・二季彼岸の殺生禁断を命じたのもこれが初めてではないが、文応・弘長の殺生禁断令はそれまでになく長文で、「殺生」を最悪の「罪業」とし、「仏教の禁戒」の重さを説いている。武家は、「室町期」をまたず、一二六〇年代には厳格な殺生禁断を命じるようになっていた。

「鹿の王」と化す室町殿

鎌倉幕府の殺生禁断の方針は、室町幕府に受け継がれたとみられるが、足利尊氏・直義、二代将軍義詮《よしあきら》は、戦乱に明け暮れていたためか、狩猟や肉食に関する史料が乏しい。しかし、管見の限り、その後の室町殿についても巻狩すなわち弓矢で鹿や猪を狩る狩猟をおこなったことを伝える史料はない。笠懸や犬追物などの行事を主催することはあったが、それらは標的が野生動物ではないという点、都市あるいは都市的な場に設けられた馬場でおこなわれた点で、狩猟とは異なる。

図6–1　「鹿王院」額（鹿王院蔵）

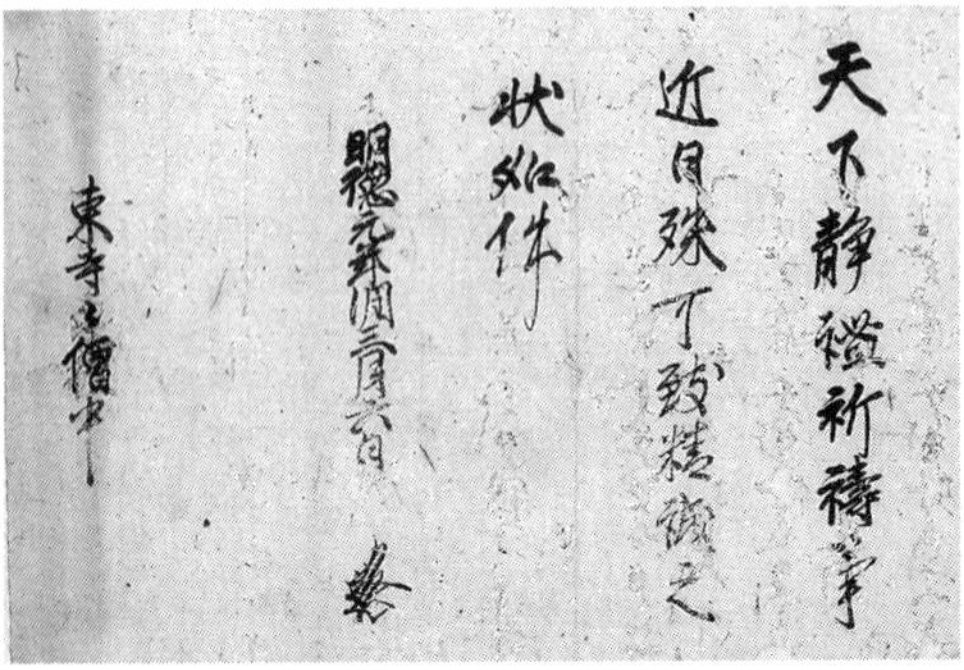

天下静謐祈祷事
近日殊可致精誠之
状如件
明徳元年閏三月六日
東寺僧中

図6–2　足利義満の公家様花押がみえる文書（東寺百合文書のうち、京都府立京都学・歴彩館蔵）

犬追物は狩猟に近似すると思われがちだが、「在京奉公人は狩猟ができず、弓馬の芸が廃れてしまうので、犬追物をおこなうべきだ」と説く故実書もあり（『（犬追物）目安』『群書類従』第二三輯所収）、当時の武士たちも地方で実践される狩猟と、京都でその代替行為としておこなわれていた犬追物をわけて考えていた。

三代将軍足利義満が「鹿苑院《ろくおんいん》」と号したことは、室町殿が狩猟とりわけ鹿狩を忌避していたことを象徴している。康暦《こうりゃく》二年（一三八〇）、義満は春屋妙葩《しゅんおくみょうは》を開山として興聖寺（のち宝幢寺と改称）を創建し、そこに開山堂を建てて「鹿王院」と称した[11]（図6－1）。翌永徳《えいとく》元年（一三八一）頃から義満は、武家様の花押のほかに公家様の花押を用いるようになり、やがて公家様花押のみを使用するようになるが、彼の公家様花押は「鹿」の字の象形化したものであったことが指摘されている[12]（図6－2）。同二年、相国寺を創建した義満は、境内に小御所を建立し、翌年、それを「鹿苑院」と名付け、絶海中津《ぜっかいちゅうしん》を初代院主（塔主《たっす》）とした。「鹿苑」は、北インドの波羅奈国（現在のバラナシ北東郊のサールナート）にあった鹿野苑のことで、釈迦が悟りを開いた後、初めて説法し、五人の比丘を導いた聖地であった。古代インドの仏教説話集『ジャータカ』に、この鹿野苑の由来を語った説話がある。

> 釈尊前生に於てニグローダという鹿として生れ、五百の鹿群の王であった。その隣りにもサーカ鹿王というのがやはり別の五百の鹿群を従えていた。時の国王は肉を好み猟師をして毎日鹿狩をさせていた。そこでニグローダ鹿王は鹿共とも相談し、国王に請い、毎日両群の中から順番に一疋ずつ王の餌食になるかわりに、狩猟は止めて貰うこととした。かくて両群から毎日一疋ずつ番に当った鹿が殺されることになった。ある日妊娠《みごも》った一疋の牝鹿がその番に当った。ニグローダ鹿王はこれを知り、自分が身代りになってやるとて国王に申し出た。国王はこの鹿王を見てその慈愍《じみん》心の深きに感嘆し、以後国内で一切殺生を禁じた[13]。

『ジャータカ』は、『本生経《ほんしょうきょう》』として日本にも伝来しており、この説話もよく知られていた。例えば、十三世紀後半に成立した『沙石集』にも、「昔、鹿野苑に鹿王ありけり。五百の群鹿を領ず、これ釈迦菩薩の因行也」（五本の四）とみえる。前章で見た『諏方大明神画詞』にもこの説話が利用されていた。

足利義満は、武家の棟梁ではあったが、狩猟を実践した形跡がない。「鹿王」の「鹿」の字をみずからの花押とし、「鹿苑」を院号とした義満にとって、鹿狩など考えられないことだった。応永《おうえい》二年

（一三九五）に出家した義満は、北山殿（北山第）を造営し、同十五年（一四〇八）、そこで死去する。法号は「鹿苑院天山道義」。北山殿跡は、その舎利殿（金閣）を中心に「鹿苑寺」とされた。

室町殿の殺生禁断

四代足利義持は、足利義満の十三回忌仏事のため、殺生禁断を命じている。伏見宮貞成《さだふさ》親王の日記『看聞日記《かんもんにっき》』応永二十七年（一四二〇）二月十八日条によると、貞成が暮らす伏見や近くの巨椋池《おぐらいけ》の周辺には、同日、「猟師（漁民）」に殺生禁断のことを周知させるよう下知があった。同四月三日条によれば、守護代から殺生禁断の期間は今月五日から来月中旬まで、「洛中・諸国、悉く停止」であることを猟師に対して「告文」を書いて周知徹底させるよう、将軍義持の御教書が下されたという。猟師の名簿を作成せよとの指示もあったが、五月六日条によれば、「釣具・足網等」の漁具は召し集めて封をし、猟師の人数だけでなく、その船の数まで確認せよと「厳密の沙汰」があった。

形式的な殺生禁断令ではなく、室町殿から守護、守護から守護代へという、武家の正式な命令系統で「洛中・諸国」の殺生が禁止されていることから、苅米一志は、「従来、天皇が発令した殺生禁断策も、足利将軍によって継承されて」おり、あるいは「白河上皇による施策の模倣という意味があるかもしれない」とみている。義持が父「鹿苑院」義満の意志を尊重しているものとも考えられるが、確かに義持は殺生禁断を厳格に実践していた。

五代将軍の足利義教も、義満の忌日にあわせて殺生禁断を命じたようで、『看聞日記』永享《えいきょう》三年

（一四三二）五月六日条によれば、「今日より三ヶ日の殺生禁断」を「漁村」に知らせよと守護（畠山満家）から通達があった。殺生禁断にとどまらない。義教はみずからの邸宅に放生池をもうけていたらしい。『看聞日記』永享六年五月二十三日条によれば、義教が放生をするための鯉を獲るよう命じられた貞成は、同月二十七日に、「生鯉魚十一」を「結桶五つ」に入れて、室町殿に運ばせていた。そのうち、五匹は途中で死んでしまったらしいが六匹は無事で、義教の「御池」に放たれたという。さらに同三十日にも「生河魚大小十七八」が室町殿に運ばれている。

こうした室町殿の殺生禁断や放生を確認し、「古代の天皇にも比すべき存在として、足利将軍が仏教理念を実践していると見ることができる」と指摘した苅米一志は、武家の葛藤について、次のように評価した。

殺生にまつわる武士の苦悩はやがて、足利将軍によって「殺生の罪を犯す武士が、いかにしてそれを克服できるか。また、罪深い武士が、どのように正しい政治をおこなえるか」という問いに昇華されたように思われる。（中略）こうした苦悩は、戦国時代を経て、やがて江戸時代の武士が為政者として存続していくうえで、重要な条件となっていく。徳川綱吉による「生類憐みの令」には、はるかに古い時代からの、巨大な前提があったと見るべきだろう。(14)

武士が為政者であり続けられたのは、殺生をめぐる苦悩があったからだという指摘は重要だろう。

「はるかに古い時代からの、巨大な前提があった」という見解も首肯できるが、「足利将軍」に直接影響を与えていたのは「古代の天皇」ではなく、鎌倉幕府の殺生禁断だったのではないだろうか。

2　獲物はいつ変化したか

頼家の矢口祭

建久四年（一一九三）五月、富士山の南東、駿河・伊豆両国にまたがる藍沢と富士野の狩場で巻狩をくりひろげた頼朝は、嫡子頼家がはじめて鹿をしとめると、おおいに喜び、その晩、現地で「山神・矢口等」を祭った（『吾妻鏡』同十六日条）。山の神に感謝し、頼家が一人前の武人となったことを祝う祭儀だったと考えられるが、その次第は『吾妻鏡』によれば、次のようなものだった。

北条義時が、長さ八寸、広さ三寸、厚さ一寸、黒・赤・白の三色各三枚、合計九枚の餅を献じ、頼朝と頼家は篠の上に敷いた行縢《むかばき》に座し、千葉上総介常胤《つねたね》・北条義時・三浦介義澄《よしずみ》以下、多数の御家人が祗候《しこう》する。頼家が鹿を射た時に近くにいた工藤景光・愛甲季隆《あいこうすえたか》・曾我《そが》祐信《すけのぶ》が役人に選ばれ、まず景光が頼家の前で蹲踞《そんきょ》し、三色の餅をひとつずつ取り、黒上、赤中、白下と重ね、座の左にある伏木の上に置く。これは山の神に供えるものだという。次にその重ねた餅をかじる。中、左、右と餅の角をかじり、「矢叫声《やたけびごえ》」を発し、季隆も祐信も同様の所作で餅をかじる。三人は鞍馬・直垂を賜わり、また三人からも馬・弓・野矢・行縢・沓等が頼家に献上され、列座の人々には酒がふるまわれたという。獲物の鹿も料理され、食されたにちがいない。

狩人の世界の一部では、初めて獲物を射た時、その手柄を披露して祝い、これを「矢口の祝い」あるいは「矢開《やびらき》」などと称している。[15] 民俗学ではよく知られていることで、千葉徳爾が富士の巻狩に注目した理由のひとつも、この矢開に歴史と民俗のつながりを見出したからであろう。管見の限り、公家が矢口祭（箭祭・矢開）をおこなったことを示す史料は無く、[16] 武家に固有の狩猟儀礼であった。矢口祭とその獲物の変化は、それをおこなう人々の狩猟や肉食を象徴していたと考えられる。実朝も摂家（藤原）将軍も、矢口祭をおこなった形跡はないのだが、泰時・経時は矢口祭（箭祭）をおこなっていた。

泰時・経時の矢口祭

泰時の箭祭から確認しておこう。『吾妻鏡』建久四年（一一九三）九月十一日条に、その様子が次のように記載されている。現代語訳であげておく。

北条義時の「嫡男童形」すなわち泰時が、北条氏の本拠である江間から鎌倉に戻った。去る七日の卯刻（早朝）、伊豆国において「小鹿一頭」を射獲ったので、それを持って、この日、御所に参ったのである。父義時が「箭祭餅」を準備して、ことの子細を申し上げると、将軍頼朝が西侍の上に出御し、千葉常胤以下の有力御家人たちも祗候した。まず、「十字」すなわち蒸し餅が用意され、頼朝は小山朝政を「一口」とした。朝政は頼朝の御前に蹲踞し、三度餅を食った。一口目には「叫声」を発したが、二口目・三口目は発しなかった。次に三浦義連が「二口」に召された。三度口にし、三回とも声を発した。「三口」に選ばれた諏訪祝盛澄は遅参したが、やはり餅を三回食い、声は発しなかった。頼朝は、餅の食い方や矢叫声の発し方などの儀礼に、三者三様、それぞれ違いがあることを「珍重」として、たいへんよろこんだという。

富士の巻狩で頼家の矢祭を挙行したわずか四カ月後に、「小鹿」を射獲り、将軍の前でこうした儀礼をおこなっているのは、この少年がやがて執権の地位を確立することを暗示させるものと言えよう。

泰時の後継者経時の箭口祭も記録されている。『吾妻鏡』嘉禎三年（一二三七）七月二十五日条の記事をあげておこう。

北條左親衛、潜《ひそか》に藍澤に赴き、今日始めて鹿を獲る。即ち箭口餅を祭る。一口は三浦泰村、二口は小山長村、三口は下河辺行光と云々。

経時はかつて源氏将軍の狩場であった藍沢で鹿を狩り、箭口餅の祭（矢開）をおこなっている。こ

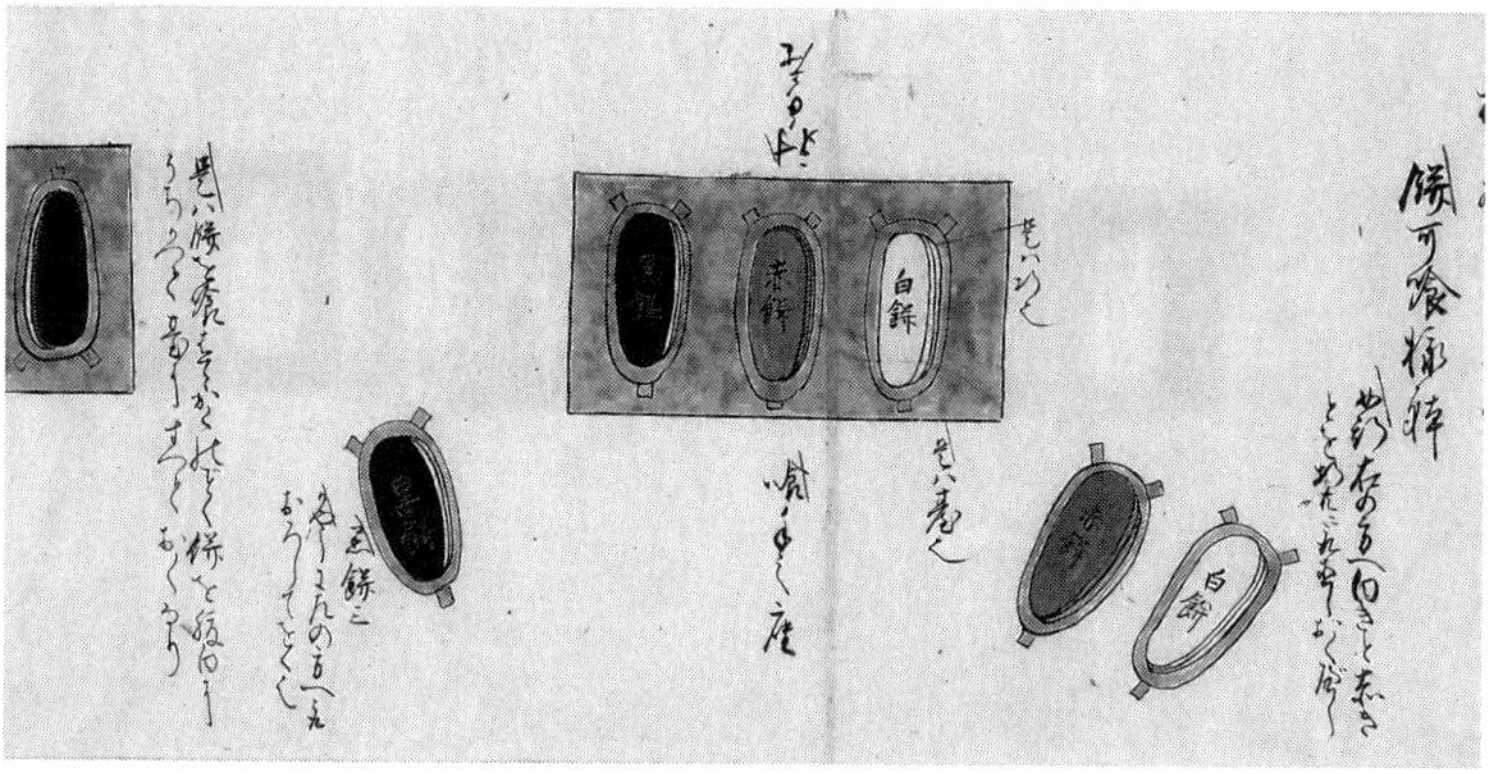

図6–3　矢開餅の図（早稲田大学図書館蔵）

れはやはり経時が首長の実力を備えていることを示すものだったと考えられよう。しかし「潜に」赴いたという記述は、この時点では摂家将軍や将軍派の御家人たちに憚《はばか》られることだったということを示唆しているのかもしれない。

泰時と経時の矢口祭からも、矢口祭は単なる通過儀礼のひとつではなく、武人としての実力が備わっているかどうかを示す儀礼だと考えられていたとみてよいだろう。

矢開の次第

『吾妻鏡』以後の矢口祭（箭祭・矢開）の史料として参照されてきたのは、『群書類従』第二三輯所収の『矢開之事〈今矢開之記と称す〉』（以下、『矢開之事』とする）である。約二〇条からなり、説明されている作法は、『吾妻鏡』にみえる矢口祭と一致する点が多い。この『矢開之事』で説かれている式次第を、江戸時代の伊勢貞丈が著した『矢開法式』の註釈などを参考にしながら確認しておこう。

若者が鳥を射とめると、その鳥に塩を入れ、荒巻として吉日まで保存され、餅喰役人・介添・庖丁人などの役人が定められる。餅喰役人は三人で、射手の若者とともに餅を食し、介添は射手と三人の餅喰役人が餅を食す際に手を添え、庖丁人は鳥をその場で料理する。射手の父らも着座しておこなわれるが、射手は上座に南面して安座、餅喰役人は次の間に控えている。そこへ台に載せた餅（白・赤・黒各三枚、計九枚）が運ばれ、射手の前に据えられ、一人目の餅喰役が射手の向かいに安座し、餅喰の儀式が始まる。射手が、黒・赤・白と重ねられた餅をとりあげ、「矢ごたへ」をして口にあて、対座した餅喰役も「矢ごたへ」をして口にあてるが、餅は食べるしぐさをするだけであった。これを二人目、三人目の餅喰役もおこなう。三人に太刀が下され、餅喰の儀をおえると、続いて包丁と祝宴になる。射手および主人・家臣などが列座する前にまな板がすえられ、箸・焼串・包丁刀が用意される。包丁人は右手に包丁刀、左手に箸をもち、鳥を料理する。そして、串焼にした鳥が折敷《おしき》に盛られ、まず射手、ついで同座の人々も少しずつこれを食し、その後に酒宴となった。

二木謙一によれば、「室町期になると儀式の次第などが形式化し、矢口の餅の作法のみならず、獲物による料理・包丁・まな板に至るまでが故実化された」という[17]。しかし、『矢開之事』の奥には、書写年などの本奥書が無く、いつ頃成立したテキストなのか、検討しておく必要がある。

矢開の故実書

『矢開之事』第一一条には「公方様御矢開の時は代々畠山役者を参勤也。餅の喰様当家の儀口伝これ有り」とあり、「畠山」がみえるから、「公方様」は室町殿だろう。また、第一三条には「鳥をそときこしめして、その後式の御肴をば大草調上げ申候」とあって、室町期の武家庖丁人である大草氏が肴を調進するとみえる。『長興宿禰記《ながおきすくねき》』文明《ぶんめい》八年（一四七六）二月二十八日条には次のような記事があり、足利義尚の矢開の様子を伝えている。

今日、室町殿御方〈将軍〉矢開御祝也、去月殿中に於て雀を射せしめ給う、畠山左衛門督政長朝臣〈直垂〉役者として御前に参着す、小笠原民部少輔〈直垂〉、包丁役として参勤す、膳部方行松、大草下行物を給り、これを調進す。事おわり公武参賀し太刀を献ずと云々、

「畠山」や「大草」は『矢開之事』と一致する。ここに「小笠原民部少輔」がみえることから、第一一条の「当家」は小笠原家とみられ、こうした実践を担っていた京都小笠原家によってテキスト化されたのだと考えられよう。

矢開の作法を説明する故実書には、室町・戦国期の奥書をもつ本も少なくない。例えば、前田育徳会尊経閣文庫には『矢開之事』とほぼ同じ内容の故実書が四点所蔵されている。書名はいずれも『矢開日記』なので、同文庫の国書分類目録番号とそれぞれの奥書をあげてみよう。

一一‐八八書射・「永正二年（一五〇五）十二月十日　刑部少輔清連(18)」

一一‐八九書射・「永正八年（一五一一）三月十七日　刑部少輔元宗[19]」
一一‐九〇書射・「延文元年丙申（一三五六）正月 日　武田治部少輔信頼[20]」
一一‐九一書射・「応永廿九年（一四二二）正月廿七日　持長判」
「天文四年（一五三五）二月十日　石見守興秀（花押）」書写[21]

「延文」の本奥書を信じれば十四世紀中頃、「応永」を信じれば十五世紀前半には、『矢開之事』のような故実がテキスト化されていたことになるが、一一‐九一書射は天文四年書写、一一‐九〇書射も戦国期の写本であろう。一一‐八八書射は、小笠原清連の自筆とみてよい。

大日本古文書『蜷川家文書之五』附録六〇に『矢開之日記』がある。「慶長十年（一六〇五）八月」に道標（蜷川親長）が書写したもので、『矢開之事』と似た内容をもち、奥書には「この一巻、小笠原備前入道宗賢判形の秘本を以て書写」とあるが、本奥書には「長享《ちょうきょう》三年（一四八九）」とみえる。「宗賢」は先ほどみた文明八年（一四七六）の足利義尚の矢開で庖丁役をつとめていた小笠原民部少輔政清の孫稙盛で、こうした故実を京都小笠原氏が相伝していたらしい。

同文書の附録六五『矢開次第』の奥書には「天正《てんしょう》三年（一五七五）九月廿四日　民部少輔秀清〈判〉」と、稙盛の子秀清の名もみえるが、（財）石川文化事業財団お茶の水図書館の成簣堂文庫に、この秀清が相伝したとみられる故実書群がある。[22]矢開に関する故実書も含まれており、そのなかの『矢開之次第』の奥書によれば、この書物は政清の祖父小笠原持長に弓馬故実を学び、寛正《かんしょう》から文明の頃に多数の故実書を書写した多賀高忠のために書き出したものであった。[23] 十五世紀後半には、『矢開之事』のような故実書がいくつも書写されるようになっていたとみてよいだろう。

鹿か、雀か

矢開の故実書類で詳しく説明されているのは、まず特徴的な餅の作法であるが、研究史上、注目されてきたのは、獲物の説明である。例えば、『蜷川家文書之五』附録六五の『矢開次第』には次のような条文がある。

一　矢開にハ、一鹿、二すゝめ《雀》と云り、射さる鳥、いしくなき《鶺鴒》・うそ《鷽》・鷲・うつら《鶉》・からす、凡是を用さる也、

矢開に用いる獲物は、まず鹿、ついで雀。射ない鳥は、鶺鴒《せきれい》・鷽・鷲・鶉・烏で、これらは用いない、という。群書類従『矢開之事』（第二三輯）の「追加」にも同様の記述がある。

一　矢開にせざる鳥の事。鶉・鷲、この二ッ也。殊人存知なき事也。むかしより用ざると云々。子細は秘事也。又云。うさぎをもせざる者也。

一　矢開に用る物の事。取分一にしゝ、二に雀也。しゝをば身をとりてまな板にすゆる也。か

のし丶の事也。

鶉・鶯は、昔から矢開に用いないと言われているが、「子細は秘事」。また、兎も用いないという。そして、やはり一に「し丶」、二に雀。「し丶」は「身」すなわち肉を切り取って俎板に据えるが、これは「かのし丶（鹿の宍）」だと注記している。

さらに、『矢開之事』の第一四条には、次のような記述がある。「公方様」は将軍（室町殿）で、敬意をはらって前が闕字になっている。

一　矢開には一に鹿、二に雀と申儀也。但、鹿は　公方様にはあげ申さず候なり。

「鹿は公方様にはあげ申さず候」すなわち将軍の矢開には鹿を用いないという。原田信男はこの一文に注目し、室町期に成立した『矢開之事』に、こうした鹿肉禁忌がみえることは、それまで狩猟や肉食を忌避していなかった「武家の転身」を象徴していると指摘した(24)。平雅行も、この一文によって室町将軍の鹿食忌避を確認している(25)。『矢開之事』の「鹿は公方様にはあげ申さず候」は、武家首長の肉食について考える際に、きわめて重要な一文なのだが、先にあげた尊経閣文庫の『矢開日記』のうち、「延文」の本奥書をもつ一本は室町末期の写本で、『矢開之事』とほとんど同文であるにもかかわらず、この「鹿は公方様にはあげ申さず候」という一文がみあたらない。また、『蜷川家文書』の『矢開之日記』にも『矢開次第』にも、将軍には鹿を用いないといった記述はみえない。『矢開之事』の「鹿は　公方様にはあげ申さず候なり」の一文は、あるいは近世以降の加筆かもしれず、他の史料によって実践された矢開について探る必要がある。

室町殿の矢開

まず確認できるのは足利義満の矢開である。中原師守《もろもり》の日記『師守記』の貞治《じょうじ》四年（一三六五）五月三日条は、次のように記す。

今日、鎌倉大納言の子息矢開と云々、去月鵙子《モス》を射らるるの故と云々、

当時、「鎌倉大納言」と称されていた足利義詮の「子息」すなわち義満が、先月「鵙子」を射たので、この日、矢開をおこなったという。

義満の子義持は、明徳《めいとく》四年（一三九三）、雀を射て矢開をおこなっている。『室町元服拝賀記』によれば、同年十一月二日のこととして、次のように記録されている。

御矢開の御祝、（土御門）有世卿択《えら》び申す、執権（斯波）左衛門佐義将朝臣其の役を勤め給う〈白直垂〉。御引出物〈御劔、御鎧、御弓、征矢、鞍馬等、御所同前、執権これを進ぜしめ給う。雑

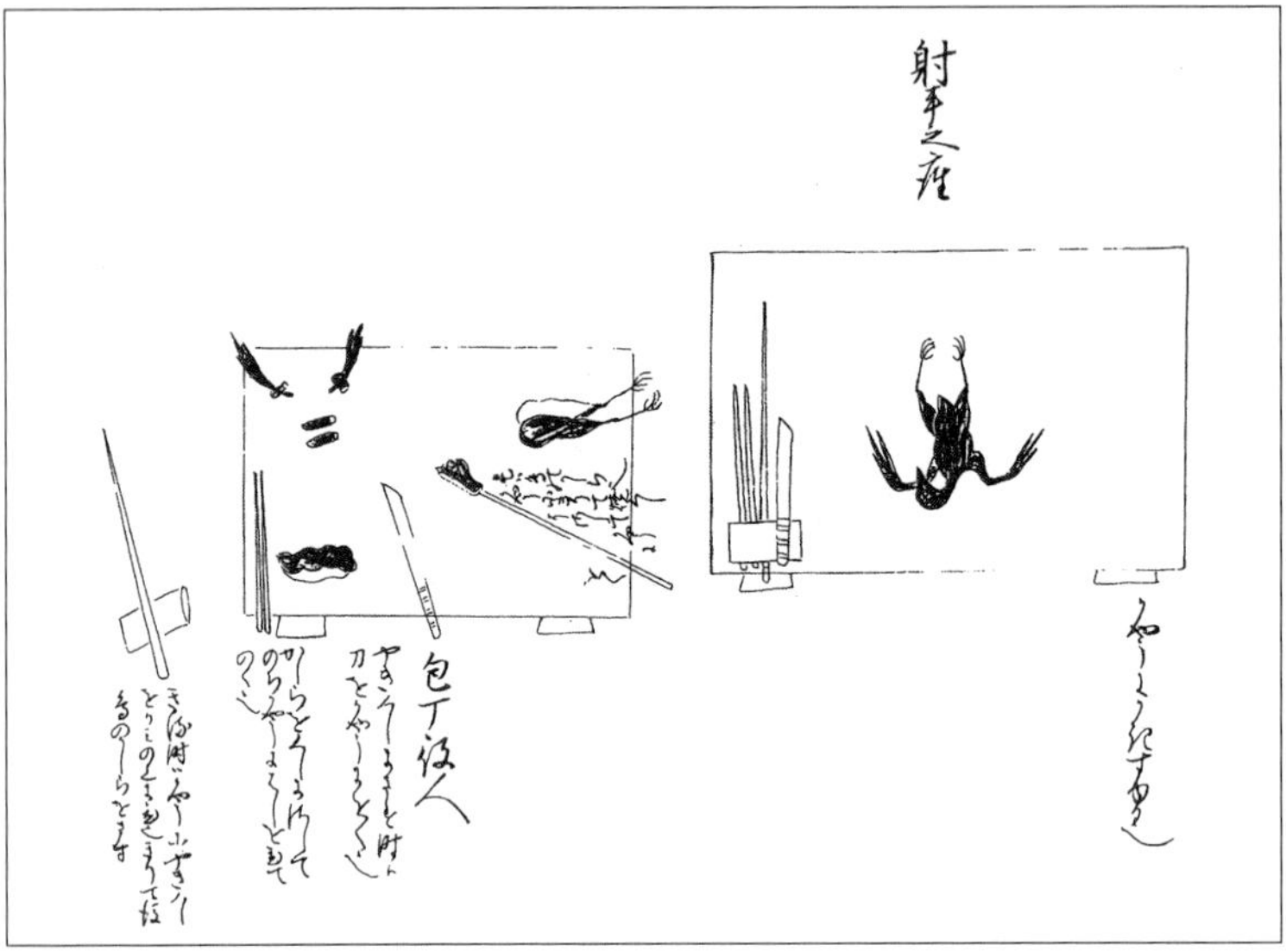

図6–4　鳥の矢開の図（『弓馬集書』、国立公文書館蔵）

掌に付す〉。執権白太刀、腹巻一両〈黒革〉を下さる。政所より式三献ならびに餅等これを進上す〈御祝大草これを調進す〉。奉行伊勢守貞行〈時に政所〉・美作守兼秀〈後兼秀、松田丹後守貞秀の子〉。

その後、確認できるのは義政の矢開である。宝徳《ほうとく》三年（一四五一）、まだ「義成」と名のっていた十六歳の時におこなっており、『師郷《もろさと》記《き》』同年四月二日条は「今日、室町殿矢開御祝也、去月十五日、雀を射せしめ給う、武家の儀厳重と云々」と記す。(26) 義政の子義尚は先にあげた『長興宿禰記』文明八年（一四七六）二月二十八日条により、雀を射ておこなったことがわかる。

このように室町殿の矢開をたどってみると、確かに室町殿は鹿ではなく鳥、義持以後は雀でおこなっており、「公方様」に鹿は用いられていなかったことがわかる。こうした実践が積み重ねられ、矢開の作法は鳥、それも雀を獲物とする作法が主流となり、詳細に説明されるようになったのであろう（図6－4）。室町殿が鹿の矢開をおこなわない以上、その作法は発達せず、故実書における鹿の説明も少なくなったと考えられる。

「徳治二年矢開日記」

鳥を獲物とする矢開は、いつ始められたのだろうか。鹿を獲物とした経時の箭口祭から義満の矢開まで、一三〇年近い年月が経過している。矢開の獲物は、義満以前に変化していたのだろうか。それとも、原田が推測したように、室町期に獣肉食忌避が強まり、変化したのだろうか。

大日本古文書『蜷川家文書之五』附録六六『矢開竝元服之次第』に「矢ひらきの次第」という部分がある。徳治《とくじ》二年（一三〇七）七月十二日、「成就御所」が六歳で雀を射て矢開をおこなったと記されており、その時「成就御所」を抱いていたのが「横溝次郎」、「鳥の切て」が「長崎木工左衛門尉」、「とりの通《かよう》」が「工藤次郎衛門尉」であったという。「御相伴」の「名字・官」は略されているが、これに続けて「餅次第、同喰やうの事」と「もちの作法の事」が説明され、さらに「御通衆役人、同餅之次第」として、劔・馬の役人、黒・白・赤の餅の「御相伴」と続くが、「名字・官」が略されている。奥に「有る證本を以て書写せしむ者なり」、「慶長十　九月廿四日」、端裏書に親長の号「道標」がみえるから、蜷川親長が慶長十年（一六〇五）に書写したものとみてよい。

『大日本古文書』は、ここにみえる「成就御所」を、鎌倉幕府最後の得宗「北条高時」と人物比定している。『桓武平氏系図』や『北条系図』などの系図類にみえる高時の幼名が「成寿丸」であることによるのであろう。もし、これが徳治二年（一三〇七）におこなわれた得宗家の矢開の次第だとすれば、『吾妻鏡』にみえる北条泰時・経時の箭口祭と足利義満の矢開の中間に位置する貴重な史料になる。(27)

ただし、高時は嘉元《かげん》元年（一三〇三）十二月に生まれているので、徳治二年には五歳。「六歳」ではない。(28)さらに、系図諸本は高時の幼名を「成就」ではなく「成寿」としている。この次第は、実際に徳治二年におこなわれた矢開の様子を伝えているのだろうか。

近世の故実書に引用される場合、『蜷川家文書』の『矢開竝元服之次第』よりも詳細であることが多い。例えば、国立公文書館（旧内閣文庫）所蔵の『小笠原礼書』第一七冊「弓箭記」のうち「矢披之事」には、次のように記載されている。

一、鳥ノ餅ノ日記　　徳治二年七月十二日
成就御所ノ六歳ニテ雀ヲアソハシ給フ、横溝次郎イタキ申テアソハセタリ、鳥ハ工藤七郎左衛門尉是ヲ取、同廿六日ニ御餅是アリ、食手一番三浦安藝守、二番小笠原孫次郎、三番武田伊豆守、鳥ノ切手長崎木工左衛門尉、鳥ノ加用工藤次郎衛門尉、このように餅の喰手の名があらわれ、これに続けて、「鳥ノ餅ノ事」と題する餅の説明があり、その後、次のように役人の「名字・官」が記されている。

一、鳥ノ餅ノ時役人

成就御所　式御肴　ウチミ　アツモノ
　御剱　長崎左衛門尉盛宗
　御馬　同木工左衛門四郎

陸奥守　式御肴　ウチミ　アツモノ
　御剱　諏訪左衛門尉宗秀

三浦安藝守　白餅　黒餅　赤餅
　武田彦七
　太刀　南條左衛門尉

小笠原孫次郎　白餅　黒餅　赤餅
　太刀　長崎宮内左衛門尉
　尾藤次郎左衛門尉

武田伊豆守　　　白餅 黒餅 赤餅　太刀　長崎弥四郎左衛門尉
　　　　　　　　　　　　　　　　　　小笠原四郎

このあと、『矢開之事』などと同様の説明や餅の図が続く。こうした餅喰役人・陪膳役などの氏名や官職も記された「鳥ノ餅ノ時役人」を含む「鳥ノ餅ノ日記」を「徳治二年矢開日記」と称しておきたい。

得宗家の矢開

『小笠原礼書』は、江戸幕府の弓馬礼法師範役を務めていた直参小笠原丹斎（直経）が延宝《えんぽう》六年（一六七八）、将軍に献上した弓馬・礼法の故実書群である。[29] 信濃小笠原氏の長時・貞慶父子は、近世初頭に大量の故実書を書写・流布させた。二木謙一が指摘しているように、長時・貞慶は様々な故実を先祖の貞宗に結び付け、あたかも長時・貞慶が貞宗以来の故実を相伝しているかのように書写し、流布させようとしたのである。[30] この「徳治二年矢開日記」も、近世初頭に貞宗に仮託されて偽作されたものかもしれない。徳治二年（一三〇七）におこなわれた矢開の様子を伝えているのか、検討しておこう。

まず、「徳治二年矢開日記」は『蜷川家文書』の中にも含まれていることが重要である。蜷川親長は、慶長十年（一六〇五）に多数の故実書を書写しており、「矢ひらきの次第」を含む附録六六『矢開竝元服之次第』も同年九月に書写されていた。彼が書写した故実書をみると、同文書附録六〇『矢開之日記』は「宗賢」すなわち小笠原稙盛（政清の孫）の「秘本」を書写、附録六五『矢開次第』には「小笠原備前入道宗賢息民部少輔秀清、相伝の秘本を以て書写」とある。稙盛・秀清は京都小笠原氏の嫡流であり、親長が書写した故実書の多くは、この家に伝来した故実書だった。

次に内容を確認しよう。『鎌倉年代記』などによれば、徳治二年に「陸奥守」だったのは、当時連署の北条（大佛）宗宣であった。陸奥守宗宣を役人として高時の矢開がおこなわれたとすれば、金沢文庫古文書の「崇顕（金澤貞顕）書状」（『鎌倉遺文』三〇八五四号）が、それを裏付ける。この文書は、鈴木由美の丹念な検証により、元徳《げんとく》元年（一三二九）五月五日、貞顕が六波羅南方に在職中の息子貞将に宛てた書状の一部であることがあきらかにされている。(31) 高時嫡子の「御馬乗始」と「御弓あそばし初め」の「扶持」を執権北条（赤橋）守時がつとめるという。注目すべきは、「徳治」におこなわれた「当殿」すなわち高時の「御弓あそばし初め」は「宗宣奥州」が「沙汰」をしたという記述である。これは、「成就御所」と「陸奥守」に符号し、徳治二年の矢開のことだと考えてよいだろう。

さらに、「徳治二年矢開日記」にみえる人々が、当時の他の史料にもみえるかどうか調べてみよう。まず、徳治二年五月の円覚寺の大斎結番文と対照すると、一〇名以上の人名が一致する。また、元《げん》亨《こう》三年（一三二三）の貞時十三年忌供養記と対照すれば、武田・諏訪・南条・長崎・尾藤などは入道となっているものの、一致する人名が多く、「横溝次郎」の名前もみえる。写本により若干の異同や誤字や脱字はあるが、ほぼ全員の人名が当時の史料で確認できることからも、「徳治二年矢開日記」は長時・貞慶やその弟子たちによって偽作されたものではなく、高時の矢開に関する記録が室町期に書写されて戦国期まで伝えられ、近世に流布したものとみてよい。

得宗から室町殿へ

「徳治二年矢開日記」により、十四世紀初頭、北条得宗家は矢開（箭口祭・箭祭）を廃絶させずに継承していたことがわかる。摂家将軍も親王将軍も矢開をおこなった形跡がない。しかし、武家の実質的な頂点にあった得宗家は、この儀礼をおこなっていた。

得宗家の矢開の獲物は雀であった。成寿丸は、おそらく鎌倉の邸宅かその周辺で小弓を持たされ、雀を射たのであろう。それは狩りと称するのがためらわれるほどささやかな狩猟だが、野生の動物を射て、それを食さなければ、矢開にはならなかったのである。先に見たとおり、一二五〇年代以降、鎌倉幕府中枢でも鹿肉食を禁忌とするようになっていた。矢開の獲物が鹿から雀に変ったことも、こうした鹿食忌避によるのだろう。鹿食禁忌をもって武家の転身と見なすとすれば、それは室町期をまたず、鎌倉後期には始まっていた。

狩猟民的性格を有していたはずの武士が、獣肉食を忌避するようになったわけだが、鹿肉食の禁忌は親王将軍と北条得宗家すなわち鎌倉幕府中枢部でのことだったと考えるべきだろう。

すでに第一章で見たように、肉食を「穢」とし、それを忌避することは、自己卓越化に資する。伊豆国では有力な武士だったかもしれないが、北条一族が他の有力御家人よりも抜きん出ていたことと言えば、頼朝との姻戚関係だけだったと言ってよいだろう。その北条氏が、鎌倉幕府の実権を掌握し、みずからを他の御家人とは異なる卓越した存在に仕立て上げることになった時、かつての王朝貴族と同様、鹿肉食忌避という道を歩んだ。

室町の将軍がおこなった矢開の作法は、獲物が鳥であることや配役など、徳治の矢開の作法とよく一致する。室町殿の矢開は、得宗家の作法を先例として踏襲していたとみてよいだろう。

3 狩猟・肉食の階層差

鹿食と同火

室町殿が継承したのは、古代の天皇や鎌倉の将軍の故実ではなく、得宗家の故実であったと考えられる。室町殿の周辺からは、四つ足を獲物とする狩猟とその食用が遠ざけられていた。しかし、京都と地方、政権の中枢部と在地社会との間には、殺生観や肉食のタブーに大きな偏差があったにちがいない。例えば、伏見宮貞成親王の日記『看聞日記』応永三十二年(一四二五)九月二十日条に、次のような記事がある。

室町殿今日御参宮と云々、しかるに俄に延引す。その子細、管領へ餞送《せんそう》のため入り申す、一献の最中、厩の馬三疋一度に斃《たお》れおわんぬ。不思儀の間、在方《あきかた》占はるのところ、不浄負《ふじょうまけ》と云々、家中糾明のところ、役夫一両人田舎において鹿食の由白状し申す、彼の同火聞し食さる間、参宮延引せられんがため馬死におわんぬ。神慮いよいよ恐るべし恐るべし。よって七十五日参宮叶うべからずと云々、

この日、将軍足利義持は伊勢神宮に参詣することになっていたが、突然延期となった。そのわけは、管領畠山満家から餞送すわなち見送りの礼をうけるために畠山邸へ入り、酒宴の最中、厩の馬が三頭一度に斃れた。不思議なので、陰陽師の賀茂在方に占わせたところ、不浄によるものだという。そこで、畠山家中を糾明したところ、人夫が田舎で鹿を食べたことを白状した。義持もその同火を口にして鹿食の不浄に感染してしまったので、その参宮を延期させるため、神慮により馬が死んだのだと判断されている。この不浄によって義持は七十五日参宮できないのだという。

同火《どうか》は、同じ火で煮炊きをすることで、「合火《あいび》」ともいう。死、出産、獣肉食などを「穢」、「不浄」として、そうした「不浄」の人と同じ火を使ったり、同じ火で煮炊きしたものを口にしたりする合火（同火）を忌避した。この場合、畠山邸で働いている人夫の鹿肉が「不浄」と考えられている。畠山邸では、この餞送の酒宴に際して、人夫にも振る舞いがあったらしい。そのため、義持と人夫が同じ火で調理されたものを口にしたことになり、鹿食の「不浄」が人夫から義持に伝染したと考

えられたのである。義持は、普段から鹿肉は口にしていなかったと考えられるものの、伊勢参宮は厳重な精進潔斎を要求されていたから、同火まで問題になったのだろう。

武家の美物

畠山満家邸の「一献」でどのような料理が供されたかはわからないが、もちろん精進のメニューだったはずである。では、精進ではない、通常の饗宴の場合、室町殿や大名たちはどのような料理を食べていたのだろうか。

「美物《びぶつ》」すなわち食材の進献・贈答の研究が進展しており、春田直紀らによって、室町・戦国期の京都にもたらされていた食材があきらかにされている。[32] 例えば、寛正六年（一四六五）の将軍足利義政への進上品とその進上者が総覧できるようになっており、それによれば、「肉」や「魚味」に該当する食材としては海産物が圧倒的に多く、鳥はみられるものの、鹿はもちろん猪・熊・狸などの四つ足獣は全くみえない（表6―1）。

酒宴の献立については、食文化史の研究が蓄積されているので、それを参照しておこう。[33] 室町時代には、その後、近世・近代まで続く「式正料理」あるいは「本膳料理」と称される膳立ての形式が確立した。長享三年（一四八九）二月の奥書をもち、公家の料理故実書としてよく知られている『四条流包丁書』（『群書類従』第一九輯）が説く料理故実と、『武家調味故実』、『大草家料理書』、『庖丁聞書』、『大草殿より相伝之聞書』といった、室町・戦国期に成立した武家の料理故実書の記述には、

表6–1　寛正6年（1465）に将軍（義政）へ進上された食品（春田直紀「モノからみた15世紀の社会」表1より作成、一部省略）

《伊勢氏》
伊勢貞親（政所執事）→冨士海苔、鯉、鱈、鱏《えい》、塩引、あめ鮨、海老、菱食、雁、青鷺、鵠
伊勢貞宗（貞親の子）→鯉、海老、栄螺

《蜷川氏》
蜷川親賢→蛸荒巻、雁

《守護家》
畠山政長（管領、河内・紀伊・越中守護）→海鼠腸、背腸
山名持豊（播磨・但馬守護）→播磨崑若、播磨鯛
山名兵部少輔→干鮎
細川持久（和泉半国守護）→鯛酒浸
細川成之（阿波・三河守護）→海月、長鮑
一色義直（伊勢・志摩・丹後守護）→海松、鱏、鱶《ふか》
土岐成頼（美濃守護）→鱸、鱶、鮭、鮎鮓、田螺、貝鮑、鴻《おおとり》

《守護代家》
斉藤利藤（美濃守護代）→根深、山葵、鯉
伊庭貞隆（近江守護代）→納豆
神保長誠（紀伊奥郡守護代）→海鼠腸

《その他の武家》
本間河原田時直（佐渡）→糒、海苔、蛸

《国司家》
姉小路勝言（飛驒国司）→雉荒巻、羚羊皮
姉小路之綱（庶流向氏、飛驒）→筍干

《奉公衆クラス》
朽木貞高（近江）→山芋、塩引、鳥
佐々木加賀四郎（近江）→納豆
陶山次郎（備中国小田郡陶山）→干鯛
進士隠岐→鮭　進士美濃→鱈、海老
長野（伊勢）→鯨荒巻、鮑、雁
関安芸入道性盛（伊勢）→新茶
宇都宮刑部少輔→羚羊、羚羊皮

《寺社・僧侶・神官》
花頂門跡→久喜
松源院（大徳寺塔頭、禅親）→丹瓜
松梅院（北野天満宮社僧）→牛房
東山法輪院→納豆
宝聚院→茶
行泉坊（延暦寺）→江瓜
仏地院（三井寺）→茶
松林院→和瓜
岩田円明寺・原金光寺（伊勢）→唐納豆、海苔
東山太子堂（白毫寺）→蜜柑
閼伽井坊（栂尾）→久喜、覆盆子《いちご》、茶
栂尾田中坊→久喜、新茶
蟠根寺→茶
伊豆円成寺→椎茸、海苔
厳島→煎海鼠
春日社御師→粽、和瓜、園豆、白壁、鯉
松尾社御師→丹瓜
智言侍者→杏仁

共通する部分が多い。食材には、公家の膳と同様、獣肉は全く見えない。

大永《だいえい》八年（一五二八）以前に伊勢貞頼が相伝していた故実書『宗五大草紙《そうごおおぞうし》』（『群書類従』第二二輯）には、室町殿が伊勢氏の屋形を訪ねたとき、三献ののち、本膳以下、五の膳まで出たと伝えている。こうした、将軍が臣下の邸宅を訪ねる御成《おなり》の宴席に出された食品の数は、多い時には一〇〇種類近くにも達したが、その多くは海産物で、鳥は雁・鴨・菱喰《ひしくい》などがみえるものの、獣肉は全く見えない。その後の御成もほぼ同じで、永正《えいしょう》十五年（一五一八）に足利義稙《よしたね》が畠山邸へ御成した時のことは『畠山亭御成記』、永禄《えいろく》四年（一五六一）の足利義輝が三好邸へ御成した時の様子は『三好亭御成記』、足利義昭の朝倉館御成は『朝倉亭御成記』といった記録があり、膳立てもわかるが、その様式や献立の内容には大差が無い。(34)

鷹狩の卓越化

武家の首長は獣を獲物とする巻狩をおこなわなくなったが、相対的に鷹狩の重要性は高まった。前章でみたように、鎌倉幕府は何度も鷹狩禁止令を発したが、それは当時、盛んに鷹狩がおこなわれていたことを示すと同時に、幕府も鷹狩に政治文化としての価値を認め、それを統制しようとしていたことを示している。

建武《けんむ》元年（一三三四）八月に掲げられたという『二条河原落書』（『建武年間記』所収）は、鎌倉末・南北朝期の内乱によって伝統的な権威・権力が動揺し、下剋上の成り上がり者がめだつようになった当時の京都の雰囲気をよく伝えている。「此比都《このごろ》ニハヤル物、夜討、強盗、謀綸旨《にせりんじ》、召人、早馬、虚騒動、生頸、還俗、自由出家、俄大名、迷者」、「追従、讒人、禅律僧、下克上スル成出者」と都の群像をあげつらね、その中程に「尾羽ヲレユガムエセ小鷹、手ゴトニ誰モスエタレド、鳥トル事ハ更ニナシ」とみえる。鷹狩の真似事をしようとする者が増えたのは、当時、鷹狩が権勢の象徴とみなされていたからにほかならない。南北朝の動乱を描く『太平記』は、建武の新政における千種忠顕の奢侈ぶりを語るなかで、「宴罷で興に和する時は、数百騎を相ひ随へて、内野北山辺に打出て、犬を追い出し小鷹狩に日を暮し給ふ」と記している（巻第一二「千種殿幷文観僧正奢侈事付解脱上人事」）。

義満政権下の応永《おうえい》七年（一四〇〇）、信濃で勃発した大塔合戦について語る軍記『大塔物語《おおとうものがたり》』は、信濃守護小笠原長秀が国務を執行するために善光寺近くの守護所へ向かう様子を記す際、長秀が優れた鷹を据えていたことを詳述している。信濃は、良質な鷹の産出国でもあって、北信濃の市河氏が伝えた応永四年（一三九七）七月二日の「二宮是随奉書」（本間美術館所蔵）によれば、市河氏が知行していた信越国境に近い志久見山の巣鷹は守護からも注目されていた。信濃守護代「是随」＝二宮氏が、小笠原長秀の前の信濃守護斯波義将の命令を通達したもので、市河興仙（頼房）が知行する山において、市河氏の許可なく巣鷹を獲る者がいれば、それは「盗賊」として「公方」が処罰する、という。(35) 室町殿も各地の大名から鷹の献上をうけるようになり、(36) 鷹およびその獲物の献上・下賜が、重要な政治文化となった。

鷹の獲物の卓越化

『四条流包丁書』のなかに、食材の序列を記す「美物上下の事」という部分がある。「上は海の物。中は河の物。下は山の物」としているが、「何にても鷹の取たる鳥をば賞翫勝たるべし」とあって、鷹で捕獲した鳥は最上位の食材とされていた。配膳についても次のように記している。

美物を拵《こしらえ》て出すべき事。参るべき次第はびぶつの位によりて出すべき也。魚ならば鯉を一番に出すべし。（中略）但し、鷹の鳥の事は双ぶべき物これ有るべからず。

食材の序列どおりに配膳するべきで、魚ならば鯉が一番だが、「鷹の鳥」すなわち鷹狩の獲物にならぶ食材はないという。

贈答に添えられる書札礼《しょさつれい》の故実もみてみよう。守護大名土岐家の関係者が永正八年（一五一一）に「旧老之談話」と「多年」の「見聞」をまとめた故実書『家中竹馬記』（『群書類従』第二三輯）には、酒肴を贈るときに添える目録の書き方について、次のような説明がみえる。

樽《たる》美物等の目録の次第。魚は前。鳥は後ろ也。魚の中にも鯉は第一也。（中略）鷹の鳥、鷹の雁、鷹の鶴などは、鷹を賞する故に、鯉より前に書く也。

記載順は、魚が鳥の前、魚の第一は鯉だが、鷹の獲物はそれよりも前で、どんな食材よりも鷹の獲物を優先すべきだと説いている。鷹狩という狩猟方法が卓越化されただけでなく、その獲物までもが卓越化していた。十六世紀末に成立したと推定される『奉公覚悟之事』(『群書類従』第二二輯)にも、「鳥共、鷹のなになにと書札にもこれを調えるべき也」とあって、鳥を贈るときには鷹が捕獲したものであることを明記することになっていた。

食べ方についても、鷹の鳥には独特な作法が発達した。十六世紀前半に成立した武家故実書『今川大草紙』(『群書類従』第二二輯)は、著者不詳ながら、主人・貴人に対する礼法に重点が置かれており、大名の奉公人を対象とした故実書であったとみられるが、そのなかに「鷹の鳥の喰様《くいよう》。努々《ゆめゆめ》箸にて挟み喰うべからず。手にて喰べし」とある。鷹の鳥は箸ではなく、手で食べなければならなかったらしい。伊勢氏相伝の『宗五大草紙』(『群書類従』第二二輯)も、次のように記している。

鷹の鳥のくひよう。春の鳥にはなんてんの葉をかんながけに敷て、焼鳥にして出し、亭主鷹の鳥のよし申されば、箸を手に持ながら手にてふかぶかと戴き、過分のよし申て、箸持たる方の手にて、はし持ながら、ゆび二にてつまみてくふべし。(下略)

箸をもちながらも、やはり手で「ふかぶかと戴き」、指二本で食せという。鷹の鳥は、調理・配膳のみならず、食事においても特別な作法を必要としていた。鷹あるいはその獲物の献上・下賜が、重

図6–5 『春日権現験記』（14世紀、宮内庁三の丸尚蔵館蔵）に描かれた鷹屋と厨

要な政治文化となったことをよく示している。

室町殿と鷹狩

戦国時代の室町殿、足利義晴・義輝・義昭らは鷹狩を実践し、その獲物を天皇に献上するようになった。将軍義晴は、天文四年（一五三五）三月、後奈良天皇に雉を献上し（『御湯殿上日記』同五日条）、天文十四年（一五四五）二月には、近衛稙家・大覚寺義俊・細川晴元らをともない八瀬に出かけて放鷹（鷹狩）し、獲物の雉を献上している（『言継卿記』同七日条）。同年十二月には、鷹を叡覧に供している（同二十四日条）。

義輝もしばしば京都近郊で鷹狩をおこない、永禄八年（一五六五）二月には正親町《おおぎまち》天皇に鷹の雉を献上しており、それが天皇から皇子（誠仁《さねひと》）等にも下賜されている（『言継卿記』同二十二日条）。周知のとおり、彼らは将軍といってもその権力の自立性は低かったが、だからこそ、武威の象徴でもあった狩猟とその獲物で、みずからが武家の棟梁であることを示そうとしたのであろう。しかし、その狩猟は鷹狩であり、獲物は鳥であった。

最後の室町殿となる義昭も、織田信長に奉じられて入京した永禄十一年（一五六八）の九月二十五日、正親町天皇に雁を献上する。同年十月二十一日に信長が雁を献上すると、同二十五日には義昭が白鳥を献上した（『御湯殿上日記』同日条）。その後も義昭は京都近郊での鷹狩とその獲物の献上をくりかえす。

のちに江戸の将軍は毎年、鷹狩で獲た鳥（特に鶴）を天皇に贈り、その鳥（鶴）が清涼殿東庭（のち小御所東庭）で料理され、天皇に供された（『御湯殿上日記』、他）。これを「鶴の庖丁」というが、この武家から天皇に鷹の獲物を献上する儀礼のルーツは、戦国時代の室町殿にあった(37)。

往来物にみる食材

室町殿に供された献立を伝える史料には、鹿をはじめとする獣肉類が全く見えず、実践する狩猟も鷹狩のみになるが、室町期の武士についても階層差を考える必要がある。当時の武士がことごとく獣肉を口にしなくなっていたわけではない。

南北朝時代、延文《えんぶん》〜応安《おうあん》年間（一三五六〜七五）に成立したと推測される往来物に『異制庭訓往来』がある。最古の写本は天文十四年（一五四五）のもので、『新撰之消息』という題号が付されているが、天和《てんな》三年（一六八三）、京都の書肆小河多右衛門が『異制庭訓往来』と題して刊行してからは、この書名でひろまった。撰者は不詳だが、中流の武家を対象としたものらしく、広汎な分野にわたる語彙を織りこんであり（『群書類従』消息部所収）、その二月十一日状は、次のように「酒肴」の食材を列挙している。[38]

山鳥・水鳥・雁・鵠・雉および鶉・鶬《ヒハリ》鶇《ツクミ》・雀等の小鳥長櫃十枝。
鹿・猪・狢《マミ》・狸・兎・熊・猪子・鹿子等車五両。
鯉・鮒・鱸・鮭・鱒・鮪・鮧《シヒ》・鱓《ハヘ》・鯰・鯛・鰹・鯵《アチ》・鯆《イルカ》・鯖・鮰《ハフ》・鰡《ナヨシ》・鰩《トヒウヲ》・鰻《イシモチ》・鮐《サメ》・鮑《コノシロ》ならびに蛸・石決明《あわび》・蠣・蚌蛤《はまぐり》・蝦蟹・蜆水母《くらげ》等舟五艘。

このあと、昆布や海苔といった海藻、牛房・大根や松茸・平茸などの野菜、金柑・枇杷などの果物、調味料や餅・糒などが続く。鳥の長櫃、魚の舟にはさまれて、「鹿・猪・狢・狸・兎・熊・猪子・鹿子」といった獣がみえる。

室町時代の往来物としてよく知られているのは、一条兼良の『尺素往来』であろう。近年、小川剛生によって伝本研究がおこなわれ、古態をとどめている伝本の本文をもとにして、『尺素往来』の成立は応永三十年（一四二三）前後であり、若き知識人一条兼良が将軍足利義持・義量父子を意識して執筆したものであろうと推定している。[39] そのなかの一通にも、やはり次のように食材が列挙されている。

四足は、猪・鹿・羚《カモシヽ》・熊・兎・狸・猯《マミ》・獺《カハヲソ》等。

二足は、雄・鶉・鳴・鶊《ヒハリ》・鴛・鴨・雁・鵠《クヽイ》・鶴・鷺・山鶏《トリ》・青鷺ならびに卵子等。

魚類は、鯉・鱸・王余魚《カレイ》・魚味鰹《マナカツヲ》・鰐・鯨鯢《クチラ》・海鹿《イルカ》・赤鯛《タイ》・腹赤《ハラカ》・多楽・名吉・雨ノ魚・剣魚《タチノ》・鯵・鱧《ハム》・鰑《スルメ》・鰤・鯖・鮭・鱒《マス》・鮒・鮎・鯰《ナマツ》・鱣《ウナキ》・氷魚・白魚・石臥・鯷《ヒシコ》・魚ならびに雑魚等。

貝類は、鮑《アハヒ》・螺《ニシ》・牡蠣《カキ》・蚌蛤《ハマクリ》等。

このほか海老・海鼠・海月《クラケ》・穂屋《ホヤ》・烏賊《イカ》・擁剣《カサメ》・蟹《カニ》・蛸《タコ》等済々尋ね出し候也。


このあと、加工食品や酒、調度品などが続く。「四足」、「二足」、「魚類」、「貝類」と分類されていることも興味深いが、注目しなければならないのは、その筆頭が「四足」で、「猪・鹿・羚・熊・兎・狸・猯・獺」と、様々な獣があげられていることであろう。往来物が、知っておくべき語彙を列挙するもので、必ずしも実態をそのまま伝えるものではないこと、他の史料で「猯《まみ》」すなわちアナグマや「獺《かわうそ》」などが食べられていることを裏付けることは困難であることなどを勘案すれば、これらの獣肉が実際にどの程度食べられていたかは、慎重に考える必要がある。しかし、当時これらの獣肉が食材だと考えられていたことはまちがいない。

狩猟の階層差

在地社会では、神事（供物）、害獣駆除、食料・皮革の調達などのため、獣猟は必要不可欠な生業のひとつであった[40]。先に見た畠山邸の人夫のように、鹿肉を食べる者もめずらしくはなかったはずである。室町殿が巻狩せず、鷹狩が卓越した政治文化になったからといって、獣を狩り、その肉を食す文化が消えたわけではない。確かに、室町殿の矢開では鹿を用いていなかった。武士の狩猟にも階層差があったということに注意が必要である。

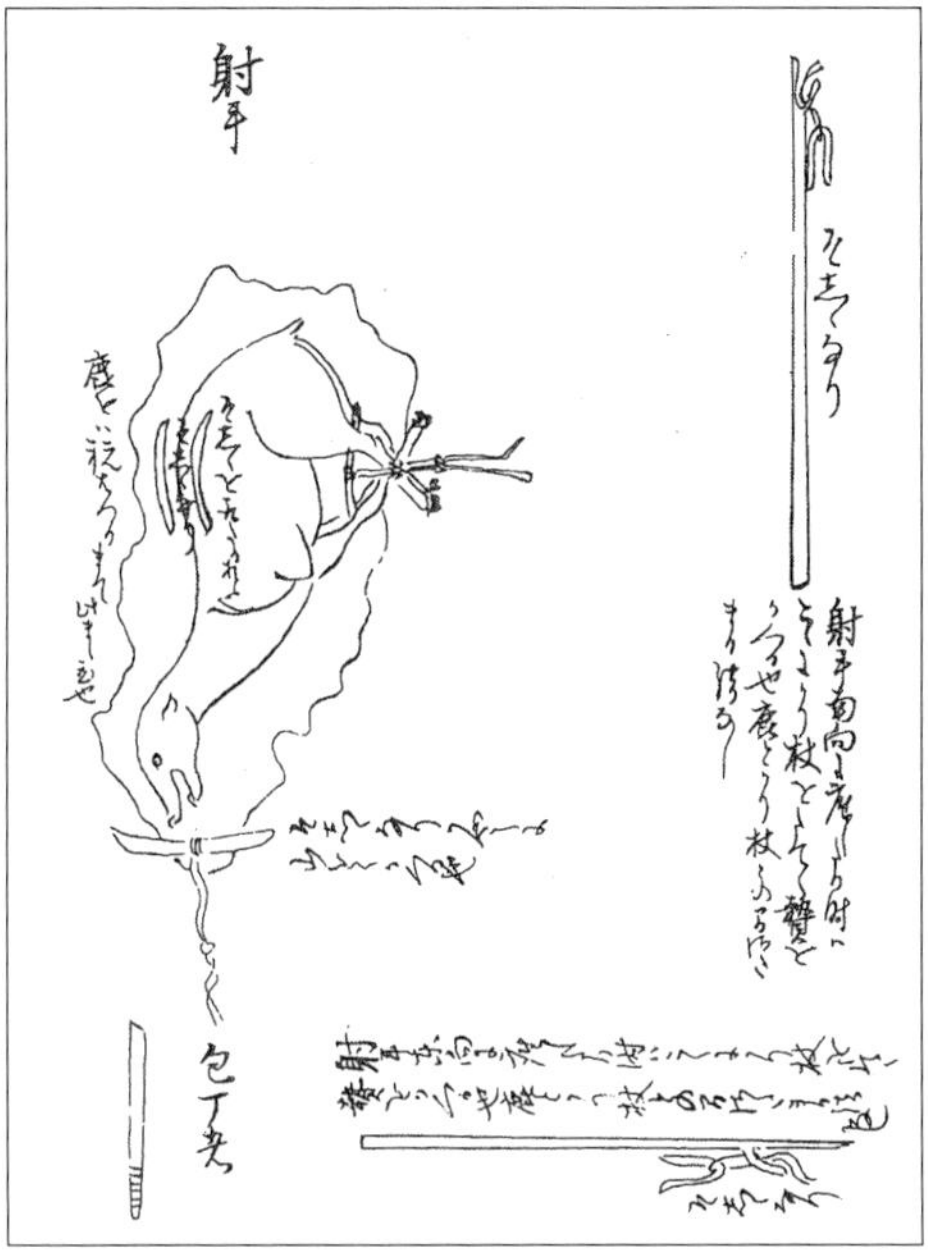

図6‒6　鹿の矢開の図（『弓馬集書』、国立公文書館蔵）

鹿を狩る武士もいたことも確認しておきたい。『就狩詞少々覚悟之事〈今狩詞記と称す〉』（『群書類従』第二三輯所収。以下、『狩詞記』）に「かりと云は鹿がりの事なり」という文言があることはよく知られている。『狩詞記』も、いつ頃成立した故実書か判然としないが、尊経閣文庫には『狩詞記』とよく似た内容をもつ『狩詞』と題される本が五点所蔵されている。そのうちの「武田元信撰」と伝えられる本（一一‐

一二〇書射）は、「大永四年（一五二四）十一月廿八日」の奥書がある。また、「天文廿三年（一五五四）霜月廿八日」の奥書をもつ本（一一‐一一九書射）は、武田元信（一五二一年没）自筆の「証本」を写したという。(41)十六世紀初めには、『狩詞記』のような故実書も流布していたと考えてよく、その頃、鹿狩りの故実を学ぶ武士たちがいたことを物語る。

先にみたとおり、『矢開之事』が、ことさら「鹿は公方様にはあげ申さず」と記しているのも、鹿の矢開をおこなう武士がいたからにほかならない。『狩詞記』にも「矢開に用る物の事、取分一にし、、二に雀なり、し、をば身を取てまな板にすゆるなり、かのし、の事なり」と、『矢開之事』の「追記」と同様の説明がある。もちろん鹿の矢開について詳しく説明する故実書もあった。成簣堂文庫小笠原家本の『矢開之次第』には、「鹿の焼くしにハかや《櫃》を用へき也」など、鹿の作法に関する説明が少なくない。(42)

また、同文庫の『矢開聞書』は室町末期の写しとみられるが、(43)「鹿の矢開事」という部分があり、図入で詳しく作法が解説されている。これは近世の故実書にもとりこまれており、国立公文書館所蔵の『弓馬集書』（全二二冊、請求番号一五四‐一八八）第一四冊「矢口開之事」のうち「鹿之矢開之事」は、「かり杖」に「贄」として「そしし（背肉）」をかける故実なども説明している（図6‐6）。

実践された鹿狩

嘉吉《かきつ》三年（一四四三）九月二十二日、美作国守護の山名教清が鞍馬寺に参詣した。教清の家人（家臣）たちは、京都と鞍馬の中間地点、鞍馬路沿いの市原野で坂迎《さかむかえ》（酒宴）の準備をして、教清が鞍馬寺から降りてくるのを待っていたが、この時、市原野の郷民は鹿狩の最中で、郷民の放った矢によって手負いとなった鹿が教清の家人たちのところへ走ってきた。家人たちはこれを捕らえようとしたが、郷民たちも「一矢」を射た獲物を譲らず、両者は鹿を取り合い、口論から喧嘩となり、弓矢の射ち合いとなってしまった（『看聞日記』同日条）。教清の家人たちは、この鹿を坂迎の肴にしようと思ったのだろう。

大名のなかにも京都以外では獣猟を実践する者がいた。例えば、管領細川政元は、近江や丹波で鹿狩を行っていた。長享元年（一四八七）九月、将軍義尚が近江守護六角高頼を討伐するため、みずから坂本に出陣する。これに従った政元は、同年十二月、琵琶湖畔で大規模な鹿狩を行っており、その様子が京都にも伝わった。『蔭凉軒日録』同月十一日条に「去十日、京兆群衆を集め大猟《おおかり》を作《な》し、鹿七十余頭これを取る。大略大湖に溺れる所を獲ると云々、凡人数三万人と云々」とみえる。

政元は、永正二年（一五〇五）正月にも大津で狩猟をおこなっており、近衛政家の日記『後法興院記』には、「今日、細川右京兆大津に於て狩の事有りと云々、上下二三万人と云々」とみえる（同十九日条）。翌三年の正月には、飛鳥井雅俊らと共に、丹波において鹿狩を行っており、その際、政元は誤って「カリマタ（狩俣）」で人を射殺したという（『尚通公記』同廿一日条）。

畿内近国だけでなく地方へ視野をひろげれば、鹿狩を実践している大名・国衆はめずらしくなかった。例えば、天文十九年（一五五〇）七月二十日の毛利氏家臣連署起請文は、「御成敗」や「喧嘩」、

「忠節」と「御褒美」など、毛利家中の重要な合意事項について一揆契状のかたちで誓約されているが、「山の事」、「河」のこととならんで、「鹿は里落はたをれ次第、射候鹿は追い越し候者取るべきの事」という条文がある。先ほど見た山名の家人と市原野の郷民との鹿の奪い合いのような事態が、毛利の領国内でもしばしば起きていたのだろう。

4 新たな天下と狩猟・肉食

信長の狩猟

織田信長は、上杉氏や東北諸大名から新たな鷹を手に入れ、京都とその近郊で盛大な鷹狩をおこなった(44)。天正元年(一五七三)、足利義昭を追放した後は頻繁になり、天正三年(一五七五)十月、山城一乗寺村で鷹狩をおこなうと、同五年十月にも京都東山で放鷹しており、その翌月には東山での鷹狩とあわせて参内し、天皇に鷹を披露している。翌六年正月には、清洲で鷹狩をして、「鷹の鶴」を天皇に献上している。天正七年(一五七九)二月には、京都東山で鷹狩し、その獲物の「鷹の鶴」や「雁」を人々に配っている。この年は、三・四月に、京都郊外各地で鷹狩を行っており、十一月にも京都で鷹狩をしたことが確認できる(『兼見卿記』ほか)。その後も、天正八年(一五八〇)二月には、一乗寺村で鷹狩をおこなっているし(『御湯殿上日記』ほか)、天正十年(一五八二)正月には獲物

図6–7　上杉本『洛中洛外図屛風』（16世紀、米沢市上杉博物館蔵）鷹狩から帰る武士の一行

を正親町天皇に献上している（『晴豊公記』ほか）。

本拠地の岐阜、のちには安土でも鷹狩をおこなっており、天正九年（一五八一）正月には、鷹の鶴・雁などを安土城下の人々に配っている（『信長記（信長公記）』ほか）。信長自身が鷹を好んだことは確かであろうが、何度も天皇に獲物を献上しているのは、義晴や義輝の先例を意識してのことにちがいない。宴会の献立も、室町期に確立した式正（本膳）の膳立てと同様で、[45] 信長は室町殿のもとで形成された文化をよく理解し、継承していた。

しかし、信長の狩猟が鷹狩だけになったわけではない。近年、『信長記』の写本研究が進展し、尊経閣十五冊本（前田育徳会尊経閣文庫蔵）巻五冒頭に次のような記述の存在が紹介された。[46] これにより、信長は岐阜（稲葉山）で鹿狩を楽しんでいたことが判明したのである。

稲葉山だちぼくにおゐて御鹿狩と号し御触これ在り（中略）各々弓・鉄炮を以て山々谷々鹿猿余多《あまた》狩出し、爰《ここ》か

しこにて射殺し候也、信長御前へ鹿共懸通り候処に、御弓ニ而《て》射留めさせられ、御祝着不斜《なのめならず》
候、（中略）其の日の物数七十八頭也。（下略）

元亀《げんき》三年（一五七二）、稲葉山すなわち岐阜城の東麓に位置する「だちぼく（達目）」で「御鹿狩」があり、家臣が弓・鉄砲で山や谷から追い出した鹿などの獣をここかしこで射殺した。信長の前を鹿が通過したので、信長みずから弓で射止め、機嫌をよくしたという。その日の獲物は七八頭であったというから、かなり大規模な狩猟であったとみてよいだろう。現在よく読まれている池田家本『信長公記』にこの記事は無く、これまで信長の鹿狩については全く議論されてこなかったが、信長は実戦で用いる武力を獣にむける巻狩の文化を保持していた。同時に彼は、京都の伝統的な文化についてよく理解しており、本拠地岐阜では鹿狩、京都近郊では鷹狩と、狩猟パフォーマンスを使い分けていたことがわかる。(47)

秀吉の鷹狩

天正十三年（一五八五）、関白に就任した豊臣秀吉は、翌年太政大臣となり、天正十六年四月には後陽成天皇

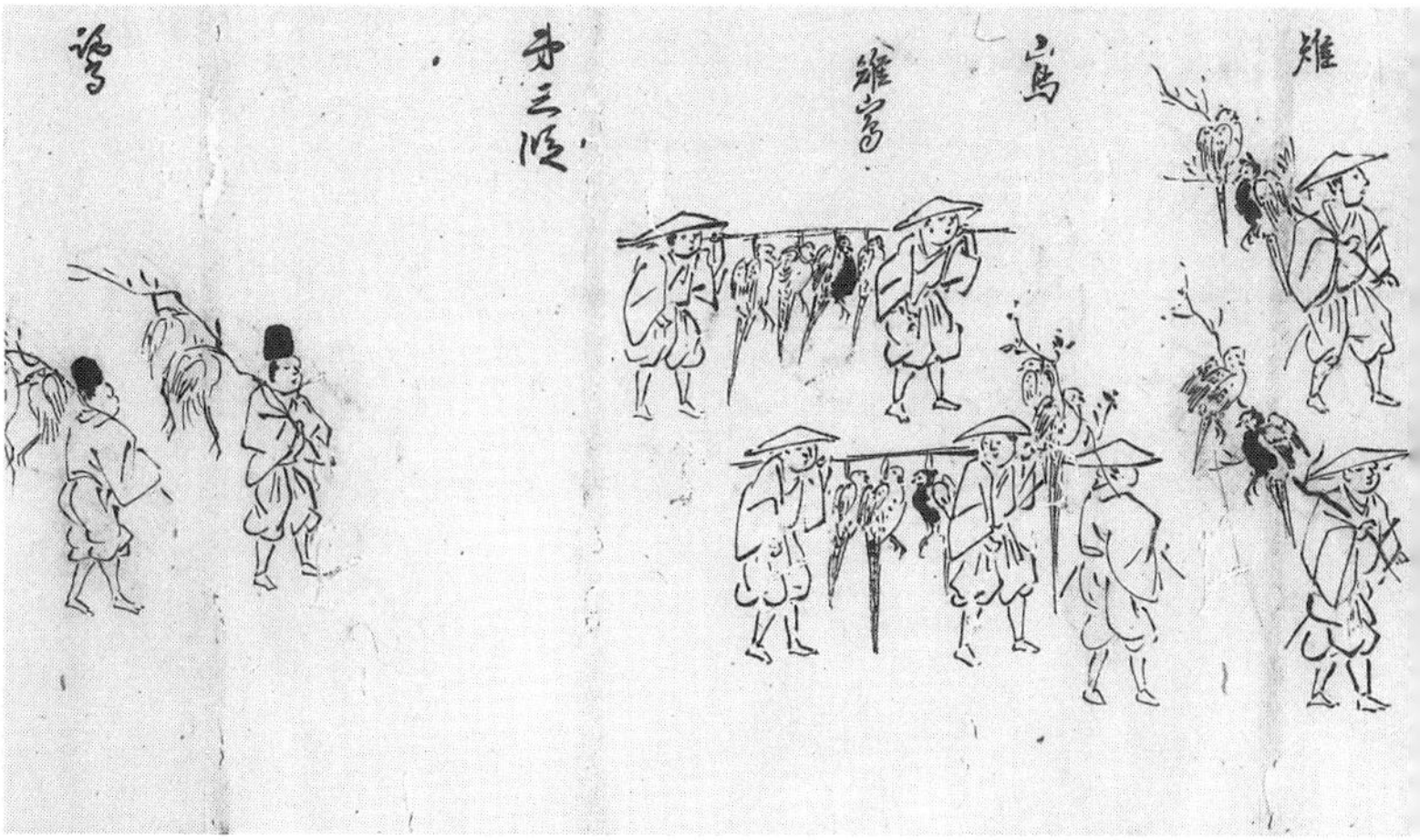

図6–8　『秀吉鷹狩絵巻』に描かれた獲物（17世紀、京都大学総合博物館蔵）

の聚楽第行幸を実現させ、諸大名に天皇と秀吉への忠誠を誓わせる。秀吉が毎年「鷹の鳥」を献上するようになるのは天正十五年からで、翌十六年正月十七日には清涼殿で秀吉献上の鶴が料理された（『御湯殿上日記』同日条）。秀吉自身、鷹を好むようになったことは、徳川家康の家臣松平家忠の日記同年三月晦日条に「関白様御鷹すきにならせられ候て此方より御鷹まいり候」とみえることからもあきらかであるが、武家関白体制[48]という前代未聞の政権を創出した秀吉にとって、鷹とその獲物の献上は、単なる娯楽ではなく、「天下人」と天皇の関係を示す政治文化であった。

天正十九年（一五九一）十一月、秀吉は、美濃・尾張・三河で大規模な鷹狩を催すために、京都を出発した。多数の鷹と「御鷹匠衆百五十余人」、大名・臣下を従え、一カ月余におよぶ大鷹野（大規模な鷹狩）であった[49]。かつて信長が三河の吉良で鷹狩をおこなったことを先例として意識していたのかもしれないが[50]、政治的な意義は格段に高まっていた。秀吉は、事前に諸国に命じ、大量の「鷹の鳥」を大津へ集めさせ、帰路それを人々に見せつけながら京へ入る。その盛大な行進を天皇・公家にも見物させ、獲物を彼らにも配った。太田牛一が記した秀吉の伝記『太閤さま軍記のうち』によれば、秀吉は入京すると、わざわざ内裏の南から西へまわって聚楽第へ向かい、公家だけでなく天皇にも盛大な鷹狩からの帰還を見物させている。さらに、公家たちと饗宴を催し、天皇・上皇にそれぞれ、「御鷹の鳥」として雁三十・鶴二・雉子百などを献上したという[51](図6－8)。

秀吉にとっては、朝廷との関係を再生産し、それを人々に示し続けることが重要だった。近世の政治体制は、実権を掌握した武家の力と、天皇を中心とする古典的な秩序とのハイブリッドであり、「鷹の鶴」の献上と「鶴の庖丁」は、そうした公武の関係を象徴している。かつて武家の首長は鹿や猪を獲物とする巻狩でその実力を示し、地方の大名のなかには獣猟を実践する者がいた。しかし、京都の伝統的な権威をふんだんに利用してつくられた新たな「天下」の一面は、鷹狩で象徴されることになったのである[52]。

一五七七年に来日し、一六一〇年に追放されるまで、天下統一の時代をつぶさに見聞したイエズス会宣教師ジョアン・ロドリゲスが、一六二〇年代前半にまとめた『日本教会史』第一巻第七章第二節「日本にいるいろいろな種類の動物と鳥について」において、鷹とその獲物の卓越化について詳細に報告している。

領主や貴族は自分の邸内に、鷹、あおたか、隼のような、それを使って猟をする多くの種類の猛禽をはじめ、その他大小の鳥を多く飼っている。（中略）彼らは、鷹狩と、それで捕えた獲物を贈物とすることにきわめて熱中し、彼らの間では、そのことに高い敬意と名誉をかけているのであって、それを食べる際には、特殊な方法と儀式による。これらの鳥を使って天下殿のおこなう儀式ばった狩猟がある。[53]

徳川三代の狩猟

徳川家康も鷹狩を好み、鷹や鷹の獲物の献上・下賜は、支配を象徴する国家的な儀礼になった。秀忠・家光もよく鷹狩をおこない、天皇に将軍の鷹で捕獲した「御鷹の鶴」を贈ることも受け継がれていく。[54] 江戸の将軍から、京都の天皇へ「御鷹の鶴」が献上されたことは、のちに天皇の委任によると解釈される「大政」を象徴していたと言えよう。では、鹿や猪を獲物とする巻狩が権力と無関係になったかといえば、そうではなかった。家康・秀忠・家光は、「天下」を創出した軍事力をそのまま誇示する大規模な巻狩もおこなっている。

慶長十年（一六〇五）、家康は岐阜稲葉山で大規模な鹿狩をおこなった。岐阜城は、関ヶ原の合戦の翌年、家康によって廃城とされていたが、慶長十年、秀忠が征夷大将軍就任した後、京都から江戸へ帰る途中、家康はその地において鹿狩をおこない「鹿七十七頭」を捕獲したという（『当代記』『慶長見聞録』九月廿一日条）。さらに、同十七年（一六一二）二月三日、遠江で鹿狩をおこなった。「勢子五六千人」で獣を追い、「唐犬六七十疋」を放ち、銃の名人を多数召し連れていたので、「猪二三十」を獲たという（『東照宮御実記』附録二四）。

将軍秀忠も大規模な狩をおこなっており、慶長十五年（一六一〇）閏二月十六日、三河の大久保山・蔵王山で「数十里」を囲み、およそ二万人が銃あるいは弓矢で獣を追い、「鹿二十余頭。猪・狐・兎の類もあまた」獲り、翌十七日にも「鹿二百四十頭、猪二十二頭」を獲ったという（『台徳院殿御実記』附録四）。

こうした狩猟は、江戸近郊でもくりひろげられていた。元和四年（一六一八）十一月二十六日、秀忠は板橋の辺りで「鹿三十一頭」を獲っている（同前、四九）。三代家光も板橋の辺りでよく狩りをしており、寛永《かんえい》十一年（一六三四）三月二十日、「銃にて鹿十三頭」を仕留め（『大猷院殿御実記』二四）、翌年十月七日にも板橋で「鹿五百余頭（千三百頭とも）」を獲り、その鹿を江戸府内の市街に下賜したという（同前、二九）。当時の江戸では、鹿食がほとんど忌避されていなかったのだろう。

寛永二年（一六二五）十一月三十日、家光が牟禮野城山（三鷹市新川天神山付近）でくりひろげた狩猟は、「二千五百歩」という広大な土地を「列卒諸隊」が囲んで網を張る大規模なもので、獲物は「鹿四十三頭、兎一頭」であったという（同前、五）。正保《しょうほう》元年（一六四四）三月二十二日に小園・猪山・柿木山（杉並区北西部）でおこなった狩でも「猪十六頭」を捕獲した（同前、五六）。

狩猟図としての『江戸図屏風』

国立歴史民俗博物館所蔵の『江戸図屏風』は、寛永年間(一六二四〜四四)の景観を描いているとする説が有力で、同館の炭素一四年代測定でも、本紙の年代は寛永十七年(一六四〇)以前という数値が出ている。[55] 寛永年間に将軍家光を顕彰する意図で制作された屏風絵だとすれば、画面随所に顔を隠して描かれている貴人は家光にほかならない。明暦《めいれき》三年(一六五七)の大火以前の江戸の都市景観を描いた数少ない絵画作品であることから、都市史や城郭史の研究においても貴重な史料として分析されてきた。[56] 様々な動物が描かれていることも指摘されているが、[57] 画面全体に占める割合からみて、狩猟が重要な題材として描かれていることはあきらかで、この屏風絵は狩猟図であったと言っても過言ではない。

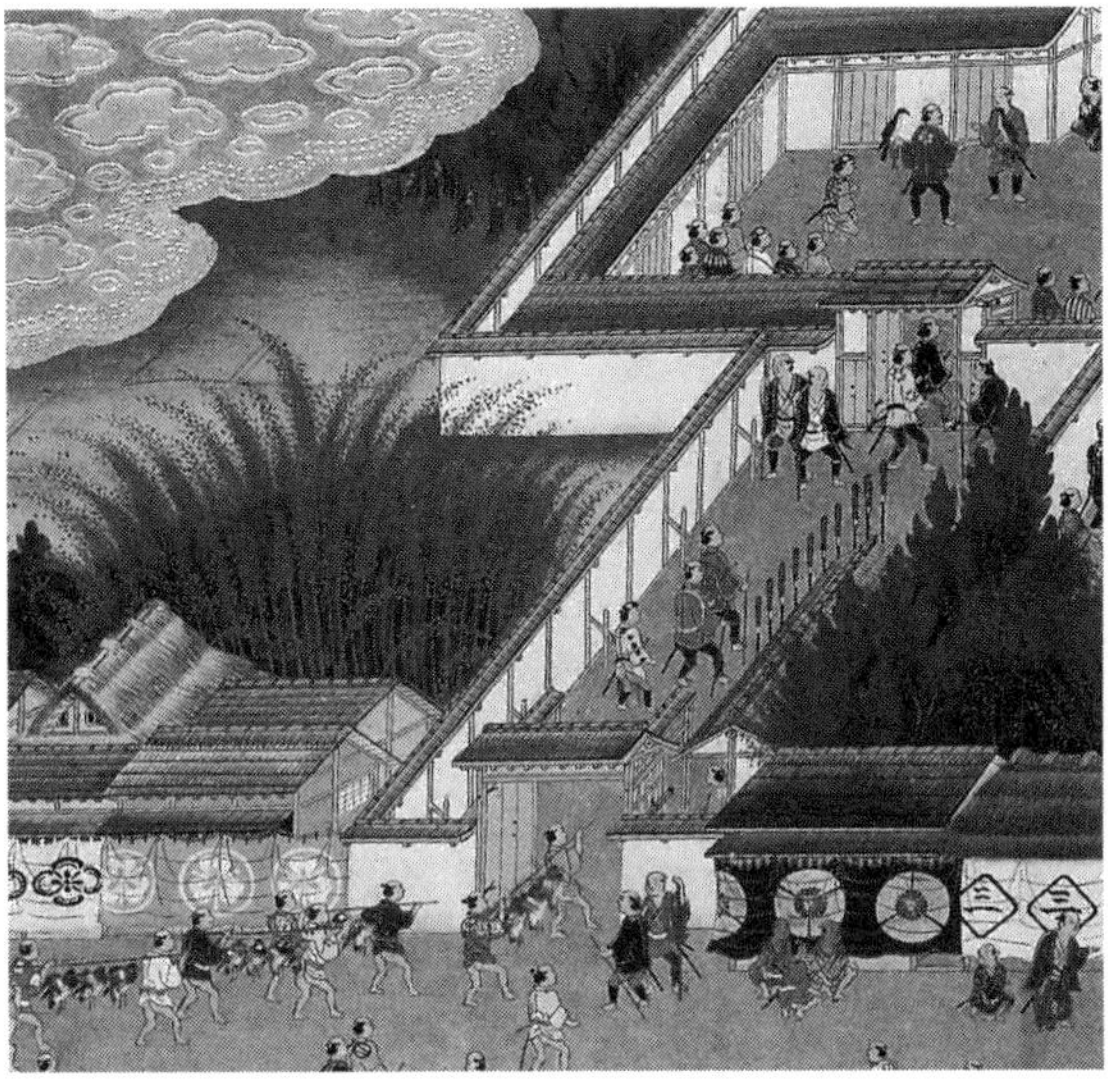

図6–9 『江戸図屏風』(17世紀、国立歴史民俗博物館蔵)鴻巣御殿

六曲一双のうち、右隻の第一扇下方には、「鴻巣御殿」が描かれている。将軍家光が狩猟などの拠点とした御殿のひとつで、その内部には鷹を据えた鷹匠と鷹屋とおぼしき建物がみえ、

街道から御殿へ、竿に懸けられたおびただしい数の鳥（獲物）が運ばれている（図6－9）。
ここに続く第二扇下方には、「鴻巣御鷹野」と押紙された行列を描く。鷹狩に向かう家光の行列で、その先頭はひときわ大きな鷹を据えた鷹匠たちである。第二扇上方には川越での川狩と御仮屋の様子を描くが、その下、第二扇から第三扇にまたがって川越城が描かれている。城内には鴻巣御殿同様、鷹を据えた鷹匠と鷹屋とおぼしき建物、門の近くには獲物を運ぶ一行がみえる。確かに家光は、盛大な鷹狩を継承していた。

しかし、右隻で最も目立つのは第一扇から第二扇にかけて描かれている猪狩である。「洲渡谷御猪狩」と押紙されたその場面が画面に占める大きさは、左隻に描かれている江戸城に匹敵するから、重要な画題であったことはまちがいない。「洲渡谷」（須戸野谷。現在の埼玉県吉見町）で、唐犬に鹿や猪を追わせる様子を、緋色の傘をさしかけられた家光が見ている。家光は寛永八年（一六三一）に川越で猪狩を行っているので、その様子を描いたものだろう。その上（右隻第一扇上方）には、「洲渡谷御猪御仮屋」と押紙された幔幕の内で、狩りの獲物が料理されており、その横では解体された鹿

図 6–10　『江戸図屏風』（17 世紀、国立歴史民俗博物館蔵）御猪狩御仮屋

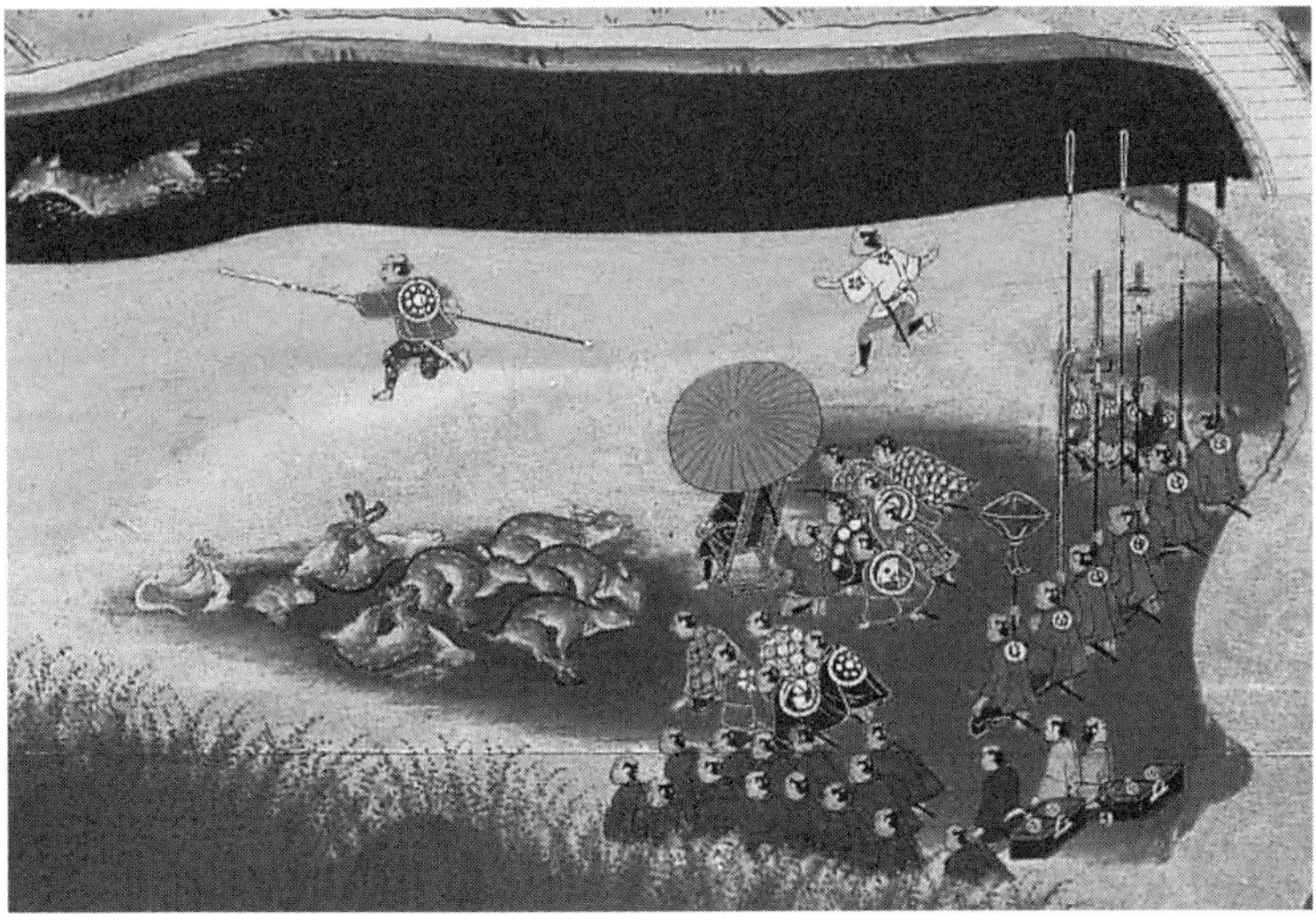

図 6–11　『江戸図屏風』（17 世紀、国立歴史民俗博物館蔵）三宮司御猪狩

猪の脚部が分配されている。獲物の獣はたしかに食材と化していた（図6－10）。

第五扇上方には「三宮司」すなわち石神井《しゃくじい》での「御猪狩」が描かれている。槍や鉄砲で鹿を狩り、家光の足下には捕獲された鹿などが脚を括られてころがされている（図6－11）。見逃せないのは、第三扇下方に描かれた「板橋」の鹿の群れである。先述のとおり、家光は板橋でも鹿狩を行ったから、いずれ獲物となる鹿を描いたのだろう。

武士は転身したか

江戸の将軍の狩猟といえば鷹狩について論じられることが多い。しかし、鷹狩は徳川の「天下」の一面を象徴しているにすぎなかった。彼らは、天下を創出した軍事力をそのまま誇示する巻狩で関東に君臨する王としてみずから獣と渡り合っていたのである。

鎌倉から室町、そして江戸まで武士の狩猟・肉食を通覧してみると、武士の多くが「狩猟民的な肉食を否定」したわけではなかったことがわかる。鷹の鳥を禁裏（天皇）に献上するという儀礼的な狩猟は、戦国期の室町殿から江戸幕府まで連続していた。しかし、徳川三代は室町殿が実践しなかった四つ足獣を獲物とする大規模な狩猟まで盛大にくりひろげ、その肉を江戸市中に下賜している。肉食忌避は近世にピークを迎えるとされるが、階層差や時期を見極めなければならないだろう。

五代将軍徳川綱吉は狩猟をおこなわず、鷹場や鷹狩に関する役職・制度を縮小、やがて廃止し、犬の愛護、捨牛馬の禁止や食用魚鳥の飼育禁止など、殺生禁断をひろく厳格に命じた。いわゆる「生類憐みの令」である。愛護の対象となった生類は、牛・馬・犬・猫・猿・鶏・亀・蛇・鼠やあらゆる鳥類・魚貝類に及び、幕府御台所での魚貝類・海老の使用も禁止された。[58]その徹底ぶりは、江戸幕府の権力がそれだけ強大になっていたこと、江戸だけでなく各地の城下町も中世とは比較にならないほど、安定した豊かな時代を迎えていたことを如実に示すものと言えよう。同時に、鉄砲の管理を厳格化し、野獣の捕獲と利用を猟師に限ったことは、貞享元年（一六八四）に公布した服忌令《ぶっきりょう》で「穢」観念を幕府公認としたこととあわせて、差別を強化し、身分を固定する役割を果したに違いない。[59]

「生類憐みの令」は、六代家宣によって解除され、八代将軍徳川吉宗は、将軍の狩猟を復活させる。[60]巨大城下町江戸には、日常的に獣肉を口にすることができる店舗も出現した。[61]江戸時代後期の国学者小山田与清《ともきよ》の随筆『松屋筆記』は、文化末年（一八一八）〜弘化二年（一八四五）頃の約三十年間、諸書から関心を持った記事を抄出し、考証・評論を記したものであるが、その九七に「肉市」という項がある。

> 文化文政年間より以来、江戸に獣肉を売家《うるいえ》おほく、高家近侍の士もこれを啖者《くらう》あり、猪肉を山《やま》鯨《くじら》と称し、鹿肉を紅葉《もみじ》と称す、熊、狼、狐、狸、兎、鼬鼠《いたち》、鼯鼠《むささび》、猿などの類、獣店に満て、其《そ》處《こ》を過るにたへず、又蝦蟇《がま》を啖者あり、いづれも蘭学者流に起れる弊風《へいふう》也、かくて江戸の家屋に不浄充満し、祝融《しゅくゆう》の怒に逢事《あうこと》あまたゝび也、可哀可歎《かなしむべしなげくべし》、

江戸に獣肉を売る店が多く、格式の高い武家に奉公する侍のなかにもそれを食う者がいることを嘆き悲しむ与清は、「獣店」の前を通り過ぎるのも苦痛だったようで、獣肉食を「蘭学者」どもが始めた「弊風」（悪い風俗・習慣）だと決めつけている。「祝融」は火をつかさどる神で、国学者たちは獣肉食の「不浄」が家屋に充満すると火の神を怒らせ、火事になると考えているらしい。つまり、江

図6–12　歌川広重『名所江戸百景』から「山くじら」の看板（国立国会図書館蔵）

戸に火事が多い原因は獣肉食だと言うのである。

猪肉を「山鯨」、鹿肉を「紅葉」と称して喰う「高家近侍の士」と、それを「弊風」、「不浄」だと嘆き悲しむ国学者。両者の差異が、身分に対応しているとは考えられない。第一章・第二章でみたとおり、中世には肉食忌避に身分偏差があり、江戸後期にも「貴賤」を「浄穢」と対応させる言説は根強く残存していたが、与清が「弊風」の発信源として問題視しているのは「蘭学者」であった。しかし、「蘭」だけでなく、欧米列強が目前に迫っていた。天皇までもが牛肉を口にすることになる「文明開化」も近い。

註

(1) 原田信男『歴史のなかの米と肉』(平凡社、一九九三年。同ライブラリー、二〇〇五年)。
(2) 服部英雄『河原ノ者・非人・秀吉』(山川出版社、二〇一二年)。
(3) 服部英雄『武士と荘園支配』(山川出版社、二〇〇四年)。
(4) 塚本学『生類をめぐる政治—元禄のフォークロア—』(平凡社、一九八三年。講談社学術文庫、二〇一三年)、同『徳川綱吉』(新装版、吉川弘文館、一九九八年)、同『江戸時代人と動物』(日本エディタースクール出版部、一九九五年)、根崎光男『生類憐みの世界』(同成社、二〇〇六年)、福田千鶴『徳川綱吉』(山川出版社、二〇一〇年)。
(5) 千葉徳爾『狩猟伝承研究』(風間書房、一九六九年)、同『狩猟伝承』(法政大学出版局、一九七五年)。
(6) 石井進『中世武士団』(「日本の歴史」一二、小学館、一九七四年)。

（7）入間田宣夫「守護・地頭と領主制」（『講座日本歴史　3　中世1』東京大学出版会、一九八四年）。
（8）石井清文「北条経時執権期の政治バランス（Ⅰ）～（Ⅲ）」『政治経済史学』三九一・三九八・四〇〇（一九九九年）。永井晋『鎌倉幕府の転換点―『吾妻鏡』を読みなおす―』（日本放送出版協会、二〇〇〇年）、五味文彦「京・鎌倉の王権」（日本の時代史8『京・鎌倉の王権』吉川弘文館、二〇〇三年）などを参照。
（9）平雅行「日本の肉食慣行と肉食禁忌」（脇田晴子／アンヌ　ブッシイ編『アイデンティティ・周縁・媒介』吉川弘文館、二〇〇〇年）。
（10）同右。
（11）今枝愛眞『中世禅宗史の研究』（東京大学出版会、一九七〇年）、鹿苑寺編『鹿苑寺と西園寺』（思文閣出版、二〇〇四年）。
（12）上島有『中世花押の謎を解く』（山川出版社、二〇〇四年）。同書の、「鹿」を象形化した公家様花押の使用開始と鹿王院創建時期が近いという指摘は重要だが、「鹿」の字が使われた理由について、「中原に鹿を逐う」の言をあげて、「帝位・国王を象徴する」から義満が好んだとすることには賛成できない。
（13）干潟龍祥『改訂増補　ジャータカ概観』（春秋社、一九八一年）。
（14）苅米一志『殺生と往生のあいだ―中世仏教と民衆生活―』（吉川弘文館、二〇一五年）。
（15）前掲註（5）千葉『狩猟伝承研究』。
（16）『看聞日記』応永三十一年（一四二四）三月二日条によれば、貞成親王は嫡男彦仁王（六歳）が雀小弓で初めて的に矢をあてた際、ともに射ていた近臣たちと「箭開」と称して祝酒を楽しんでいるが、雀小弓は射的遊戯の一種で、獲物はない。武家の矢開を耳にするようになった室町期の公家が、その真似事をしてみたにすぎないだろう。
（17）二木謙一『中世武家の作法』（吉川弘文館、一九九九年）。

(18) 水野哲雄「室町幕府武家故実家京都小笠原氏の展開」(『九州史学』一四二、二〇〇五年)によれば、「清連」は京都小笠原家の清連。
(19) 同右によれば、「元宗」は清連と同一人物。
(20) 一一-八八書射と一一-九〇書射は、奥に「永雄(花押)」とある。永雄は、若狭の武田信重の子で、建仁寺や南禅寺に住した英甫永雄。両書が若狭武田家に伝来していたことを示す。若狭武田氏および永雄については、米原正義『戦国武士と文芸の研究』(おうふう、一九七六年)参照。
(21) 「持長」は京都小笠原氏の持長、「興秀」は大内家臣の飯田興秀。持長については、二木謙一『中世武家儀礼の研究』(吉川弘文館、一九八五年)、興秀については同右米原参照。
(22) 川瀬一馬『お茶の水図書館蔵 新修成簣堂文庫善本書目』((財)石川文化事業財団お茶の水図書館、一九九二年)によれば、成簣堂文庫の小笠原家本は、細川藤孝(幽斎)の家臣となっていた小笠原秀清(少斎)が所持し、その後、肥後細川家に仕えた少斎の子孫の家にのこった伝書群だという。
(23) 同右によれば、室町中期の写し。同書目の四〇一頁に、巻首と巻末の写真があり、この奥書の翻刻も掲載されている。
(24) 前掲(1)原田『歴史のなかの米と肉』。
(25) 前掲(9)平「日本の肉食慣行と肉食禁忌」。
(26) お茶の水図書館成簣堂文庫小笠原家本『矢開文書』の(三)は、「宝徳三年四月二日　御矢開関係文書」五通からなり、そのなかの「公方様御矢開記録」や「御矢開之時寝殿画図」は、この時の矢開について詳細に説明している。
(27) 近世の故実家たちにはよく知られていたらしく、後述するとおり、近世の矢開故実書にはこの次第の引用が少なくない。そこに付された注釈のなかには、この「成就御所」を親王将軍久明親王の子、のちの守邦親王とするものがある。しかし、守邦は正安三年（一三〇一）生まれで、徳治二年には七歳。「六歳」ではない。また、横溝次郎が親王の子を抱いたとは考えられず、やはり「成就」は高時であろう。
(28)『大日本史料』六ノ一、元弘三年八月十六日条。
(29) 請求番号は特一三一―一。紅葉山文庫旧蔵で、全四六冊・一二軸。特製の木箱に収められ、別に献上書の目録も添えられているという（氏家幹人氏の御教示による）。このほかにも、名古屋市蓬左文庫所蔵の『矢開記』は江戸後期の写だが、そのなかに「矢開之日記」と題して、「鳥ノ餅ノ日記」とほぼ同じ記述がある。また、宮内庁書陵部所蔵『小笠原家伝書』の四『矢開之事』や、静嘉堂文庫所蔵の『矢開之日記』などにも、「鳥ノ餅ノ日記」とほぼ同じ記述がみられる。
(30) 前掲註(21)二木『中世武家儀礼の研究』。
(31) 鈴木由美「金沢貞冬の評定衆・官途奉行就任の時期について」（『鎌倉遺文研究』一七、二〇〇六年）。
(32) 春田直紀「モノからみた一五世紀の社会」（『日本史研究』五四六、二〇〇八年）、同「福井県文書館講演 鯖街道誕生前史―戦国期京都人が求めた若狭湾の美物―」（『福井県文書館研究紀要』一三、二〇一六年）。
(33) 江後迪子『信長のおもてなし―中世食べもの百科―』（吉川弘文館、二〇〇七年）ほか。
(34) 熊倉功夫『日本料理の歴史』（吉川弘文館、二〇〇七年）。
(35) 拙稿「中世の狩猟と鷹捕獲」（白水智編『新・秋山記行』高志書院、二〇一二年）。
(36) 盛本昌広『日本中世の贈与と負担』（校倉書房、一九九七年）、同『贈答と宴会の中世』吉川弘文館、二〇〇八年）。
(37) 拙稿「狩る王の系譜」（中澤編『人と動物の日本史〈2〉歴史のなかの動物たち』（吉川弘文館、二〇〇九年）。
(38) 三保サト子「『異制庭訓往来』の時代性―二月（食品群）と五月（財宝群）の場合―」（『島根女子短期大

学紀要』四五、二〇〇七年)。
(39) 小川剛生「尺素往来の伝本と成立年代」(『これからの国文学研究のために　池田利夫先生追悼論文集』笠間書院、二〇一四年)。
(40) 荒垣恒明「戦国時代の狩猟に関する一考察―『上井覚兼日記』の場合―」(『中央大学大学院論究』二七、一九九五年)、拙稿「村の武力とその再生産」(小林一岳ほか編『戦争I』青木書店、二〇〇四年)。
(41) 前掲註(20)米原『戦国武士と文芸の研究』参照。
(42) 成簣堂文庫の『矢開次第』には合点の付されている条文と付されていない条文があり、『蜷川家文書』附録六五『矢開次第』と対照すると、『矢開次第』は成簣堂本の合点の付されている条文のみ書写された抄出本であることがわかる。成簣堂本『矢開之次第』の合点が付されていない条文には、鹿に関する作法がめだつ。
(43) 前掲註(22)川瀬『お茶の水図書館蔵　新修成簣堂文庫善本書目』四〇七頁。
(44) 山名隆弘「織田信長と鷹狩」(『戦国大名と鷹狩の研究』纂修堂、二〇〇六年)、盛本昌広「戦国期の鷹献上の構造と贈答儀礼」(前掲註(36)『日本中世の贈与と負担』)、長谷川成一「鷹をめぐる北の大名論」(『近世国家と東北大名』吉川弘文館、一九九八年)、前嶋敏「贈答の世界」(新潟県立歴史博物館開館一周年記念展『よみがえる上杉文化』図録、二〇〇一年)、同「贈答品としての馬」(新潟県立歴史博物館平成一五年度秋期企画展『捕る 愛でる 拝む―人と動物展―』図録、二〇〇三年)など。
(45) 前掲註(33)江後『信長のおもてなし』、前掲註(34)熊倉『日本料理の歴史』ほか。
(46) 金子拓『織田信長という歴史―『信長記』の彼方へ―』(勉誠出版、二〇〇九年)。
(47) 信長が室町殿の文化を尊重していたことは、神田千里『戦国時代の自力と秩序』(吉川弘文館、二〇一三年)、同『織田信長』(ちくま新書、二〇一四年)、金子拓『織田信長〈天下人〉の実像』(講談社現代新書、二〇一四年）、同『織田信長権力論』（吉川弘文館、二〇一五年）などが描き出している信長像とも整合的である。

(48) 堀新「信長・秀吉の国家構想と天皇」（池享編『天下統一と朝鮮侵略』吉川弘文館、二〇〇三年）、同『織豊期王権論』（校倉書房、二〇一一年）。

(49) 前掲註（44）山名『戦国大名と鷹狩の研究』。この大規模な鷹狩について、山名氏は次のように指摘した。①徳川家康に対する牽制。朝鮮出兵に批判的な家康は、この時、江戸に帰っていた。②入唐軍進発のことを意識しての大示威的行進。③信長がおこなった天正五年（一五一七）の京都東山での鷹狩と天皇への御鷹披露、さらに天正九年（一五八一）の京都御馬揃の二つから着想したと考えられる。

(50) 信長は、天正四年（一五七六）十二月に三河吉良で盛大な鷹狩をしており（『当代記』ほか）、同五年十二月、同六年三月にも、三河吉良で鷹狩をしたことが確認できる。

(51) 水野裕史「狩野永納筆《秀吉鷹狩絵巻》下絵と勧修寺家」（『デ アルテ』三三、二〇一六年）によって紹介された『秀吉鷹狩絵巻』は、天正十九年（一五九一）の大鷹野を描いたものとみられる。

(52) 秀次は鷹狩もおこなったが、鹿も狩った。京都の伝統的な秩序を継承すべき関白でありながら鹿狩をしたからこそ、秀次を「殺生関白」と非難する言説は生成され、流布したのだと考えられる。前註（37）拙稿「狩る王の系譜」参照。

(53) ジョアン・ロドリーゲス（江馬務ほか訳注）『日本教会史』（大航海時代叢書IX、岩波書店、一九六七年）第三〇章。

(54) 大友一雄『日本近世国家の権威と儀礼』（吉川弘文館、一九九九年）、根崎光男『将軍の鷹狩り』（同成社、一九九九年）、同『江戸幕府放鷹制度の研究』（吉川弘文館、二〇〇八年）、岡崎寛徳『鷹と将軍』（講談社、二〇〇九年）、西村慎太郎『宮中のシェフ、鶴をさばく』（吉川弘文館、二〇一二年）。

(55) 国立歴史民俗博物館編『西のみやこ 東のみやこ―描かれた中・近世都市―』国立歴史民俗博物館、二〇〇七年)。『江戸図屏風』については、鈴木進ほか『江戸図屏風』(平凡社、一九七一年)、小沢弘・丸山伸彦編『図説 江戸図屏風をよむ』(河出書房新社、一九九三)、黒田日出男『王の身体 王の肖像』(平凡社、一九九三年、ちくま学芸文庫、二〇〇九年)、水藤真・加藤貴編『江戸図屏風を読む』(東京堂出版、二〇〇〇年)、小沢浩『都市図の系譜と江戸』(吉川弘文館、二〇〇二年)などを参照。

(56) 大久保純一「江戸の大観イメージ成立に関する一試論」(同右『西のみやこ 東のみやこ』)。

(57) 塚本学『江戸図屏風の動物たち』(歴博ブックレット5、歴史民俗博物館振興会、一九九八年)。

(58) 前掲註(4)の諸書。

(59) 同右。

(60) 横山輝樹『徳川吉宗の武芸奨励』(思文閣出版、二〇一七年)。

(61) 原田信男『江戸の食生活』(岩波書店、二〇〇三年。岩波現代文庫、二〇〇九年)。

おわりに

〈送り〉と「負債感」

この列島における生命観の複雑なありようについて考察する北條勝貴は、人間は古くから他の生命を殺害する「殺生」に対して一種の後ろめたさ、負債感を抱いてきたと考えている。人間は、その精神的苦痛を回避するために、負債感を吐露／払拭する物語を生み出してきたが、動植物への喪葬儀礼である〈送り〉は、東アジアにおけるその典型的な表現だという。

〈送り〉とは、主に狩猟採集社会において、捕獲・屠殺した動物の魂をもてなし、その原郷たる精霊の世界に送り返し、豊饒を祈願する祭儀である。アニミズム的生命観に基づき、生命の本体というべき精霊は生かし、衣服や持物である毛皮・肉のみを得ていると考えられているため、〈殺害〉には該当しない。北條は、豊饒を願う祭儀が〈送り〉という形式を採っていることから、深層レベルに後ろめたさや負債感に基づく謝罪の意味が含まれていると考えているのである。

北條によれば、こうした狩猟・漁撈に関わる心性は、仏教の教説を変質させてしまう強靱さも持ち合わせていたという。中国六朝で発達した神仏習合の論理〈神身離脱〉説は、民間の祠廟の神々を輪廻説に取り込み、前世で悪業を犯したために転生した悪身と捉え、戒律に抵触する酒肉を供えられ、欲望に満ちた祈願を向けられて、日夜苦悶する存在になったものとした。そのため神々は、仏法に帰依して、僧侶の作善《さぜん》による救済を求める。こうした〈神身離脱〉説は、僧伝類を通じてこの列島へ将来され、奈良末～平安初期にかけて、逆に神祇を活性化させるものへ変容し流行したが、やがて殺生禁断思想と本地垂迹説の定着によって、人々の罪業を吸収・浄化する形式へ変貌する。そして、主に狩猟神事を行う本地垂迹の神社（諏訪社・厳島社・阿蘇社など）によって、殺生功徳論として彫琢されてゆくというのである。

当初は、神に供するための畜生の殺生を成仏の善縁として正当化していたが、やがて人間一般の日常的殺生を肯定する方向へ進み、後に諏訪の神文と呼ばれる常套句「業尽有情、雖放不生、故宿人身、同証仏果」を生じてゆく。北條はこのような呪言を生み出さなければならなかったところに、狩猟採集期より続く「負債感」の深刻さを見て取る。ほぼ返済を怠っている意味で、もはや「負債感」と呼ぶには当たらない、「後ろめたさ」だけのものかもしれないが、犠牲となった生命の成仏すなわちよりよい世界への誕生を希求する点では、〈送り〉の心性に通じるものがあるという(1)。

「後ろめたさ」は根源的か

人類の精神構造に狩猟採集社会の痕跡が深く刻み込まれており、それが神話や宗教と密接に結びついていること、殺生功徳論と〈送り〉とに通底する心性が見出せることなど、北條の整理は興味深く、説得力に富む。しかし、北條も「かかる葛藤がなぜ持続するのか説明することは難しい」と述べているように、「殺生」をめぐってはまだいくつも検証しなければならない問題があるように思われる。そもそも、人間が古くからそれに対して「後ろめたさ」や「負債感」を抱いてきたと言えるかどうか、そこから議論の余地があるだろう。

かつて三浦佑之は、アイヌのイオマンテ（熊送り）をめぐる議論のなかで、「動物殺しに罪責感を感じたり、可愛そうだと思うのは〈文化〉であり、日本で言えば、それは仏教の不殺生戒の影響であり、また、近代以降の倫理意識や環境思想の影響であると考えられ」、「本来的に、動物を殺すことに罪責感を持たない文化」が存在する可能性を指摘した。三浦は、「そうした文化では狩猟も漁撈も、そのサチ（幸）は異界の側が人にもたらしてくれるのであり、人が主体的に手に入れることはできない、という謙虚な思想がある」とも述べているが、それと「罪責感」は異なるのだろう。[2]人間は、動物を殺して食べることに、古くから「負債感」を抱いてきたのか、それともそれは後世の〈文化〉なのか。難問のひとつがここにある。

殺生の「面白さ」

苅米一志も、北條と同様、「殺生」を生業とする人々の内面には、本能的な「生類に対するうしろめたさ」が存在したとみている。さらに、僧侶が彼らに対して「殺生」の「罪」を説くこともあったから、その状態で、「神仏への奉仕としての殺生は功徳になる」という殺生功徳論（殺生仏果観）

を説かれたところで、手ばなしで信じきることは難しい。苅米は殺生仏果観について、「安心」というよりは「気やすめ」、罪業観からの「解放」というよりは「微妙な対峙」としてとらえられるのではないだろうかと述べているが、この際、苅米は「殺生」の面白さにも言及している。

人類は、狩猟・漁撈という集団・共同作業によって、問題解決能力をつちかってきた。それはおそらく、人類にとって本能的に「面白かった」はずである。横井清氏は、これを「殺生の愉悦」と表現した。それほどまでに、狩猟・漁撈は人類の本能に大きな位置をしめてきたのである(3)。

苅米が依拠した横井清の論考を確認しておこう。丹念に読み解かれたのは謡曲『鵜飼』であった。旅の僧たちが甲斐の石和《いさわ》川で鵜飼の老人に言葉を掛けると、老人は実は自分はすでに死んで地獄に落ちている者だと打ち明ける。殺生禁断の場所で鵜を使ったのが見つかり、川に沈めて殺されたのだと語り、生前そのままに鵜飼をして見せる。

面白のありさまや　底にも見ゆる篝り火に　驚く魚を追ひ廻し　潜り上げ掬《すく》ひ上げ　隙なく魚を食ふときは　罪も報ひも後の世も　忘れ果てて面白や

鵜が水に潜っては掬い上げて、間も置かずに魚を呑み込むのを見ていると、それが罪であることも、報いがあることも、来世のことまでも忘れ果て、ただもう面白い。横井はここに、忘我の境に没入して「殺生」をなすことの愉悦、そして眼前に繰り広げられる見事なまでの「殺生」の技を、これまた我を忘れて眺めることの愉悦、その双方をみる。「面白さ」は、「殺生」の「はかなさ」と表裏一体の所感として作品の中に位置付けられているが、「はかなさ」の方は仏教の不殺生戒が教えたことであって、さらなる根源に息衝《いきづ》くのは、鵜使いの営みを通じての「殺生」の愉悦だという。その精神的価値が正直に語られているとみる横井は、つぎのような問題を私たちに突き付けた。

「殺生」における愉悦の問題などということは、私たちは得てして目を逸らしがちであったし、こんにちもなおそうである。人として堅持すべき一種の「倫理」観が、過去における「殺生」の問題の考察に際しても自ずとそれを避ける皮膜を私たちの眼球にもたらしがちなのではあるまいか。もしそうだとしたら私たちは、「殺生」によって日々を生きていた膨大な数の人びとの心性、それのほんの一部分しか垣間見てはいないということにもなろう。(4)

人間の根源に冷徹な眼差しを送り続ける、そういう史的考察が求められているという横井の問題提起は、(5) すでに三〇年以上も前のものだが、それは今もそのまま私たちの課題である。

快楽の正体は何か

北條も、人間には「殺害を快楽と捉える性向も存在」していることを認めており、「狩猟の娯楽化、現在におけるスポーツ・ハンティングの流行」などが生じていることを指摘していた。「動植物を自らの手で殺害し、解体する直接的経験の生々しさが残っていれば、負債感や後ろめたさは容易に消滅することはないだろう」と考える北條は、特に近代以降、〈無痛文明〉化が進み[6]、自然と人間の間に様々な文明的要素が介在するようになり、痛みや不快感が緩和され快楽のみが追求される情況になっているとみているから、狩猟の娯楽化やスポーツ・ハンティングの流行も、そうした近代以降の快楽追求として理解可能だということになるのだろう。しかし、横井は「仏教の不殺生戒」よりも「根源に息衝くのは」、「殺生」の「愉悦」だと考えた。苅米も、狩猟・漁撈は「人類にとって本能的に」「面白かった」はずだという。問題は、近代以降に限定することなどできそうにない。「殺生」の「愉悦」、その「面白さ」とは、どのような心性だったのだろうか。横井は、「捕鳥も、魚の猟も、四足獣の猟も」、それぞれに携わる人々にとっては、「己が心に愉悦をもたらすもので」、「工夫を凝らし、道具を鍛え、技を磨いて」獲物を摑むことは、「まことに心楽しき所行」だったという。同様のことは、民俗学でも指摘されている。柳田國男は、日本民俗学の嚆矢とされる『後狩《のちのかり》詞《ことばの》記《き》』の「序」で、「殺生の快楽」について次のように述べていた。

殺生の快楽は酒色の比ではなかった。罪も報いも何でもない。あれほど一世を風靡した仏道の教えも、狩人に狩を廃めさせることのきわめて困難であったことは、『今昔物語』にも『著聞集』にもその例証がずいぶん多いのである。

この「殺生の快楽」について柳田は、「射当てた時の歓びはつまりいわゆる技術の快楽である。満足などという単純な感情ではない(7)」と明言している。しかし、「工夫」して「道具」を調え、「技」を磨いて何事かを成し遂げる、そこに「技術の快楽」があると言うのであれば、それは「殺生」に限らず、他の生業であっても存在するだろう。生き物の命を奪うことに「快楽」を感じているのか、それとも技術の実践に「快楽」を感じているのか、そもそも、その両者をはっきりと区別することが可能なのか。難問である。

人と野生動物の交渉史を研究し、『狩猟伝承研究』をまとめた千葉徳爾は、みずからを「地理学者」としていたが、千葉の教え子のひとりでもある大塚英志によって、千葉は「民俗学者」と名乗ることに抗い続けた柳田國男の最も正統な弟子であり、柳田の「殺生の快楽」論も受け継いでいたことが指摘されている(8)。千葉の『たたかいの原像』には、「昭和三十年代に大隅半島で狩猟伝承を調査していて、戦争は猟と同じでとても面白いものだ、と公言する海軍上がりの狩人に出会って一驚した」といった叙述もあるが(9)、その「面白さ」の正体が何なのか、その答えが解説されているわけではない。

ヒトと野獣の「たたかい」から、ヒトとヒトの「たたかいの原像」について考えた千葉の研究は、

「いのちのやりとり」すなわち「食うか食われるか」の関係に立ってはじめて感じる何かがあるのだろうと想像させる。その感情が「快楽」なのかもしれないが、それにしても人間ないしは大型獣に対峙したときのことで、例えば鵜飼は鮎と「いのちのやりとり」をしていると感じているだろうか。狩猟・漁撈の心性には、実践の様態、時代や地域、身分・階層などによって様々な差異があるはずで、例えば、みずから生産活動に従事しなくても生きていける貴族と、生活に必要な肉や皮を獲るため、あるいは作物を守るために、動物と命のやりとりをしなければならなかった百姓とでは、その心性にも大きな差があっただろう。

表現されない欲望

「後ろめたさ」・「負債感」にしても、「快楽」・「愉悦」にしても、殺したものを食べる、という行為と結び付くことを考える必要がある。例えば、食べるという行為をともなうと、「殺生」の「後ろめたさ」が強くなるということは考えられないだろうか。逆に、美味・満腹といった身体感覚や獲物を仲間と分け合って食べる楽しさ、それらが「快楽」にリンクしている可能性もあるだろう。ところが古代・中世には、「肉を食べたい」あるいは「肉が美味しかった」といった表現が少ない。

第一章でみた『今昔物語集』巻第三〇の第一二話「丹波国に住む者の妻、和歌を読む語」は、平安王朝における食欲表現の稀有な事例である。都からきた妻が鹿の声を聞いて、「あれは煎り物でもおいしいし、焼物でもおいしいやつ」と言う。鹿を食肉と考えていること自体は、批判も否定もされておらず、この説話の編者は、まるで食事や調理法には全く興味関心が無かったかのようである。贅沢で美味い食事＝「美食」という語彙はあったし、第六章でみたように、美味い食材（多くは海産物）を「美物《びぶつ》」と称したが、物語にしても日記にしても、中世には肉食に対する欲望あるいは賞翫の表現がほとんど見当たらない。このことは注意されてよいだろう。

例えば、衣類や住宅については、その意匠や美しさを賞賛する表現がめずらしくない。しかし、食事とりわけ肉食に関する表現は、きわめて禁欲的であったように思われる。北條が指摘するとおり、この列島に生きた人々は「殺生」に対して抱いてきた「後ろめたさ」・「負債感」を吐露する物語を生み出してきたが、その一方で、食欲とりわけ肉食に対する願望や賞翫を表現しないという文化も形成したのかもしれない。

餌差十王

ところが、鳥を「うまい、うまい」と食べる狂言がある。鷺流の狂言『餌差十王《えさしじゅうおう》』は、大蔵虎明本にも『餌差』の名で見えるから、十六世紀の末には上演されていた。[10] シテは「これは娑婆に隠れもない清頼《せいらい》と申す餌差でござる。我れ寿命の程も定《さだま》りけるか、無常の風に誘はれ、ただ今、冥土へおもむき候」と登場する「餌差」の「清頼」である。餌差とは、鷹の餌となる鳥獣を調達する職人のことで、「清頼」という名は、鷹狩の故実書をはじめ、中世・近世の諸書に散見される。十一世紀に実在した源齋頼という人物がもとになった伝説的な鷹飼の名で、「政頼」とも「清来」とも記された[11]。

獄卒の鬼が「餌差ならば、明け暮れ殺生して罪が深からう、地獄へ責め落してくれうぞ」と清頼を脅すと、清頼は「いやいや、それがしはさやうに罪の深い者ではござらぬ。極楽へやって下されい」と、極楽往生を願う。そこで閻魔王に伺うため、鬼たちは清頼を連行する。閻魔王は、「いかに罪人、汝は娑婆にて明け暮れ諸鳥を刺し、大悪人にてある間、地獄へ落とさうずるぞ」と、日夜、鳥類を獲って殺した「大悪人」であるから地獄へ落とすという。すると清頼は、「仰せ御尤《ごもっとも》に候え共、鳥を刺し鷹と申す物に食わせて養い候程に、あまりとがにてはなく候」と、それは鷹を飼養するためにしたことで、大した咎ではないと言い逃れをする。この清頼の言い分について、「鷹といふも同じ鳥にてあるよな」と確認した閻魔王は、「それならば、あまり汝がとがでもない」と認めてしまう。清頼は、「御意の通り鷹がとがでこそござれ、私のとがではござらぬ、極楽へやらせられてくだされ」と、鳥を食べたのは鷹であって、私の咎ではない、極楽へと懇願する。

この清頼に対して、閻魔王はつぎのようなことを言い出す。「それならば、この閻魔王もついに鳥といふ物の味を知らぬ程に、鳥といふ物が死出の山に沢山にある程に、汝が持った竿で刺《さ》いて閻魔王に振る舞え。それなら、汝が望みのようにして取らせうぞ」。私はいまだに鳥を食べたことがない。死出の山（あの世にある険しい山）にたくさん鳥がいるから、お前の竿で獲って私にふるまえ。そうしたら、お前の望みどおりにしてやろう、というのである。清頼は、「それは何より安い事でござる、さらば鳥を刺いて進上申しましょ」と鳥を獲り、「この鳥を焼鳥にして進ぜましふ、さらば参りませ」と、焼鳥を閻魔王に差し出す。すると、閻魔王はそれを「どりゃどりゃ、食ふてみよ、めり〳〵めり〳〵」とむさぼって、「さてもいかふうまい事かな」とよろこぶ。清頼は「さらば眷属達も参れ参れ」と、鬼たちにもすすめると、「心得た心得た、めり〳〵めり〳〵」と鬼たちも焼鳥を食べて、「これはこれはうまい事かなうまい事かな」と大いによろこぶ。オチは、閻魔王の「このやうなうまい物をくれた程に暇を取らするぞ、娑婆へ帰り、三年が間諸鳥を刺いて暮らせ」という台詞である。こんな美味い物をくれたからには、娑婆に帰ってさらに三年、鳥を獲って暮らせと、冥土から娑婆に帰ることを許す。獲った鳥を閻魔王のもとに届けることを承った清頼は、さらに名残を惜しむ閻魔王から「玉の冠」まで頂戴して現世に帰ったという話になっている。

「後ろめたさ」と欲望の葛藤

殺生・肉食をした「悪人」を地獄へ堕とすはずの閻魔王と獄卒の鬼が、「うまい、うまい」と焼鳥を食べる。現世で殺生に明け暮れた餌差を、さらに三年、殺生をさせるため、冥土から現世に帰す。こうした狂言の出現を、どのように理解すればよいだろうか。

この狂言が上演された十六世紀に、肉食が忌避されなくなっていたわけではないから、いわばブラック・ジョークであったことはまちがいない。餌差を差別する意識に大きな変化があったとも思われない。横井は、「そのような立場からの脱却、向上の願望は、下剋上の時代に高まったらしく、狂言『餌差十王』に、餌差の明るく大らかな姿が活写されている」と言う。(12) しかし、そうした読み方は表面的に過ぎないだろうか。

『鵜飼』の「面白」という言葉から「楽しまれた殺生」という問題を指摘できるとすれば、この『餌差十王』の「うまい事かなうまい事かな」という表現からは、肉を美味いと感じる味覚、美味い肉を食べたいという欲望の存在を認めなければならないだろう。第六章でみたとおり、十六世紀には政治文化としての鷹狩の価値は高まっており、鷹とその獲物の贈答、それにまつわる作法も発達していた。あらゆる食材の中で、「鷹の鳥」は最上の価値を認められていたのであり、『餌差十王』の笑いを共有した人々には、鷹狩の楽しさや獲物の肉の美味さを知っている者が少なくなかったにちがいない。

しかし、鷹狩が「殺生」で、それを実践した者は地獄に堕ちる可能性が高いとされていることも承知していたはずである。清頼が「鷹がとがでこそござれ、私のとがではござらぬ、極楽へやらせられてくだされ」と、罪を鷹になすりつける詭弁も、笑いをとる台詞のひとつだったのだろうが、これは鷹狩を実践し、「快楽」を感じていた人々の心の声でもあったにちがいない。『餌差十王』には、中世の人々の「後ろめたさ」と「快楽」を求める欲望とが複雑に絡み合った内面が表出しており、ここから殺生・肉食をめぐる葛藤を読み取ることができるだろう。

今の私たちに、殺生・肉食をめぐる葛藤がどれほどあるだろうか。現代社会は、殺生・肉食に「後ろめたさ」や「快楽」を感じる人間の基盤をも解体しつつあって、もはや中世の人々のようにそれらを感じることなどできなくなっているのだろうか。否、「後ろめたさ」や「快楽」といった心性は根源的なもので、それらは私たちひとり一人のなかに今も息衝いていると考えるべきだろう。しかし、そうだとしても、それぞれの感情の正体はよくわからない。文明に欲望を利用されることはあっても、「殺生」の「後ろめたさ」を感じる機会を与えられることはなく、それ故、葛藤することさえできない。それが、今の私たちなのかもしれない。いずれにしても、人間という存在の根源を問いかえすような、歴史的思考を続けなければならないだろう。

註

(1) 北條勝貴「人外の〈喪〉―動植物の〈送り〉儀礼から列島的生命観を考える―」『キリスト教文化研究所紀要』三三一、二〇一三年)。
(2) 拙稿「狩猟心性と言説」(北條勝貴ほか編『環境と心性の文化史』下、勉誠出版、二〇〇三年)。
(3) 苅米一志『殺生と往生のあいだ―中世仏教と民衆生活―』(吉川弘文館、二〇一五年)。
(4) 横井清「殺生の愉悦」・「不殺生戒をめぐって」(『的と胞衣』平凡社、一九八八年。同ライブラリー、一九九八年)。
(5) 同右。「「不殺生戒」をめぐって」。
(6) 森岡正博『無痛文明論』(トランスビュー、二〇〇三年)。
(7) 柳田國男『後狩詞記』(一九〇九年。『定本柳田國男集』第二十七巻、筑摩書房、一九八〇年)。
(8) 大塚英志『殺生と戦争の民俗学―柳田國男と千葉徳爾―』(角川選書、二〇一七年)。
(9) 千葉徳爾『たたかいの原像』(平凡社選書、一九九一年)。
(10) 『狂言記拾遺』巻四(十)。橋本朝生・土井洋一校注『狂言記』(新日本古典文学大系58、岩波書店、一九九六年)。

(11) 二本松泰子『中世鷹書の文化伝承』(三弥井書店、二〇一一年)、同『鷹書と鷹術流派の系譜』(三弥井書店、二〇一八年)。

(12) 前掲註(4)横井「殺生の愉悦」。

あとがき

本書を執筆する際に決めた方針のひとつは、歴史学の業界人だけでなく、様々な立場の方々に読んでいただけるような〈開かれた書物〉にしたいということであった。そのため、全体の分量や読みやすさも考慮して、註を簡略化したところがある。さらに詳しく知りたいという方には、本書のもとになった拙稿をご参照いただきたい。列挙すれば、つぎのとおりである。

①「殺生と新制―狩猟と肉食をめぐる幕府の葛藤―」（赤坂憲雄編『東北学 3』作品社、二〇〇〇年）
②「狩猟と王権」（岩波講座『天皇と王権を考える 3 生産と流通』、岩波書店、二〇〇二年）
③「狩猟心性と言説」（北條勝貴ほか編『環境と心性の文化史』下、勉誠出版、二〇〇三年）
④「村の武力とその再生産」（小林一岳ほか編『戦争Ⅰ』青木書店、二〇〇四年）
⑤「居館と武士の職能」（小野正敏・萩原三雄編『鎌倉時代の考古学』高志書院、二〇〇六年）
⑥「諏訪社の分祀とその神事」（科学研究費補助金 基盤研究（B）「東アジアにおける人と自然の対抗／親和の諸関係にかんする宗教民俗学的研究」（代表者：中村生雄）成果報告書、二〇〇七年）
⑦「中世寺院の暴力」（小野正敏・五味文彦ほか編『中世寺院 暴力と景観』考古学と中世史研究4、高志書

院、二〇〇七年）
⑧「野生の価値と権力―王朝の狩猟とその言説―」（『古代文学』四六、二〇〇七年）
⑨「日本中世狩猟文化史論序説」（中村生雄ほか編『狩猟と供犠の文化誌』森話社、二〇〇七年）
⑩「武家の狩猟と矢開の変化」（井原今朝男・牛山佳幸編『論集　東国信濃の古代中世史』岩田書院、二〇〇八年）
⑪「歴史のなかの動物たち」・「狩る王の系譜」（中澤編『人と動物の日本史〈2〉歴史のなかの動物たち』吉川弘文館、二〇〇九年）
⑫「諏訪信仰と狩猟文化」（『諏訪市博物館研究紀要』五、二〇一〇年）
⑬「狩猟と原野」（湯本貴和・佐藤宏之編／飯沼賢司責任編集『野と原の環境史』文一総合出版、二〇一一年）
⑭「中世の狩猟と鷹捕獲」白水智編『新・秋山記行』（高志書院、二〇一二年）
⑮「公家の「鷹の家」を探る」（『日本歴史』七七三、二〇一二年）
⑯「『一遍聖絵』の牧牛」（『信濃』六四－一二（通号七五五）、二〇一二年）
⑰「武士の狩猟と城下町―京都そして江戸」（岩下哲典ほか編『城下町と日本人の心性』岩田書院、二〇一六年）

当初、①〜⑰で書いたことをもとにすれば、中世の肉食をめぐる葛藤を描き出す本の一冊をまとめるのに、それほど時間はかからないのではないか、と思っていた。しかし、書き始めてすぐに、その予想が自惚れと甘過ぎる状況認識とによる希望的観測でしかなかったことに気が付いた。まず、①〜⑰の多くは、その時々、求められるままに書き散らしたもので、そのままでは使い物にならなかった。過去に論じたことも調べなおさなければならなかったし、新たに史料を読み込んで、本書で初めて論じることになった問題も少なくない。そして何より、執筆時間が無かった。

本書の構想は、山川出版社の酒井直行さんとの対話のなかで固めたものだが、そもそも酒井さんに励まされなければ、本書の執筆に踏み切ったかどうかもあやしい。まだ長野高専に在職していた時、「子どもが小さいので執筆する時間がありません」と尻込みすると、わざわざ口説きに来て下さった。本腰を入れて執筆し始めたのは、現在の大学に移ってからだったが、予想以上に忙しくなり、本書の執筆は何度も頓挫した。酒井さんに粘り強く催促し続けていただかなければ、書き上げることはできなかっただろう。ありがとうございました。

二〇一八年七月二十五日

中澤克昭

装丁：山崎デザイン事務所
＊カバー図版（表・裏）：『粉河寺縁起』（13世紀、粉河寺蔵）より。
図の解説は本文の113〜115頁を参照。
＊表紙・本扉図版：菅江真澄画（大館市立栗盛記念図書館蔵）
図の解説は本文の126〜127頁を参照。
本文DTP：冬眠舎

提供・協力者一覧（敬称略・五十音順）
＊所蔵者と提供者が異なるものを記しました。所蔵者は図版キャプションに記しました。
京都国立博物館　図4-1、図4-4／中央公論新社『日本絵巻大成 巻8 年中行事絵巻』より　図3-15／東京国立博物館 Image:TNM Image Archives　図3-4／Image:TNM Image Archives　図1-6、図2-2、図3-6、図3-13／奈良国立博物館　図4-2／福井県文書館　図5-5

中澤克昭（なかざわ・かつあき）
一九六六年、長野県長野市川中島町に生れる。一九九五年、青山学院大学大学院文学研究科史学専攻博士後期課程退学。日本学術振興会の特別研究員として東京大学大学院人文社会系研究科で研究に従事し、青山学院大学・聖学院大学などで非常勤講師をつとめる。一九九九年、論文「中世の武力と城郭」により博士（歴史学・青山学院大学）。二〇〇〇年、長野工業高等専門学校専任講師。同准教授などを経て、二〇一四年、上智大学文学部准教授。二〇一七年から同教授。
著書に『中世の武力と城郭』（一九九九年）、『真田氏三代と信濃・大坂の合戦』（二〇一六年）、編著に『人と動物の日本史〈2〉歴史のなかの動物たち』（二〇〇九年）、共編著に『甲信越の名城を歩く〈長野編〉』（二〇一七年）がある（いずれも吉川弘文館）。ほかに、「持明院基春考―公家の家業と『尊卑分脈』の注記―」（藤原良章編『中世人の軌跡を歩く』高志書院、二〇一四年）、「城と聖地―近年の「城とは何か」論にふれて―」（小野正敏・五味文彦・萩原三雄編『遺跡に読む中世史』〈考古学と中世史研究⑬〉、高志書院、二〇一七年）など、論文多数。

肉食《にくしょく》の社会史《しゃかいし》

二〇一八年八月二十日　第一版第一刷印刷
二〇一八年八月三十日　第一版第一刷発行

著　者　中澤克昭
発行者　野澤伸平
発行所　株式会社　山川出版社
東京都千代田区内神田一―一三―一三
〒一〇一―〇〇四七
電　話　〇三（三二九三）八一三一（営業）
〇三（三二九三）一八〇二（編集）
振替〇〇一二〇―九―四三九九三
企画・編集　山川図書出版株式会社
印刷所　半七写真印刷工業株式会社
製本所　牧製本印刷株式会社

ISBN 978-4-634-15138-3